Diana Pflichthofer
Spielräume des Erlebens

Das Anliegen der Buchreihe BIBLIOTHEK DER PSYCHOANALYSE besteht darin, ein Forum der Auseinandersetzung zu schaffen, das der Psychoanalyse als Grundlagenwissenschaft, als Human- und Kulturwissenschaft und als klinische Theorie und Praxis neue Impulse verleiht. Die verschiedenen Strömungen innerhalb der Psychoanalyse sollen zu Wort kommen, und der kritische Dialog mit den Nachbarwissenschaften soll intensiviert werden. Bislang haben sich folgende Themenschwerpunkte herauskristallisiert:

Die Wiederentdeckung lange vergriffener Klassiker der Psychoanalyse – wie beispielsweise der Werke von Otto Fenichel, Karl Abraham, W. R. D. Fairbairn, Sándor Ferenczi und Otto Rank – soll die gemeinsamen Wurzeln der von Zersplitterung bedrohten psychoanalytischen Bewegung stärken. Einen weiteren Baustein psychoanalytischer Identität bildet die Beschäftigung mit dem Werk und der Person Sigmund Freuds und den Diskussionen und Konflikten in der Frühgeschichte der psychoanalytischen Bewegung.

Im Zuge ihrer Etablierung als medizinisch-psychologisches Heilverfahren hat die Psychoanalyse ihre geisteswissenschaftlichen, kulturanalytischen und politischen Ansätze vernachlässigt. Indem der Dialog mit den Nachbarwissenschaften wiederaufgenommen wird, soll das kultur- und gesellschaftskritische Erbe der Psychoanalyse wiederbelebt und weiterentwickelt werden.

Stärker als früher steht die Psychoanalyse in Konkurrenz zu benachbarten Psychotherapieverfahren und der biologischen Psychiatrie. Als das anspruchsvollste unter den psychotherapeutischen Verfahren sollte sich die Psychoanalyse der Überprüfung ihrer Verfahrensweisen und ihrer Therapie-Erfolge durch die empirischen Wissenschaften stellen, aber auch eigene Kriterien und Konzepte zur Erfolgskontrolle entwickeln. In diesen Zusammenhang gehört auch die Wiederaufnahme der Diskussion über den besonderen wissenschaftstheoretischen Status der Psychoanalyse.

Hundert Jahre nach ihrer Schöpfung durch Sigmund Freud sieht sich die Psychoanalyse vor neue Herausforderungen gestellt, die sie nur bewältigen kann, wenn sie sich auf ihr kritisches Potential besinnt.

BIBLIOTHEK DER PSYCHOANALYSE
HERAUSGEGEBEN VON HANS-JÜRGEN WIRTH

Diana Pflichthofer

Spielräume des Erlebens

Performanz und Verwandlung
in der Psychoanalyse

Mit einem Vorwort von Léon Wurmser

Psychosozial-Verlag

Bibliografische Information der Deutschen Nationalbibliothek
Die Deutsche Nationalbibliothek verzeichnet diese Publikation in der Deutschen
Nationalbibliografie; detaillierte bibliografische Daten sind im Internet über
<http://dnb.d-nb.de> abrufbar.

© 2008 Psychosozial-Verlag
E-Mail: info@psychosozial-verlag.de
www.psychosozial-verlag.de
Alle Rechte vorbehalten. Kein Teil des Werkes darf in irgendeiner Form (durch
Fotografie, Mikrofilm oder andere Verfahren) ohne schriftliche Genehmigung des
Verlages reproduziert oder unter Verwendung elektronischer Systeme verarbeitet,
vervielfältigt oder verbreitet werden.
Umschlagsabbildung: Paul Klee, Musiker, 1937, 197, Aquarell auf Grundierung
auf Papier auf Karton, 27,8x20,3 cm, Zentrum Paul Klee, Bern,
Schenkung Livia Klee
Umschlaggestaltung nach einem Reihenentwurf
des Ateliers Warminski, Büdingen
Satz: Hanspeter Ludwig, Gießen
Printed in Germany
ISBN 978-3-89806-747-8

In neue Gestalten verwandelte Wesen will ich besingen. Ihr Götter, seid gnädig meinem Beginnen, denn ihr habt ja auch jene verwandelt, und leitet meinen Gesang vom Urbeginn der Welt ununterbrochen fort bis auf meine eigene Zeit.

(Ovid, Metamorphosen)

Inhalt

Herzlichen Dank	9
Vorwort	11
Psychoanalyse zwischen Sinnkonstruktion und unmittelbarer Gegenwärtigkeit	17
Kapitel I	
Performanz	29
Wahrnehmung	29
Überlegungen des Aristoteles	30
Wie kann Wahrnehmung eine »Vollendung« finden, sich realisieren?	34
Performanz – Versuch einer Begriffsklärung	40
»Performativ« – ein »garstiges Wort«?	42
Übertragungen im »Hier und Jetzt«	53
Wiederholungen?	61
Aufführungen – Für wen und warum?	63
Die leibliche Ko-Präsenz und der Rahmen – Man trifft sich ...	66
Warum machen Psychoanalytiker keine Hausbesuche?	67
Man kann sich nicht »raushalten« ...	69
Das Spiel mit der Sprache – Das Spiel der Körper	75
Inszenierung als Darstellungs- und Erzeugungsstrategie	80
Wer verwandelt wen?	88
Kapitel II	
Aisthesis –	
Wiedergewinnung von Wirklichkeit und Subjektivität	101

Momente der Intensität – Begegnungen mit der äußeren Welt 101
Die Welt der Erscheinungen 108
   Der Schein – Die »Als-Ob-Situation« 110
   Exkurs: Spielen mit Schiller und Winnicott 114
Sinnliche Wahrnehmung –
Auf der Suche nach der eigenen Gegenwart 118
»Negative« Ästhetik? 121
Das »frühe Trauma« – Der Verlust der Subjektivität 129
   Der Entzug der Anerkennung – Der Verlust des Selbst 135
   Das Unerwartbare erwartbar machen 143
   Das »Zuviel« – Schutz durch »emotionale Anästhesie« 145
Von der An-Aisthesie zur Aisthesis 153
   Wie »sprechen« Introjekte? 154
   Sprache: Berührung und Befreiung 157
   Vertrauen: Verantwortung übernehmen – Überleben 159
   Die »verwundende« und die »verwundbare Heilerin« –
   wider Willen 171

Kapitel III
Die Stimme(n) in der analytischen Stunde   183

Die Stimme – Ein Schwellenphänomen 185
Die Stimme – Ein performatives Phänomen 188
   Das Ereignis 188
   Die Aufführung 189
   Die Verkörperung 191
   Die Intersubjektivität 197
Die Stimme – ein ästhetisches Objekt und ein ästhetisches Erlebnis 199
   Das Verwandlungspotenzial 202
   »Stimm-Erleben« als Element des Neubeginns 204
Metamorphosen: Die Stimme und ihr Mythos 210
   Hat Echo eine Stimme? 212
   Verlust der eigenen Stimme –
   Selbstverlust und Verlust der Anerkennung 216

Erinnern – Wiederholen – Neu erfahren   221

Bibliografie   225

Herzlichen Dank!

Ein Buch zu schreiben ist ein Erlebnis, zumal, wenn es das erste ist. Man befindet sich dabei auch im Dialog mit jenen, die einem wichtig und bedeutsam sind.

Ein Buch zu schreiben, das geht nicht allein und so gilt mein besonderer Dank denen, die mir auf die eine oder andere Weise dabei geholfen haben.

Im Besonderen:

Meinen Patientinnen und Patienten, die sich mir anvertraut haben und von denen ich lernen durfte.

Meinem Mann für seine unermüdliche und liebende Bereitschaft, sich meine Ideen anzuhören, Seite um Seite auf sich wirken zu lassen und mich zu bestärken, sowie für seine wertvollen und sicheren Korrekturen.

Meiner Freundin Etelka Horvàth-Höhling, die mein Schreiben liebevoll begleitet hat und die sich so wunderbar mit mir freuen kann.

Herrn Dr. Wulf Hübner und Herrn Dr. Christopher Bollas für ihre kreativen und innovativen Ideen und Arbeiten, die mich zu meinen eigenen Gedanken angeregt haben.

Herrn Dr. Hartmut Wegehaupt, für das Lesen des Manuskripts, seine wertvollen Anregungen und dafür, dass er mir Mut gemacht hat überhaupt anzufangen, auch als junge Analytikerin.

Herrn Prof. Léon Wurmser für sein geleitendes Vorwort und seine schöne Erinnerung an Martin Buber.

Meinem Verleger, Herrn Prof. Wirth für seine prompte Unterstützung und sich in der Realisierung ausdrückende Anerkennung dieses Buchprojektes, sowie der Lektorin Frau Jana Kreuter für ihre unterstützende Begleitung.

Und meinem Lehranalytiker, ohne den vieles für mich nicht möglich geworden wäre, der für mich so sehr »gut genug« war und dem ich mehr zu verdanken habe, als sich hier sagen lässt.

Vorwort

Dieses wertvolle, philosophisch und psychoanalytisch wohl fundierte Werk befasst sich mit einer unerhört wichtigen, in der modernen Arbeit immer stärker in den Vordergrund rückenden Dialektik zwischen dem Verstehen der Sinnzusammenhänge des Innenlebens des Patienten und des Menschen überhaupt, wie diese sich in den Beziehungen auf vielen Ebenen ausdrücken, und der sehr großen Wirkung der unmittelbaren, sinnlichen Gegenwart des Andern, in concreto, der Analytikerin oder des Therapeuten, so wie es sehr schön gleich zu Beginn zusammengefasst wird: Wir haben es »in einem psychoanalytischen Prozess mit mehr als bloßer Interpretation, Sinnsuche und -zuschreibung zu tun«, und »dieses ›Mehr‹ hat seine Wurzeln in der *leiblichen Präsenz* zweier Personen, ihrem *realen* Aufeinandertreffen im Behandlungszimmer der Analytikerin, dem *Performativen* oder Ereignischarakter der psychoanalytischen Stunde, die man unter diesem Blickwinkel auch als *gemeinsame Aufführung* verstehen kann«.

Später führt die Autorin aus, »das Besondere der analytischen Situation und das letztliche Durchbrechen der Wiederholung liegt darin, dass sich die Analytikerin immer darum bemüht, beide Pole, das Verstehen des ›Dahinterliegenden‹ und die sinnliche Präsenz, in sich zu vereinen und sie eben nicht voneinander trennen zu müssen, weder den einen noch den anderen Pol abspalten zu müssen, weder in ein rein theoretisches noch in ein unreflektiert aktualisiertes (Sprech-)Handeln verfällt. [...] Es gilt also, nicht ›nur‹ nach dem Sinn ›hinter‹ den Zeichen zu suchen, sondern diese und ihre Präsenz in den Blick zu nehmen. Das kann u. U. nichts weniger heißen, als dass es darum geht, die Freude an der sinnlichen Wahrnehmung wieder zu entdecken, sich *in* die Welt zu begeben, und das heißt – im Winnicott'schen Sinne – nichts weniger, als das Spielen wieder zu erlernen. ›Psychotherapie hat mit zwei Menschen zu tun, die miteinander spielen‹«.

Zu Beginn des zweiten Teils spricht die Autorin von der Lust an der Wahrnehmung im *Hier und Jetzt* und deren Notwendigkeit.

Gerade bei schwer traumatisierten Patienten ist diese Dialektik entscheidend, und eine tiefe Wandlung ist nur durch die volle Einbeziehung des Beziehungscharakters und der unmittelbaren Gegenwart des Anderen denkbar. Das Erleben des Du, neben dem nicht wegzudenkenden Erkennen des Es, um Bubers Differenzierung von zwei grundlegenden Lebenswelten zu gebrauchen, wird in unserem theoretischen Begreifen der Wirkungsweise von Analyse und Psychotherapie bisher nur unzureichend beachtet. Es ist das ganz große Verdienst dieses Werkes, diesen beiden grundlegenden Erlebnisweisen, ja Daseinswelten eine tiefgehende philosophisch wie praktisch überzeugende Darstellung zu widmen und namentlich der bislang vernachlässigten Sinnlichkeit und dem Aufführungscharakter, eben dem Performativen in der Beziehung, ihren vollen Wert zu geben.

Die Autorin weist zu Recht darauf hin, dass das aus dem Englischen kommende Wort der Performanz, performance, zwar an »Form« anklingt, wirklich aber aus dem Altfranzösischen »par-fournir«, »Vollzug«, stammt und daher auf Verwirklichung abzielt. Ich möchte hinzufügen, dass dieses Wort seinerseits aus dem skandinavischen Wort »forn« abzuleiten ist, und dieses bedeutet »Geschenk«. Analytisch können wir die Gegenwärtigkeit des Anderen als das größte Geschenk, das wir im seelischen Leben erhalten und geben können, betrachten und die tiefe mitmenschliche Beziehung und Liebe als das wirklich Göttliche (H. Jarass, M. Buber) begreifen. Und es ist eben im Grunde ein *Begreifen*, eine sinnliche Berührung, die dabei unerlässlich ist. Diese sinnlich erlebte Präsenz des Anderen hat wirklichen, d. h. wirkenden Verwandlungscharakter. Die Autorin kommt immer wieder auf die Mutter oder den Analytiker als »Verwandlungsobjekt« zurück. Wesentlich ist dabei, wie sie immer wieder betont und auch klinisch beschreibt und theoretisch begründet, dass die therapeutische Verwandlung immer gegenseitig ist: »die Fähigkeit *beider* Teilnehmer, sich *voneinander* verwandeln zu lassen« – in den Worten Bubers (der als unerkannter Schatten hinter den von der Autorin zitierten deutschen Philosophen und englischen Psychoanalytikern zu erahnen ist): »Beziehung ist Gegenseitigkeit. Mein Du wirkt an mir, wie ich an ihm wirke« (*Ich und Du* in: *Dialogisches Leben*, 1947, S. 28). Genau dies gehört aber, nach Frau Pflichthofer, zum Kern der therapeutischen Wirksamkeit.

Noch ein Wort von Buber, das den Hintergrund des vorliegenden Werkes und des verwandelnden Charakters von Therapie überhaupt schön erfasst: »Die nach dem Ende der Imaginationen und Illusionen mögliche und unvermeidliche Begegnung des Menschen mit sich selbst wird sich nur als Begegnung des Einzelnen mit dem Mitmenschen vollziehen können und wird sich als sie vollziehen müssen. Erst wenn der Einzelne den Anderen, in all seiner Andersheit, als sich, als den Menschen erkennt und von da aus zum Anderen durchbricht, wird er, in einer strengen und verwandelnden Begegnung, seine Einsamkeit durchbrochen haben« (Buber: *Das Problem des Menschen* in: *Dialogisches Leben*, S. 453).

Besonders wesentlich für ein Heilerwerden ist diese Begegnung, Bestätigung und Anerkennung des Selbst durch den Anderen bei schwer Traumatisierten, bei den Opfern also namentlich von Seelenblindheit, aber auch von Seelenmord, – in den Worten der Autorin: »Grundlage des Traumas, sozusagen der tiefste Punkt der *Verletzung*, ist die *Aberkennung jeglicher Subjektivität*«. Sehr zu Recht stellt sie daher das gegenwärtige Modewort der »Spiegelung« scharf in Frage; sie spricht von einem »katastrophalen Missverständnis«, »denn hier (im Mythos von Narziss und Echo) wird sichtbar, dass eine reine ›Spiegelung‹ letztlich gleichbedeutend ist mit einer ausbleibenden Antwort und also einer furchtbaren Leere«. So ist die Spiegelmetapher, auch wenn sie zuweilen technisch passt, im Grunde gerade ein Versäumen der Antwort, ein Versagen echter Begegnung, sei es bei der Mutter oder beim Analytiker (was Buber »Vergegnung« nannte).

Frau Pflichthofer weist darauf hin, wie wichtig es gerade bei der Behandlung von schwer und schwerst Traumatisierten ist, als »Zeugin« da zu sein, »Zeugin der Rede des Analysanden, Zeugin dessen, was ihm aus seiner Sicht geschehen ist, und Zeugin dessen, was sich aktuell zwischen den beiden ereignet«, also in dem von Buber herausgestellten Raum des »Zwischen«, und doch zugleich einen Punkt außerhalb davon zu wahren, sowohl die »Begegnung« in ihrer Wirksamkeit zu würdigen wie auch eine intellektuelle Klarheit durch die theoretische Strukturierung zu bekommen.

Ich zitiere Warren Poland (W. Poland *Witnessing and Otherness, and Commentaries*, JAPA, 2000, 48: 17–93): »Diese respektvolle Aufmerksamkeit auf Seiten des Analytikers, diese stille und doch aktive Gegenwart, dieses Schweigen mehr im Sinne einer teilnehmenden Nichtzudringlichkeit als in dem der Abstinenz, dieses Zuhören, das in seiner Weise anders ist als das Suchen nach dem, was gedeutet werden kann, ist eine Ergänzung zur deutenden Funktion des Analytikers. Beides, Deuten und Zeugesein, gehen Hand in Hand; das eine erleichtert das andere. […] Lange sind wir vertraut gewesen mit analytischen Funktionen, die solchem Zeugesein verwandt sind. Es mag seinen Ursprung in der empathischen Antwortfähigkeit oder im Darbieten einer haltenden

Umgebung haben, aber es ist eine Funktion, die sich durch Reifung über jene Wurzeln hinaus verwandelt hat. Es spiegelt tatsächlich die voranschreitende Differenzierung des Patienten zwischen Selbst und Anderem wider, sowohl als eine wachsende Selbstdefinierung wie als eine zunehmende Rücksicht und Achtung für das Anderssein; diese sind scheinbar getrennte Vorgänge, und doch bilden sie in sich selbst schon eine Einheit. In solcher Weise offenbart das analytische Zeugesein, wie es am leichtesten in der Schlussphase einer Analyse zu beobachten ist, die Verbindung zwischen *Selbst*-Definition und dem Gewebe der *gegenseitigen Verbundenheit*«.

Diese Unterscheidung und Doppelheit wird akzentuiert: »Trennung und Achtung für die Autonomie des Anderen gehören zentral zum Zeugesein. [...] *Zeugesein entwickelt sich aus dem Halten, aber umschließt das Gehenlassen.* Es bedeutet die Achtung vor dem wesentlichen Alleinsein des Patienten. [...] Denn das Zeugesein hat seine Wurzeln sowohl im Deuten wie im Halten [...].« »Jede Deutung bringt die Beziehung von einem anscheinenden Einssein zum Getrenntsein, wo bei dem Sichberühren getrennter Leute der Kontakt die Verschmelzung ersetzt [...] Anderssein ist tiefer als Mitteilung in Worten. Es ist die Anerkennung des Analytikers, dass er der Andere des Patienten ist – d. h. es ist der erwachende und wachsende Respekt vor dem Patienten in der Entwicklungslinie der Bezogenheit. Die in einer Deutung enthaltene Verneinung enthüllt und verstärkt das wesentliche Anderssein.«

Ofra Eshel (O. Eshel, *Pentheus rather than Oedipus. On perversion, survival and analytic ›presencing‹*. IJP, 2005, 86: 1071–1097) beschreibt das »presencing«, das wohl nicht dem fern ist, was Frau Pflichthofer »Zeugin sein« und Poland »witnessing« nennen und, glaube ich, dieselbe Doppelheit wie Frau Pflichthofer ausdrückt: »Für mich besteht das Magische, das Wunder der psychoanalytischen Behandlung im Allgemeinen und der Behandlung der Perversion im Besonderen in der *Magie der emotionellen Verbundenheit, die im Inneren einer tiefen Einsamkeit geschaffen wird*«, und sie zitiert Yeats: »Tread softly, because you tread on my dreams – Wandle leicht, denn du wandelst über meine Träume« (Eshel 2005, S. 1089).

Und schließlich Melvin Lansky (Melvin Lansky, 2006, Symposium on Shame, Discussion) in Bezug auf diese Doppelheit, doch nun im Hinblick auf die Beschreibung dessen, was Frau Pflichthofer als das ästhetische Erlebnis bezeichnet: »Die abstraktere, mehr transzendierende Sprache z. B. der Sechziger Jahre wurde von der immanenteren Sprache, der Sprache der wirklichen Begegnung, wie sie sich in den letzten Jahrzehnten entwickelt hat, in Frage gestellt. Meine eigenen Bemerkungen setzen voraus, dass wir beide Sprachen brauchen, nicht die eine oder die andere allein. Das aber bedeutet, dass wir eine neue Sprache, die auf der Immanenz der analytischen Begegnung beruht, brauchen können und sollen und müssen, aber dass wir nur mit Gefahr eine transzendentere Sprache des Erklärens wegnehmen würden, eine Sprache, die in Begriffe fasst, was wir unserer Meinung nach tun und wie das Seelische sich abspielt. In dem Fall blieben wir in der Konkretheit der Dyade stecken, ohne eine Sprache zu besitzen, mit der wir die klinischen Phänomene erklären können, noch hätten wir die Werkzeuge, um Behandlungsstillstand und -scheitern zu erklären.«

Für mich ist klinisch besonders wertvoll die Betonung des Gegensatzes vom Wunsch nach Liebe und der Angst vor der Liebe, die durch dieses Buch hindurchgeht. Diese Angst vor der Liebe ist eine gewaltige Macht im Einzelnen wie in Gesellschaft und Kultur. Aus Scham ruft sie die Urgewalt des Strebens nach Macht und Besitz hervor, die unsere Welt beherrscht; sie erzwingt sie geradezu – Dinge statt Personen und Innerlichkeit, Eifersucht und Neid statt Lieben, Verdinglichung statt Beziehung, Kontrolle statt Spielen, Haben statt Sein.

Für uns, die wir besonders mit schwer und früh traumatisierten Patienten arbeiten, ist diese Dialektik von Sinnfindung und unmittelbarer Gegenwart entscheidend. Die reale Beziehung auf der Ich-Du-Ebene und die Eminenz der Einfühlung sind unabdingbar; aber das ganz genaue Erfassen in Begriffen von Konflikt, Abwehr und Unbewusstheit ist ebenso notwendig. Auf das Denken in Begriffen von Technik und Übertragung können und dürfen wir nicht verzichten, aber erst recht nicht auf das Denken und Erleben aus der Ich-Du-Beziehung und deren tiefen »Verantwortung« sowie der Fülle des Schöpferischen und Spielerischen in der Begegnung. Aus dieser Doppelheit lebt und webt dieses schöne, reiche und tiefsinnige Buch von Frau Pflichthofer.

Léon Wurmser September 2007

Psychoanalyse zwischen Sinnkonstruktion und unmittelbarer Gegenwärtigkeit

Frau A. befindet sich im dritten Jahr ihrer Analyse und beginnt ihre Stunden immer mal wieder mit einem langen Schweigen, welches sich zuweilen über das erste Drittel der Stunde ausdehnen kann. Dieses Schweigen hat natürlich über einen so langen Zeitraum unterschiedliche Färbungen gehabt und verschiedenste Deutungen zugelassen. Mal verstanden wir es als »Machtkampf«, in dem ich sie dazu bringen wollte, etwas zu sagen, mal als Wunsch nach wortlosem Verstehen, als Wunsch nach »Gefunden-Werden« – oder lieber gerade nicht –, mal als Wunsch sich auszuruhen. Entsprechend war es manchmal richtig, das Schweigen zu unterbrechen und sie mit einem »Hm« zu ermuntern. Andererseits konnte es sein, dass die von mir gedachte Hilfe gerade eine Störung war oder aber ein Hinweis darauf, dass ich den Machtkampf nun meinerseits aktiv aufgenommen hatte.

Diese sich in ihrer Bedeutung verändernden Formen des Schweigens, ihr unterschiedlicher interaktioneller Gehalt und Druck sind jeder Psychoanalytikerin bekannt.

Im Laufe der Zeit berichtete mir Frau A. von ihrer eigenen Überraschung über ihr Schweigen: »Ich habe mich auf die Stunde gefreut; ich komme gern hierher und ich hatte auf der Fahrt hierher einiges im Kopf, was ich Ihnen erzählen wollte. Aber es ist ganz komisch; so als wenn ich an der Tür etwas draußen lasse. Mir ist aufgefallen, dass ich Sie auch kaum ansehe. Und dann, wenn ich hier liege, kann ich plötzlich nichts mehr sagen; mir scheint das dann auch alles nicht mehr so wichtig. Und je länger es dauert, desto schwerer wird es.«

Zwar ist es die jeweils vorherrschende Übertragungsfigur, welche die unterschiedlichen Formen des Schweigens generiert; von ihr hängt es ab, ob mein

»Hm« störend oder hilfreich ist. Aber darüber hinaus scheint doch noch etwas anderes wirksam zu sein, denn Frau A. freut sich auf die Stunde (wenn ich *nicht* anwesend bin), möchte mir etwas erzählen (wenn ich *nicht* zuhören kann), möchte mit mir in Kontakt treten, solange ich nicht *real präsent*, sondern eher eine Figur im Inneren der Patientin bin, aber sobald sie mich begrüßt, mich als reale Person erfahren hat, ändert sich die Szenerie. Nun bin ich kein geneigtes Objekt mehr, sondern eher ein kritisches, verfolgendes oder bemächtigendes. Wenn sich die Szenerie in einer Psychoanalyse verändert, dann meinen wir eigentlich, dass sich die Übertragung verändert. Diese wandelt sich hier beim Übergang der Analytikerin von einer vorgestellten, fantasierten oder imaginierten Figur zur realen, leiblich präsenten Person. Frau A. begann sich im Laufe der Zeit mehr und mehr für die theoretischen Hintergründe der Psychoanalyse zu interessieren, las Bücher, besuchte Seminare. Und auch über das Schweigen ließ sich allmählich immer besser sprechen und häufig stimmte sie den Deutungen zu, verstand sich ein ums andere Mal auch in diesen entsprechend besser, sodass es für Frau A. auch als weniger bedrohlich und zwingend erlebt werden konnte. Aber: Das Phänomen blieb zunächst!

Aus meiner Sicht zeigt sich hier besonders deutlich, dass wir es in einem psychoanalytischen Prozess mit mehr als bloßer Interpretation, Sinnsuche und -zuschreibung zu tun haben und dieses »Mehr« hat seine Wurzeln in der *leiblichen Präsenz* zweier Personen, ihrem *realen* Aufeinandertreffen im Behandlungszimmer der Analytikerin, dem *Performativen* oder Ereignischarakter der psychoanalytischen Stunde, die man unter diesem Blickwinkel auch als *gemeinsame Aufführung* verstehen kann.

Warum eigentlich beharren wir darauf und sind uns dessen sicher, dass das Lesen eines Ratgebers über psychische Erkrankungen zwar hilfreich sein kann, aber die Erfahrung einer Therapie niemals zu ersetzen vermag? In der psychoanalytischen Ausbildungspraxis wird mit guten Gründen auf der Lehranalyse bestanden, der Erfahrung des psychoanalytischen Prozesses am »eigenen Leib«. »Die Lehranalyse ist der zentrale Bestandteil der Ausbildung. In ihr *erlebt* [kursiv durch D. P.] und verarbeitet der Analysand in einem längeren regressiven Prozess eigene unbewusste Dynamik in der analytischen Beziehung«, so heißt es in den Ausbildungsrichtlinien der Deutschen Psychoanalytischen Gesellschaft. Wenngleich die Lehranalyse immer wieder Objekt der Diskussion ist, innerhalb derer verschiedenste theoretische Standpunkte zum Ausdruck kommen, so besteht über ihre generelle Unverzichtbarkeit Einigkeit. Ob nun Vertreter der drei- oder vierstündigen

Lehranalyse, Befürworter der vollständig ausbildungsbegleitenden oder eher abschließbaren Analyse, wohl niemand würde ernsthaft vertreten, dass der Erwerb theoretischen Wissens über Bücher und Seminare und der Erwerb praktischen Wissens über den Patienten anhand von eigenen Behandlungen und Supervisionen ausreichen und die Erfahrung der Lehranalyse ersetzen könnte. Warum eigentlich nicht? Freud gab darauf bereits eine eindeutige Antwort:

> »Wenn wir unseren Schülern theoretischen Unterricht in der Psychoanalyse geben, so können wir beobachten, wie wenig Eindruck wir ihnen zunächst machen. Sie nehmen die analytischen Lehren mit derselben Kühle hin wie andere Abstraktionen, mit denen sie genährt wurden. Einige wollen vielleicht überzeugt werden, aber keine Spur davon, daß sie es sind. Nun verlangen wir auch, daß jeder, der die Analyse an anderen ausüben will, sich vorher selbst einer Analyse unterwerfe. Erst im Verlauf dieser ›Selbstanalyse‹ (wie sie mißverständlich genannt wird [gemeint ist die Lehranalyse, D.P.]), wenn sie die von der Analyse behaupteten Vorgänge am eigenen Leib – richtiger: an der eigenen Seele – *tatsächlich erleben* [kursiv durch D.P.], erwerben sie sich die Überzeugungen, von denen sie später als Analytiker geleitet werden« (Freud 1926, S. 226).

In dem manchmal etwas erzieherisch wirkenden Duktus Freuds hat man fast den Eindruck, im Hintergrund den altbekannten, etwas martialischen Pädagogenspruch »Wer nicht hören will, muss fühlen!« zu vernehmen. Eine in diesem Zusammenhang aber, wie noch zu sehen sein wird, durchaus interessante Redewendung, verbirgt sich doch dahinter die vermutete »Begrenztheit sprachlicher Interaktionsstrategien«, sodass sich »die Reaktion gesellschaftlicher Herrschaft unverhohlen auf den direkten Zugriff auf die sinnlich-organische Praxismatrix [verlegt]« (Busch 1988, S. 90). Dieses Sprichwort zeigt also die Tendenz, den sinnlichen Einwirkungen eine stärkere »Überzeugungskraft« zuzuordnen. Erst wenn man gefühlt hat, sei man bereit zu hören. Deutlich wird hier, wie sehr wir immer wieder geneigt sind, die Spannung zwischen Wort und Gefühl aufzulösen, indem wir einer Seite ein Mehr an Wirkung zuschreiben. Deutlich wird hier auch ein anderer Aspekt: Die sinnliche Einwirkung auf den Leib ist immer in Gefahr als überwältigend, als gewaltvolle, bemächtigende Einwirkung aufgenommen zu werden, da es sich um einen grenzüberschreitenden Vorgang handelt, umso mehr als dieser nicht vorhersagbar, nicht bewusst steuerbar ist. Was genau ein in einem Anderen durch mich ausgelöstes Gefühl am Ende bewirkt, vermag weder ich noch dieser im Vorhinein zu wissen. Jedes »empfangene« Gefühl weist auf den passiven Aspekt hin; es widerfährt uns,

Aristoteles spricht vom Erleiden. Freud spricht von »unterwerfen«, was hier wohl bedeutet, sich zunächst in eine *passive* Position zu begeben und dann eben etwas am eigenen Leib zu erleben. Nur dieses *Erleben* verhelfe dann zu den notwendigen Überzeugungen. Da aber nun in dem analytischen Verfahren bekanntermaßen nichts anderes vor sich geht, als »ein Austausch von Worten« (Freud 1916–17, S. 9), bleibt natürlich die Frage, wie denn da etwas buchstäblich am eigenen Leib erlebt werden kann, was man denn über das Hören hinaus *fühlen* soll, wo man doch nur den eigenen und den fremden Worten lauscht.

Mir scheint, an dieser Stelle kommt besonders deutlich zum Ausdruck, dass theoretisches Wissen und der *Vollzug* desselben zwei unterschiedliche Dinge sind, die zwar aufeinander einwirken, jedoch nicht durch einander ersetzbar sind.[1]

Die Überzeugung, d. h. die Gewissheit erwächst aus dem »mit Leib und Seele« Erlebten. Diese Erkenntnis ließ Freud die bis heute geltende Regel aufstellen, dass sich niemand hinter die Couch zu setzen habe, der nicht zuvor eine gewisse Zeit auf ihr zugebracht habe. Dort erfährt jeder Analysand dann ziemlich schnell, dass das Wissen um innere Konflikte einen keinesfalls davor schützt, in diese hineinzugeraten und sie »am eigenen Leibe« zu erleben, mehr noch: Oftmals scheint der Verstand so gar nicht bei der Lösung helfen zu können; auch die Lösung des Konfliktes muss sinnlich erfahren werden. Die Verbindung sinnlicher mit theoretischer Erkenntnis erscheint hier, implizit, ganz selbstverständlich, gar notwendig, denn Freud betont an späterer Stelle noch einmal:

> »Sie [die Vertreter der verschiedenen Geisteswissenschaften, D. P.] werden die Analyse verstehen lernen müssen auf dem einzigen Weg, der dazu offen steht, indem sie sich selbst einer Analyse unterziehen« (Freud 1926, S. 284).

Man kann die Analyse nur verstehen, wenn man sich ihr selber unterzieht! Die Mehrheit aller Psychoanalytiker dürfte dem wohl zustimmen, doch scheint uns bisher ein theoretisches Konzept zur Begründung dieser Gewissheit zu fehlen.

---

1 Der Germanist und Philosoph Hans Blumenberg weist uns darauf hin, dass theōreîn kein ursprüngliches Verb, sondern vom Nomen the ērós abgeleitet sei und damit eigentlich »Zuschauer sein« bedeute (Blumenberg 1979, S. 202, Fußnote). Theoretisieren heißt demnach »zuschauen«, »Distanz schaffen« zwischen sich und dem Ereignis und ist damit vom Akt des Teilnehmens am Ereignis zu unterscheiden.

Der Literaturwissenschaftler Hans Ulrich Gumbrecht verfolgt mit seinem Buch *Diesseits der Hermeneutik. Die Produktion von Präsenz* ein diesbezügliches Anliegen:

»Dieses Buch richtet sich in engagierter Form gegen die in der heutigen Kultur vorherrschende Tendenz, die Möglichkeit einer auf Präsenz basierenden Beziehung zur Welt preiszugeben. [...] [Das Buch] will sich engagiert gegen die in den geisteswissenschaftlichen Fächern systematisch geübte Einklammerung von Präsenz und gegen die in diesen Fächern unbestrittene Zentralstellung der Interpretation wenden. [...] Letzten Endes wird in diesem Buch ein Verhältnis zu den Dingen dieser Welt befürwortet, das zwischen Präsenz- und Sinneseffekten oszillieren könnte. *Präsenzeffekte richten sich jedoch ausschließlich an die Sinne* [kursiv durch D. P.]« (Gumbrecht 2004, S. 12).

Den Blick auf Präsenzeffekte zu richten heißt also auch, sich mit sinnlicher Wahrnehmung, mit der *Aisthesis* als allgemeiner Wahrnehmungslehre zu beschäftigen und dieser in der psychoanalytischen Theorie Raum zu geben.

Auf den ersten Blick könnte man vermuten, dem Autor gehe es um die Abschaffung der Hermeneutik, gar um die Auflösung des symbolischen Raumes, wenn er nun das »Reale« so in den Vordergrund rückt. Und er weiß um die Gefahr, in eine solche Ecke gestellt zu werden. Aber es geht ihm vielmehr darum, die zweite Seite der Erkenntnis, das sinnliche Berührtwerden, in den Blick zu nehmen. Und erinnern wir uns: Auch Symbole haben eine sinnliche Dimension.

So weist Gumbrecht immer wieder darauf hin, dass es ihm keinesfalls um die Abschaffung der Dimensionen von Interpretation und Sinnzuschreibung gehe, wohl aber um die Wiederentdeckung des Nebeneinander des Hermeneutischen mit dem »Nichthermeneutischen« (ebd., S. 34). Der Autor beschreibt in prägnanter Weise den Siegeszug einer veränderten Form des menschlichen Selbstbezuges: Von der im Mittelalter vorherrschenden Form des menschlichen Selbstbezuges, in dem sich der Mensch als Teil der ihn umgebenden Welt, die ihrerseits als Resultat göttlicher Schöpfung galt, verstanden habe, verstehe sich der Mensch der frühen Neuzeit mehr und mehr als im Verhältnis zur Welt exzentrisches Wesen, dessen Aufgabe allein in der Weltbeobachtung des rein »Materiellen« liege. Daher, so Gumbrecht, sei es auch schlüssig, dass es sich bei dieser menschlichen Figur mehr und mehr um ein rein geistiges, körperloses Wesen gehandelt habe, da zur Erfüllung seiner einzigen Aufgabe, der Weltbeobachtung, kognitive Fähigkeiten ausreichend gewesen seien (ebd., S. 41). Diese Zweiteilung zwischen dem »Geistigen«

und dem Materiellen sei dann auch als Ursprung einer bis heute geltenden epistemologischen Struktur, des Subjekt-Objekt-Paradigmas anzusehen (ebd., S. 42). Die Welt müsse interpretiert werden und das heiße, über ihre materielle Oberfläche hinauszugehen und den Sinn dessen zu ermitteln, was »darunter« oder »dahinter« liegen soll (ebd.). Dabei sei Weltinterpretation zunächst so verstanden worden, dass man den Dingen den ihnen inhärenten Sinn entlocke; erst im neunzehnten Jahrhundert sei dann Interpretation in dem uns bis heute vertrauten Sinne als »Zuschreibung von Sinn« begriffen worden.

Bereits aus dieser kurzen Darstellung wird ersichtlich, dass sich der Mensch zunehmend weniger als passiv, den göttlichen oder anderen Schicksalsmächten ausgeliefert sieht, sondern sich stärker als aktives, mittels seines Intellektes und seiner interpretativen Fähigkeiten, nicht nur die Geschicke seines individuellen Lebens, sondern die Geschicke der Welt überhaupt bestimmendes Wesen sieht. Der Weg führt, kurz gesagt, vom überwiegenden Gefühl des Kontrolliert- und Beherrschtwerdens zum Gefühl der Kontrolle und des Beherrschens[2]. Die neue Erkenntnistheorie des neunzehnten Jahrhunderts habe den Beobachter aber nun auch dazu »verdammt, sich selbst beim Akt des Beobachtens zu beobachten« (ebd., S. 57). Damit war fortan die Einsicht verbunden, dass das Wissen des Beobachters von seinem jeweils eingenommenen Blickwinkel abhängig war, und das »erschütterte letztlich den Glauben an stabile Beziehungsobjekte« (ebd.). Gleichzeitig aber seien die menschlichen Sinne als essentieller Bestandteil der Welterfassung wiederentdeckt worden, sodass wir (eigentlich bis heute) vor der »Frage einer möglichen Kompatibilität zwischen der Weltaneignung durch Begriffe (die ich hier »Erfahrung« nenne) und der Weltbeobachtung durch die Sinne (»Wahrnehmung«)« (ebd.) stehen. In der Vergangenheit sei meistens versucht worden, diese Dichotomie nach einer Seite hin aufzulösen, z.B. im Konstruktivismus, der im Extrem davon ausgeht, dass alles, was der menschliche Geist erfassen kann, Konstruktionen,

---

2 Gumbrecht versäumt es nicht, darauf hinzuweisen, dass sich die veränderten Formen des menschlichen Selbstbezuges in ihren kulturellen Praktiken widerspiegeln, wie z.B. in der Praxis des christlichen Abendmahls. So sei für das Mittelalter die Transsubstantiation, die Umwandlung des Brotes in den Leib Christi, völlig unproblematisch gewesen, während eben diese substanzielle Präsenz des Leibes Christi in der frühen neuzeitlichen Theologie zu heftigen Auseinadersetzungen führte. Ebenso sei im Theater des Mittelalters die »reale Gemeinschaftspräsenz« von »Schauspielern« und »Zuschauern« durchaus auch mit physischen Kontakten üblich gewesen und die Manuskripte hätten sich auf den Eintritt des Körpers des Schauspielers sowie auf dessen Abgang und Abschied konzentriert (Gumbrecht 2004, S. 48f.). Es wurde also lediglich ein Rahmen festgelegt, innerhalb dessen sich etwas ereignen konnte. Die Bühne und die damit verbundene, zumindest theoretische Trennung von Zuschauern und Schauspielern sei ebenfalls erst eine Erfindung der frühen Neuzeit.

z. B. in Form von Projektionen sind. Wenn wir »konstruieren« oder »projizieren«, dann, so scheint es, gestalten wir unsere Wahrnehmung aktiv, sind ihr nicht einfach passiv ausgesetzt. Wir »machen« die Welt, die wir wahrnehmen, und finden sie nicht mehr vor. Stattdessen aber ist es gerade diese Spannung zwischen aktiver, konstruierender Weltaneignung und passiver Wahrnehmung, der wir ausgesetzt sind.

Diese beiden Pole, Unterwerfung versus Omnipotenz, lassen sich, uns Psychoanalytikern nur zu vertraut, in unseren unbewussten Schichten immer wieder auffinden. So ist denn den von Freud genannten drei Kränkungen der Menschheit vielleicht eine weitere, bis heute gültige hinzuzufügen: Wir können unsere *leibliche Existenz*, unser materielles Sein nicht abschütteln und damit sind wir der Welt immer auch ausgesetzt. Das gilt auch für die Psychoanalytikerin bei der Arbeit!

Auch die Philosophin Sibylle Krämer weist auf diesen Umstand der »Zwei-Welten-Ontologie« (Krämer 2002, S. 324) hin. Mit dem Phänomen des repräsentationalen Zeichens habe sich die Welt in eine »Tiefenstruktur« und eine »Oberfläche« gespalten, wobei das, was erscheint, eine Aktualisierung dessen sei, was unseren Sinnen nicht zugänglich ist. So lebten wir doch mindestens implizit mit der Einstellung, dass das, worauf es eigentlich ankomme, »hinter« den sinnlich wahrnehmbaren Erscheinungen liege (ebd., S. 325).

Natürlich erkennen wir hier einen Teil der psychoanalytischen Grundhaltung wieder, insoweit es darum geht, den latenten Gehalt »hinter« der manifesten Rede des Analysanden zu entdecken, seine Rede zu interpretieren. Zur Rede des Patienten werden zwar dessen gesamte wort- und körpersprachlichen Äußerungsformen gezählt, aber so ist doch bis heute eine implizite Annahme von Analytikerin und Analysand, dass jenes, »worauf es eigentlich ankommt«, »dahinter« oder besser noch »darunter« liegt. Man kann es doch nicht verhehlen, dass darin eine vielleicht nur dezente, aber dennoch vorhandene Wertung mitschwingt: Das aktuell, hier und jetzt sinnlich Wahrnehmbare ist nicht das »Eigentliche«. Und so ist uns dieser leicht resigniert klingende Vorwurf unserer Analysanden durchaus vertraut, wenn sie uns sagen: »Ach, Sie deuten das doch sowieso nur!« Was heißt hier »nur deuten«? Ist das nicht gerade Teil des Wertvollen, das wir zu geben haben? Ist es nicht gerade unsere Deutung, die ihm, dem Analysanden, neue Verstehenshorizonte eröffnet, die ihn gerade nicht festlegen, sondern ihn befreien sollen? Haben wir nicht lange darüber nachgedacht, wie wir es ihm nahebringen, was wir ihm sagen? Waren wir nicht selber erleichtert, jetzt endlich etwas verstanden zu haben? Warum jetzt diese nicht zu überhörende Enttäuschung, dieser latente Vorwurf? Warum ist er nicht auch erleichtert? Aber wenn er nun den Finger an eine wichtige Stelle gelegt hat?

So beeilt sich auch Mertens in seinem bekannten Lehrbuch »Einführung in die psychoanalytische Theorie« zu sagen:

> »Die Sitzhaltung hinter dem Patienten reduziert für diesen die Information über das *tatsächliche körperliche Aufeinandereingestimmtsein* [kursiv durch D.P.] und läßt Raum für Übertragungen früher Beziehungserfahrungen. Diese körperliche und gefühlsmäßige Tiefendimension gilt es im folgenden im Auge zu behalten, weil ansonsten vielleicht vorübergehend der Eindruck entstehen könnte, Psychoanalyse sei allein die Kunst der hermeneutischen Textinterpretation« (Mertens 1990, S. 49).

Natürlich handelt es sich bei der Psychoanalyse nicht allein um »die Kunst hermeneutischer Textinterpretation«, aber die Verneinung an dieser Stelle und die Aufforderung an die Leser, die »körperliche Tiefendimension im Auge zu behalten«, lässt doch ein Unbehagen vermuten, welches sich eben darauf beziehen könnte, dass wir ein praktisches Wissen davon haben, dass es sich anders verhält, aber dieses bisher in der psychoanalytischen Theorie noch wenig explizit gemacht haben. Nur so ließe sich die Sorge verstehen, man könne beim weiteren Lesen des Lehrbuches vielleicht denken, man lerne nur etwas über »Textinterpretationen«.

Um mit Gumbrecht zu sprechen, kann es selbstverständlich nicht darum gehen, den hermeneutischen Zugang zu vernachlässigen oder gar abzuschaffen, wohl aber darum, dem »Nichthermeneutischen«, den Präsenzeffekten, auch in der Metapsychologie, einen Platz einzuräumen. Denn, so Gumbrecht:

> »Daß jede Form von Kommunikation eine solche Produktion von Präsenz impliziert, daß jede Form von Kommunikation durch ihre materiellen Elemente die Körper der kommunizierenden Personen in spezifischen und wechselnden Weisen »berühren« wird, mag zwar eine relativ triviale Feststellung sein – aber es trifft dennoch zu, daß dieses Faktum von der abendländischen Theoriebildung ausgeklammert (wenn nicht gar – zunehmend – vergessen) worden ist […]« (Gumbrecht 2004, S. 33–34).

Dies gilt ohne Frage auch für die Theorie der in der abendländischen Tradition stehenden Psychoanalyse. Leib und Stimme, so präsent sie auch in jeder psychoanalytischen Stunde sind, führen in der Theorie eher ein Schattendasein. Den Blick auch wieder an Präsenzeffekte zu gewöhnen, scheint mir insbesondere für die Therapie traumatisierter Patienten von erheblicher

Bedeutung und gleichzeitig eine große Herausforderung zu sein. Diese Menschen haben früh lernen müssen, dem Tun der Bezugspersonen, und sei es noch so unverständlich, unvermittelt und überwältigend, einen Sinn zuzuschreiben, es zu interpretieren. Dies geschah, um psychisch zu überleben, denn es gibt, wie wir oben gesehen haben, immer auch das Gefühl, aktiv beteiligt und den Geschehnissen nicht lediglich passiv ausgeliefert zu sein. Gleichzeitig mussten diese Kinder versuchen, sich vor den überwältigenden leiblich-sinnlichen Eindrücken – so gut es eben geht – zu schützen, und dies ist letztlich nur auf Kosten des unmittelbaren sinnlichen Erlebens möglich. Der Ausschluss dieses Erlebens aber bedeutet »wiederholen« zu müssen, denn es gibt ohne neue Erfahrung keine neue Realität, wie auch die Neurophysiologie[3] inzwischen beeindruckend dargelegt hat.[4] Wie noch zu zeigen sein wird, liegen eben hierin auch das Schmerzhafte und die ungeheure Zumutung des psychoanalytischen Prozesses.

So ist es neben dem Ziel, die Zusammenhänge von sprachlicher und leiblicher Dimension der Psychoanalyse in einer breiteren theoretischen Untersuchung zu erhellen, ebenso ein zentrales Anliegen dieses Buches, im Blick auf besondere Behandlungskonstellationen erste Anwendungsmuster, so etwa bei traumatisierten Patienten, aufzuzeigen und diese zugleich wiederum als erweiterte Reflexionsräume für die Analytikerin zu verstehen. Damit ergeben sich, in meinem Verständnis, für *beide* am analytischen Setting Beteiligten Spielräume des Erlebens und (posttherapeutisch gesehen) dann auch existenziell neue Dimensionen des Seins wie des Handelns.

---

3 So stellt der Verhaltensphysiologe Gerhard Roth fest: »Dies [die unbewussten psychischen Konflikte aufzudecken, D.P.] kann niemals ausschließlich sprachlich geschehen, sondern nur in der Verbindung mit der Erzeugung eines ›emotionalen Aufruhrs‹ [...]. Die Amygdala und die anderen limbischen Zentren verstehen Sprache als rein kognitives Kommunikationsereignis nicht, sondern nur die mit ihr verbundenen emotionalen Komponenten wie Prosodie, Mimik und Gestik, oder sprachlich ausgelöste emotionale Zustände wie bildliche Erinnerungen oder Vorstellungen« (Roth 2001, S. 438).

4 Selbstverständlich ist das zugespitzt formuliert. Ein Mindestmaß an sinnlichen Erfahrungen bleibt natürlich möglich. Ohne solche »Inseln« ist vermutlich psychisches und physisches Leben gar nicht möglich.

Kapitel I

»Die Sprache entsteht in der Emotion der Begegnung, die Worte werden geboren, wenn man sie nicht erwartet« (Michel Serres, Die fünf Sinne)

Performanz

Wahrnehmung

Wenn wir vom *Erleben* sprechen wollen, dann sprechen wir über sinnliche Wahrnehmung.

Gumbrecht weist in seinem Buch darauf hin, wie notwendig es ist, Begriffe zu finden, die dazu verhelfen können, über Wahrnehmung zu sprechen, ohne bereits von den Begriffen her in der geltenden Vormachtstellung der hermeneutischen Betrachtungsweise gefangen zu sein. Da unsere Kultur eine hermeneutisch geprägte sei, finde sich diese Prägung natürlich auch in den geisteswissenschaftlichen Begriffen wieder. Um über »Präsenzphänomene« zu sprechen, so der Autor, sei es daher notwendig, »Begriffe zu entwickeln, mit denen man zumindest ansatzweise Präsenzphänomene erfassen [...] kann [...]« (Gumbrecht 2004, S. 98–99). In diesem Zusammenhang verweist er auf die aristotelische Zeichendefinition, der zufolge »das Zeichen eine Substanz (also das, was präsent ist, weil es Raum braucht) mit einer Form (also dem, wodurch eine Substanz wahrnehmbar wird) [verknüpft], d.h. es bringt Aspekte zusammen, die eine Vorstellung von »Sinn« beinhalten, die uns nicht vertraut ist« (ebd., S. 46–47). Damit gelte eben für den aristotelischen Zeichenbegriff nicht die uns nur zu vertraute Dichotomie zwischen »Materiellem« und »Immateriellem«, die uns dazu veranlasse, den materiellen Signifikanten zu vernachlässigen, ihm weniger Bedeutung beizumessen, nachdem sein »zugrundeliegender« Sinn identifiziert sei (ebd., S. 102). Er hat dann seine Schuldigkeit getan. Erkennen wir, wenn wir ehrlich sind, hier nicht eine Tendenz unserer psychoanalytischen Arbeit, besonders in den theoretischen Betrachtungen, wieder? Wenn wir eine Übertragung verstanden haben, noch besser, wenn auch der Analysand sie verstanden hat, haben wir dann nicht die

Erwartung, er könne jetzt doch von ihr lassen, oder zumindest, wenn nicht sofort, so doch nach einiger Zeit des Durcharbeitens? Insbesondere bei einer für die Analytikerin schwer aushaltbaren Übertragungsposition, ist da nicht der Wunsch, nachdem man nun mal verstanden hat, »wofür das nötig war«, es möge nun mal Schluss damit sein, mehr als verständlich?[5] Dann dient uns die Übertragung als Vehikel, als Trägersubstanz, was sie selbstverständlich auch ist, aber der Gedanke, dass sie »an sich«, in ihrer gefühlten Qualität, in ihrer Verwirklichung für den Analysanden im Hier und Jetzt auch Bedeutung hat, als ästhetischer Moment oder, wie Gumbrecht es formuliert, als »ästhetisches Erleben«, dieser Gedanke ist vielleicht für uns schwer verdaulich. Klingt das nicht allzu sehr nach »Befriedigung«? Natürlich handelt es sich um eine Form der Befriedigung, und noch dazu um eine, die wir nicht verhindern können, da jeder Analysand die Freiheit hat (wenn er denn die innere Möglichkeit dazu aufweist!), sich seine ganz individuellen ästhetischen Momente in seiner Analyse zu erschaffen. Die Tatsache, dass es uns möglicherweise unangenehm ist, weil es auch nicht kontrollierbar ist, sollte uns nicht daran hindern, hinzusehen.

Der Hinweis von Gumbrecht auf die aristotelischen Begriffe von Form und Substanz, die er allerdings nicht weiter ausführt, ist sehr lohnend, stellen die damit verbundenen Ideen von Aristoteles in *De anima* doch vielleicht wirklich Begriffe zur Verfügung, mit denen sich die prekäre Wahrnehmungssituation (insbesondere des traumatisierten Patienten), aber auch anderer, in regressiven Phasen der Analyse, fassen lässt. Wenn man sich auf diese, uns eher fremd gewordenen Begriffe einlässt, kann man vielleicht eine Sicht aus einer anderen Perspektive gewinnen, welche die Schwierigkeiten der Wahrnehmungsprozesse in den Blick nimmt und weniger einem »Defizitmodell« verhaftet ist.

Überlegungen des Aristoteles

Nach der Lehre des Aristoteles, dem *Hylemorphismus*, beginnt jegliche Erkenntnis mit dem sinnlich Wahrnehmbaren, wobei jedes sinnlich wahrnehmbare Einzelding (Substanz) aus Materie (hýlē) und Form (morphē oder eĩdos) zusammengesetzt ist. Ohne sinnliche Wahrnehmung ist auch eine

---

5 Auch so eine Formulierung! »Mehr als verständlich«. Woraus besteht dieses »Mehr«, wenn nicht aus einem tiefen Empfinden?

Vernunfterkenntnis (wir würden sagen: Einsicht) letztlich nicht zu haben. *Form* wird dabei nicht als äußere, konkrete Gestalt verstanden, sondern als »ideelle, immaterielle Struktur« (Disse 2001, S. 79), »als etwas Bestimmendes, Gestaltendes, Sein-Verleihendes« (Hirschberger 1980, S. 192), als das *Wesen* oder der Charakter eines Gegenstandes[6]. Erst sekundär treten zur Substanz sogenannte akzidentelle weitere Eigenschaften hinzu. Da Materie die Form empfängt, ist *Veränderung* demnach »der Vorgang der Vertauschung einer Form mit einer anderen bzw. des Entstehens oder Vergehens einer Form« (Disse 2001, S. 84).

Die Materie wird von der Form bestimmt; erst indem eine Materie ihre Form findet, wird sie für uns wahrnehmbar. Bis dahin ist sie etwas Unbestimmtes, in neuerer Terminologie ausgedrückt: eine Art impliziten Wissens. Aristoteles unterscheidet zwischen einer ersten und einer zweiten Materie. Die zweite Materie ist dabei das, was wir heute unter dem Begriff der Materie allgemein verstehen, das Material, woraus etwas besteht. Der Begriff der ersten Materie hingegen soll das bezeichnen, »was an sich weder als etwas noch als Quantitatives, noch durch irgendeine andere der Aussageweisen bezeichnet wird, durch welche das Seiende bestimmt ist« (Met. Z 3, 1029a). Damit ist die erste Materie »die absolute Unbestimmtheit, das Unterschiedslose, das allem Werden und Sein zugrunde liegt, das ohne alle Form ist, aber zu jeder Form gestaltet werden kann« (Hirschberger 1980, S. 196). Wir erkennen hier ohne Schwierigkeiten die Begriffe wieder, mit denen wir auch das Unbewusste versuchen zu beschreiben. Entsprechend kommt Aristoteles in *De anima* zu dem Schluss:

> »Notwendig also muß die Seele ein Wesen als (Form)ursache eines natürlichen Körpers sein, der in Möglichkeit Leben hat« (De anima, 412a).

Auch wenn wir heute in der Psychoanalyse kaum noch von »der Seele« sprechen, so würden wir uns vermutlich doch nicht scheuen zu sagen, dass das Unbewusste einen Teil der Seele bildet. Und wie uns bereits Freud gelehrt hat, kann man des dynamisch Unbewussten niemals direkt habhaft werden, sondern allenfalls dessen Abkömmlinge. Hier nun erhalten wir mit dem Begriffspaar *Form* und *Materie* eine Möglichkeit, diesen Vorgang, nämlich das Wahrnehmen des dynamisch Unbewussten in der psychoanalytischen Situ-

---

6 »Form nenne ich das Sosein eines jeden Dinges und sein erstes Wesen« (Met. Z. 7, 1032b). An anderer Stelle spricht Aristoteles von der Form als »Wesen(heit)« (ebd., 1033b).

ation, und ich füge schon jetzt hinzu, im Rahmen eines performativen Aktes zu beschreiben. Das Unbewusste (als *formlose* Materie) empfängt die Form im Rahmen der psychoanalytischen Aufführung. Und damit ist nun nicht vereinfacht gemeint, dass sich die unbewusste Struktur in der gemeinsamen Interaktion schlicht abbildet, als sei sie immer schon da und müsse sich nur zeigen, nein, es geht vielmehr darum, dass sie in ihrer *Form*, also ihrem Wesen nach von Analytikerin und Analysand *geschaffen und wahrgenommen* werden kann. Dies, und das ist der zweite wichtige Teil der aristotelischen Überlegungen, ist ein Akt der *Verwirklichung*. Denn, so der Philosoph:

> »Die Materie ist Potenz/Möglichkeit, die Form aber ist Vollendung (Entelechie)[...]« (De anima, 412a).

Dies ist eine frühe Formulierung dessen, was sich viel später im Begriff der *Performanz* wiederfinden wird. Das lateinische Verb *formare* meint *gestalten, bilden, verfertigen, hervorbringen*. Unter dem Substantiv *forma* wird neben der Gestalt, Form oder Beschaffenheit einer Sache auch deren *Charakter* verstanden, also das, was auch Aristoteles unter *Form* versteht. Die Silbe *»per-«* weist dann darauf hin, dass es ein Mittel[7] gibt, *durch* welches etwas hervorgebracht wird. Etwas erhält also *durch* etwas anderes, im Zusammenwirken mit diesem, seine *Form*, seinen Charakter, wird durch die Formgebung *hervorgebracht*. Und das bedeutet nicht weniger, als dass es überhaupt dadurch sinnlich wahrnehmbar wird.[8]

---

7 Der Philosoph Kurt Röttgers verweist in seiner interessanten Untersuchung der »Mitte« auf einen ähnlichen Aspekt: Es gelte das Medium (z.B. die Sprache) nicht lediglich als instrumentelles Mittel im Sinne einer Zweck-Mittel-Relation zu betrachten, »für die ja doch immer die Zwecke das Eigentliche sind« (Röttgers 2006, S. 26), das man »nur benutzt, um eine Botschaft auf einen anderen zu übertragen« (ebd., S. 24). Kommunikation sei nicht lediglich eine Abbildung der »Tiefenereignisse« eines Menschen (ebd., S. 26), sondern das Medium ist »die notwendige Form, ohne die es den Inhalt überhaupt nicht gibt« (ebd.). Landläufig sagen wir: »Der Weg ist das Ziel« und meinen damit, dass wir vor lauter Zweckgerichtetheit und Zielstrebigkeit nicht den Weg – die ästhetischen Erlebnisse – verpassen sollten, welche wiederum »das Ziel« – uns – verändern.

8 Der Ethnologe Victor Turner kommt in seiner etymologischen Herleitung des Wortes auf ein ganz ähnliches Ergebnis: »*Performance* stammt [...] vom mittelenglischen *parfournen*, später *parfourmen*, das auf das altfranzösische *parfournir* – *par* (›gründlich‹) plus *fournir* (›ausstatten‹) zurückgeht – deshalb hat *Performance* nicht unbedingt die strukturalistische Implikation der *Form*gebung, sondern eher den prozessualen Sinn von ›zur Vollendung bringen‹ oder ›ausführen‹. *Aufführen* (perform) heißt daher nicht so sehr, eine einzelne Tat oder Handlung ausführen, als vielmehr einen in Gang befindlichen Prozeß vollenden« (Turner 1982, S. 143).

Aristoteles unterscheidet, wie oben bereits angedeutet, zwischen zwei Formen der Wahrnehmung, einer *möglichen* und einer *wirklichen*(!), was hier so viel bedeutet wie einer realisierten.

> »[Ebenso] dürfte das Wahrnehmungsvermögen in zweifacher Weise so heißen, teils in Möglichkeit und teils in Wirklichkeit. Gleicherweise auch das Wahrnehmen, das sowohl in Möglichkeit, als auch in Wirklichkeit ist [...]. Offenbar nun ist das Wahrnehmungsfähige (noch) nicht in Akt (tätig), sondern nur in der Potenz« (De anima 417a).

Eine Person mit funktionstüchtigen Augen ist ihrem Vermögen, ihrer *Potenz* nach sehend, auch wenn sie gerade die Augen geschlossen hat; sie ist noch nicht »in Akt tätig«. Öffnet sie die Augen und sieht, dann *verwirklicht* sie ihr Sehvermögen; es kommt zu einem Kontakt zwischen dem Sehvermögen und dem »zu Sehenden«.

Aristoteles unterscheidet nun zwei verschiedene Stufen von Eintreten der Wirklichkeit (oder Vollendung oder Entelechie): Einer ersten Vollendung, nach der eine Anlage zu einer *Haltung* gegeben ist, die fähig ist, tätig zu werden. (Man wird z. B. mit gesundem Sehvermögen geboren.) Ist diese Haltung gegeben, bildet sie gleichzeitig die Möglichkeit einer Tätigkeit zur zweiten Vollendung. Die zweite Vollendung besteht dann in der Realisierung dieser Möglichkeit (also Augen öffnen und sehen.) Das klingt kompliziert und deshalb führt Aristoteles gern das Beispiel des Wissenschaftlers (in spe) an: Der geborene Mensch hat die Möglichkeit die Wissenschaft zu erlernen, weil er Mensch ist und (in der Regel) von Geburt an mit diesen intellektuellen Möglichkeiten ausgestattet ist. Also befindet er sich nach der Geburt im Stadium der Möglichkeit zum Erwerb einer wissenschaftlichen Haltung. Erlernt er dann eine Wissenschaft, also studiert er beispielsweise die Philosophie, dann befindet er sich in der *ersten Vollendung*, nämlich in der Möglichkeit wissenschaftlich tätig zu werden. Aristoteles sieht diesen Schritt als einen der echten Veränderung oder Verwandlung an. Ist der Wissenschaftler in seinem Beruf tätig, so nutzt er sein Instrumentarium, dann befindet er sich im Zustand der *zweiten Vollendung*.

Mit dem Sinnesvermögen nun verhält es sich dagegen etwas anders: Wir werden mit diesem Vermögen zur sinnlichen Wahrnehmung bereits geboren und müssen diese Fähigkeit nicht mehr erlernen. Entsprechend befinden wir uns bereits nach der Geburt auf der Stufe der *ersten Vollendung*. Nun stellt Aristoteles aber einen entscheidenden Unterschied zwischen sinnlicher und intellektueller Erkenntnis fest: Während das vernünftige Erfassen beim Subjekt selber liege, liege das Wahrnehmen nicht bei ihm, sondern vielmehr *außerhalb seiner selbst* (De anima 417b). Damit ist gemeint, dass der Wissenschaftler für sich, sozusagen intrapsychisch, mit seinen erworbenen Begriffen machen kann, was er will. Seine Denkbewegungen finden vorerst in ihm statt. Schaut er aber aus dem Fenster, um zu sehen, dann ist auch er darauf angewiesen, dass es dort etwas zu sehen gibt, um seine Wahrnehmungsmöglichkeiten zu realisieren.

Schematisch lässt sich das etwa so fassen:

Anlage	Haltung	Tätigkeit	
1. Möglichkeit →	⌈ 1. Vollendung		
	⌊ 2. Möglichkeit	→ 2. Vollendung	
Kind	Student	Wissenschaftler }	intellektuelle Erkenntnis; intrapsychisch
	Potenzielle Wahrnehmung	Realisierte Wahrnehmung }	sinnliche Erkenntnis; zwischen Subjekt und Außenwelt

Wie kann Wahrnehmung eine »Vollendung« finden, sich realisieren?

Damit sich die Wahrnehmung realisiert, also wirklich wird, muss die jeweilige Materie die Form empfangen, sich also relativ zu ihr passiv, rezeptiv, verhalten. Entsprechend, so Aristoteles, erfolge Wahrnehmung im Bewegtwerden oder *Erleiden* (De anima 416b). Dabei bedeutet hier das psychische Erleiden etwas anderes als das physische. Dieses wird eher verstanden als die Vernichtung des Passiven durch das entgegengesetzte Aktive. Jenes aber, das Erleiden im psychischen Sinne, bedeutet »die Bewahrung des in Möglichkeit Seienden« (De anima, 417b), also das Bewahren einer Haltung, ein sich Offenhalten für die Wahrnehmung eines *äußeren* Objektes, das letztlich erst die Verwirklichung ermöglicht.

»Es [das Leidensfähige, D. P.] erleidet nämlich das Ungleiche, nach dem Erleiden aber ist es ein Gleiches« (De anima, 417a).

Die besondere Art des *Erleidens* im psychischen Sinne besteht darin, dass »das Erkenntnisvermögen durch die Einwirkung des Objekts *nicht sein Wesen verliert* [kursiv durch D.P], sondern vielmehr in seinem Wesen vervollkommnet wird« (Seidl 1995, S. 261), und zwar dadurch, dass es eine höhere Stufe des Wirklichseins erreicht. Etwas pragmatischer ausgedrückt, bedeutet dies, dass wir, wenn wir etwas wahrnehmen – welcher Qualität es auch sein mag – dadurch prinzipiell etwas hinzugewinnen und nicht (dauerhaft) einen Teil unseres Selbst verlieren. Erleiden im psychischen Sinne heißt bei Aristoteles, sich dem Ungleichen anzugleichen und dadurch einen Zuwachs an *Wirklichkeit* zu erreichen; es bedeutet gerade nicht, *das Andere zu werden*, sich aber dennoch zu verändern. Der Wahrnehmungssinn nimmt eben die *Form* des äußeren Objektes auf, nicht etwa das konkrete materielle Objekt.

Das Besondere an den Überlegungen des Aristoteles ist nun auch darin zu sehen, dass sowohl für das Objekt der Wahrnehmung als auch für das Wahrnehmungssubjekt die beiden Zustände von *Möglichkeit* und *Wirklichkeit* bestehen: Ein an sich klingender Gegenstand kann manchmal klingen, manchmal nicht, so wie ein Klavier auf dem mal gespielt wird und mal nicht. Entsprechend kann auf der Seite des Subjektes gehört werden oder nicht. Entscheidend ist aber nun, dass im Moment der Aktualisierung (jemand spielt Klavier, ein anderer hört es) das Objekt *seiner Form nach* in das Wahrnehmungssubjekt eingeht und *beide dieselbe Wirklichkeit teilen.*

»Die Wirklichkeit des Wahrnehmbaren und der Wahrnehmung ist ein und dieselbe, das Sein ist aber für sie nicht dasselbe« (De anima, 425b).

Von Bedeutung ist hier außerdem, dass das Objekt der Wahrnehmung auf ein Subjekt angewiesen ist, um den Zustand des Möglichen zu verlassen und *wirklich* zu werden.

»[...] denn die Wirklichkeit des Wirkfähigen (Aktiven) und Bewegungsfähigen stellt sich in dem Erleidenden (Passiven) ein« (De anima, 426a).

Zwar bezieht sich Aristoteles hier nicht explizit auf lebende Objekte der Wahrnehmung, Personen also, dennoch aber lässt sich dieses Modell auf zwei Subjekte, die jeweils gegenseitig füreinander auch Objekte der Wahrnehmung sind, anwenden. In diesem Sinne findet der Analysand in seiner wahrnehmungsbereiten, empfänglichen und damit passiven und *erleidenden* Analytikerin den Übergang von der Möglichkeit seines Ausdruckes zu dessen

Wirklichkeit. In dem Moment, in dem er mit seinen unbewussten Strebungen von seiner Analytikerin wahrgenommen wird, findet er seine Wirklichkeit in ihr und beide teilen für einen Moment eben diese Wirklichkeit. Gelingt dieser Prozess, dann hat dem Analysanden bisher Unbewusstes in ihr und mit ihr eine (wahrnehmbare) *Form* gefunden. Unter dem Unbewussten verstehe ich hier auch emotional Unbewusstes, in dem Sinne, dass der Analysand zwar etwas erinnern kann, jedoch die affektive Tragweite dessen nicht realisiert. Oder aber der Analysand *weiß* kognitiv etwas über sich, ist sich aber über die emotionale Bedeutung nicht im Klaren.

Dazu ein Beispiel: Bollas (Bollas 1987, S. 235ff.) schildert den Fall einer hysterischen Patientin, die in den Sitzungen in ihren Handlungen unberechenbar und in ihren Stimmungen wechselhaft war. Bollas schildert eindrucksvoll, wie sehr er ihr Verhalten als überdreht erlebte, zeitweise bedauerte, sie zur Patientin zu haben, und sich in Überlegungen erging, wie er sie loswerden könnte. Gleichzeitig hatte er das Gefühl, sich hinter einer klassischen analytischen Haltung zu verschanzen. Bollas schildert eine der folgenden Sitzungen: »*Eines Tages kam sie zur Sitzung und ließ sich in den Sessel fallen, während ein albernes Lächeln um ihre Lippen spielte. Sie beugte sich vor, schaute mich direkt mit einem Blick an, der durchdringend wirken sollte, und sagte:* ›*Ähm, Mr. Bollas, ähm Mr. Bollas, es klingt so komisch, wenn ich das sage [sie lacht] – denken Sie nicht, es wäre nett, wenn Sie nur ein klitzekleines bißchen herzlicher sein könnten? [Ein exaltiertes Lachen sprudelt aus ihr heraus.] Ich meine, ich frage mich, ob Sie bloß ein klitzekleines bißchen herzlicher sein könnten. Nicht viel. Nur ein winziges bißchen. Wissen Sie, Sie sind einfach sooo kühl.*‹ *Ich fürchte, es lässt sich unmöglich vermitteln, wie einen diese Frau zum Wahnsinn treiben konnte, denn die Unechtheit ihrer Selbstdarstellungen läßt sich nicht in Worte fassen.*«

Die Befürchtung von Bollas scheint mir nicht so begründet, denn im Text vermittelt sich für mich sehr gut, wie unerträglich ihm die Situation geworden war. Er erlebt die Patientin als »*unecht*«*, was aus meiner Sicht so zu verstehen ist, dass Bollas es nicht fassen kann, dass seine Patientin nicht zu spüren scheint, wie sehr sie ihm auf die Nerven geht. Denn ihr* »*unecht Sein*« *ist natürlich auch Teil ihrer* »*Echtheit*«*, nur, dass sie es (noch) nicht weiß. Bollas entschließt sich, die Wahrnehmung der Patientin zu bestätigen, nämlich ihr gegenüber* »*kühl*« *geworden zu sein und schließt mit den Worten:* »*Wissen Sie, wenn Sie sich dazu durchringen könnten, mir nicht mehr so verflucht zuzusetzen, könnte ich Ihnen gegenüber wohl ein Stück unbefangener sein, und wir könnten uns wirklich dranmachen, Sie besser zu verstehen.*«

Die Antwort der Patientin darauf war: »So ist das also.«
Im Moment dieser Deutung war für die Patientin und ihren Analytiker etwas real *geworden. Sie hat plötzlich erfahren, was sie wirklich in ihrem Gegenüber auslöst, indem sie dessen Reaktion wahrnehmen konnte. Er hatte plötzlich nicht mehr das Gefühl eine* unechte *Patientin vor sich zu haben. Er hatte sie als reales, jetzt so seiendes Gegenüber anerkannt, sodass sie sich neu erleben konnte.*

Mithilfe der aristotelischen Unterscheidung zweier Möglichkeitsstufen können wir die psychoanalytische Situation und die Schwierigkeiten, die sich insbesondere mit traumatisierten Patienten und deren sogenannter Affektabspaltung ergeben, etwas genauer beschreiben und verstehen. Für die Analytikerin ist »die Bewahrung des in Möglichkeit Seienden« durch den Ausdruck der »gleichschwebenden Aufmerksamkeit« als einer Haltung erfasst, und es ist genau dies ein Punkt, an dem sie sich von ihrem Analysanden unterscheidet, unterscheiden muss. Diese ihre Haltung begründet u. a. die Asymmetrie der psychoanalytischen Beziehung. Sie weiß, dass sie durch ihr Sich-Offenhalten, durch ihr *Erleiden* »nicht ihr Wesen verliert«, d. h. sie weiß, dass sie dadurch, wie sie ihren Analysanden sinnlich wahrnimmt, nicht zerstört wird.[9] Sie weiß, ebenso wie Aristoteles, dass der Wahrnehmungssinn sein Objekt nur *der Form nach* aufnimmt und nicht etwa das materielle Objekt als Ganzes. Dies ist aber der Kern der Symbolisierungsstörung des traumatisierten Patienten. Er hat Eltern erlebt, die ihm ihre *Form* – ganz leibnahe und konkret – einprägen wollten.[10] Das ist ohne einen Akt von Gewalt nicht vorstellbar. So ist ihm gerade der symbolische Raum, der es uns erlaubt, ein Objekt *seiner Form nach* in uns aufzunehmen, uns ihm anzugleichen, ohne unser *Wesen* zu verlieren, zerstört worden. Der Analysand also, so er sich im Zustand der

---

9 Das heißt nicht, dass nicht auch der Analytikerin diese Position, diese Sicherheit, punktuell einmal verloren gehen kann, wenn beispielsweise massiv projektive Prozesse wirksam sind. Dies geschieht in jenen Phasen der Behandlung, in welchen die Introjekte des Analysanden auf der analytischen Bühne zum Leben erweckt, deren Szenen »aufgeführt« werden. Es kann dann passieren, dass die Bedrohung sich derart massiv darstellt, dass man eben doch fürchtet »sein Wesen zu verlieren«, sich also plötzlich und unvermittelt als »eine ganz andere« fühlt. Dies kann zu den sogenannten »spontanen Reaktionen« seitens der Analytikerin führen, von denen an späterer Stelle noch die Rede sein wird.
10 Ferenczi spricht hier von Intropressio, Shengold von Seelenmord: »Seelenmord ist weder eine Diagnose noch ein Zustand. [Es ist] der bewußte Versuch, die Autonomie eines anderen Menschen zu zerstören oder zu gefährden. Die Opfer des Seelenmords bleiben zum großen Teil im Besitz des Täters, und ihre Seelen bleiben an diesen gefesselt« (Shengold 1989, S. 16).

Affektabspaltung befindet, »weigert« sich, um die Worte des Aristoteles zu benutzen, muss sich aus seiner Sicht weigern, zu *erleiden*[11], also die Haltung des »in Möglichkeit Seienden« einzunehmen. Das heißt hier, sich gegenüber dem anwesenden Objekt, also seiner Analytikerin, passiv-rezeptiv zu verhalten.

Dies genau ist nun der Preis, den der Analysand für seine Affektabspaltung zahlt: Er muss, indem er gewissermaßen die Stufe der zweiten Vollendung, d. h. der Verwirklichung der Wahrnehmung nicht erreichen kann, auf einen Zuwachs an Wirklichkeit, auf eine Berührung mit dem Objekt und eine mögliche Angleichung an dieses verzichten. In unserer analytischen Sprache heißt das, es kann zu keiner wirklichen Verinnerlichung, zu keiner Verinnerlichung eines ganzen Objektes mit all seinen ambivalent *erlebten* und *gefühlten* Eigenschaften und damit zu keiner umfassenden Identifikation kommen. Und warum »verzichtet« der Analysand darauf? Was ist denn das Prekäre an dieser Form des *Erleidens*?

Auch dabei verhilft uns Aristoteles zu einer Antwort:

> »Es besteht aber ein Unterschied zwischen sinnlicher und intellektueller Erkenntnis, weil von der ersteren das, was (ihre) wirkliche Tätigkeit bewirkt, *außerhalb* [kursiv durch D. P.] liegt, nämlich das Sichtbare und Hörbare, und ebenso die übrigen wahrnehmbaren Objekte. [...] Daher liegt das vernünftige Erfassen *beim Subjekt selbst* [kursiv durch D. P.], während das Wahrnehmen nicht bei ihm liegt [...] weil das Wahrnehmbare zu den einzelnen Dingen gehört und außerhalb des Subjekts liegt« (De anima, 417b).

Erleiden im aristotelischen Sinne bedeutet also auch eine Form des Kontrollverlustes, eine Form des Sich-Überlassens an eine *äußere* Welt, sich der Wahrnehmung des gegenwärtigen – aber eben *außerhalb des wahrnehmenden Subjektes existierenden* – Objektes in all seinen Erscheinungsformen hingeben. So ist natürlich nur zu gut erklärbar, dass der Analysand, der seine frühen Objekte als überwältigend erlebt hat, diesen Zustand vermeiden muss. Da er aber mit der Fähigkeit zur sinnlichen Wahrnehmung geboren worden ist, bleibt ihm nur die Möglichkeit, diese Fähigkeit nicht (erneut) zu *verwirklichen*. Wie wir alle aus unserer Arbeit wissen, geschieht das nicht nur in der analytischen Situation, sondern natürlich in zahlreichen Szenen des täglichen Lebens, in

---

11 Wenn man so will, »weigert« sich der Analysand *Patient* zu sein, wenn wir uns in Erinnerung rufen, dass das Partizip *patiens/patientis* nichts anderes bedeutet als »(er)duldend oder (er)leidend«.

denen dem Analysanden äußere Objekte sinnlich nahezukommen drohen. Entsprechend führt dies zu einer Verarmung der sinnlich fassbaren Welt, des ästhetischen Erlebens. Aristoteles liefert auch einen Teil der Erklärung dafür, dass die intellektuelle Erkenntnis in solchen Fällen zwar eingeschränkt sein kann, aber nicht entsprechend aufgehoben ist, denn die Verfügbarkeit des Objektes der vernünftigen Betrachtung liegt bei uns und unterliegt damit unserer Kontrolle. Dies ist der Grund für die häufig zu beobachtende »intellektuelle Hypertrophie« bei traumatisierten Kindern, die sich eben in dieser Handhabung der »Vernunftobjekte«, also in dem Finden von rationalen Erklärungen des Erlebten, ein Mindestmaß an Sicherheit zu geben versuchen. Dieses Denken, das Suchen nach Erklärungen ist ein innerer Vorgang und damit ein Versuch, die äußere Welt handhabbar zu machen.

Und wie nun kann die Psychoanalyse da heraushelfen? Die *Form* wird erst erkennbar/wahrnehmbar, wenn sie sich realisiert. Bis dahin ist sie nur »der Möglichkeit nach« und das heißt hier: unbewusst. Also auch jenes, das wohl in Worte gefasst, aber nicht empfunden werden kann. Der Analysand wird sich *in seinem Wesen* erst erkennen können, wenn er *real* wird, d.h. herausfindet, welche der Gefühle, die in der psychoanalytischen Situation für ihn wahrnehmbar werden, auch wirklich die seinen sind und bei welchen es sich eher um »Fremdkörper«, *Introjekte*, handelt.

Wie kann der psychoanalytische Prozess dem Analysanden dazu verhelfen, sich auf das *Erleiden* im Sinne einer Haltung des »In-Möglichkeit-Seienden« einzulassen?

Dies kann aus meiner Sicht auf zwei Wegen geschehen, die sich jeweils bedingen und deren Grundvoraussetzung eben die performative Situation in der Analyse ist, in der sich etwas verwirklicht:

Der eine Weg führt über die Analytikerin. Indem sie nämlich ihre Fähigkeit des *Erleidens* aufführt, indem sie diese unzählige Male in Anwesenheit des Analysanden lebt und damit eben verwirklicht und indem sie diese »überlebt«, d.h. in unseren Worten übersteht, ohne dass sie oder ihr Patient Schaden nehmen, erlebt auch der Analysand, dass so etwas überhaupt möglich ist.

Damit er es erleben kann, muss auch der zweite Weg beschritten werden, und das ist jener, der über den Analysanden führt. Das aristotelische Modell ist eben ein Modell und das heißt, dass eine Reinform dargestellt ist, die so in der Wirklichkeit nicht vorkommt. Für die analytische Situation bedeutet dies, dass es natürlich immer wieder Situationen gibt, in denen der Analysand die Haltung des »In-Möglichkeit-Seienden« bewahren konnte, und etwas durch sein Objekt erlitten hat. Es sind jene Einfallstore zur Wirklichkeit, in denen für einen Moment die Affektabspaltung aufgehoben war und sich etwas realisiert hat, d. h. in der psychoanalytischen Situation wahrgenommen wurde. Hier ist es nun vordringlichste Aufgabe der Analytikerin, diese Momente bei ihrem Analysanden wahrzunehmen, damit sie für ihn das Wertvolle eines solchen Augenblickes aufheben kann, indem sie ihn darauf hinweist und beide feiern können, dass er es, vermutlich wider sein Erwarten, überlebt hat. Das unterscheidet die analytische Situation (unter anderem) von der Alltagssituation, in der es solche Momente gibt, der Analysand aber, da er möglicherweise wieder im Wahrnehmungsstopp versinkt, keine Chance hat, diese Momente wahrzunehmen, sie sich zu erhalten und anzusammeln, um irgendwann ein Stück mehr Sicherheit zu gewinnen. Aber dies genau macht die Qualität des analytischen Prozesses als eines performativen Prozesses, als eines Ereignisses, das die Kraft hat, die soziale Realität zu verändern, aus.

Wenn wir uns mit den gegenwärtigen Konzepten der *Performanz* etwas vertrauter gemacht haben, wird sichtbar werden, inwieweit in dieser Auffassung von Übertragung bereits performative Konzepte enthalten sind und inwieweit man das Verständnis des psychoanalytischen Prozesses noch um eine Dimension erweitern kann, wenn man diese performativen Elemente noch stärker in den Blick nimmt (und in die Sprache aufnimmt).

Performanz – Versuch einer Begriffsklärung

In den Kultur- und Geisteswissenschaften ist in den letzten Jahren ein zunehmender Diskurs über den Begriff der *Performanz* zu verfolgen: So gibt es eine sprachphilosophische, literaturtheoretische und theaterwissenschaftliche Auseinandersetzung sowie eine in der Anthropologie und den Gender-Studies. An der Freien Universität Berlin gibt es gar den »Sonderforschungsbereich 447«, der sich mit »Kulturen des Performativen« befasst. Dabei scheint der Begriff zunehmend vieldeutig und unklar geworden zu sein, was seiner breiten Anwendung jedoch keinen Abbruch tut und nun, nach einem *lingusitic* und *somatic turn* von einem *performative turn* (Wirth 2002, S. 10) die Rede ist. Interessant aber, dass sich die Psychoanalyse bisher, von wenigen Ausnahmen[12] abgesehen, theoretisch kaum mit den dazugehörigen Konzepten

---

12 Eine Ausnahme bilden die kürzlich erschienen Beiträge von Joachim Danckwart und Peter Wegner. Allerdings verstehen beide den Begriff »performance« als Bestandteil der Ein-Personen-Psychologie und sehen die Aufgabe des Analytikers darin, als »Materialobjekt« (Danckwart 2006, S. 18) zu fungieren: »Bei der ›Performance‹ herrschen ›*Ein*-Personen-Psychologie‹

auseinandergesetzt hat, und das, obwohl der Germanist und Philosoph Uwe Wirth in seiner kritischen Auseinandersetzung mit dem Begriff der Performanz, der Psychoanalyse eine »Analogie« zur Denkbewegung von Austins Analyse der Performativa zuspricht (ebd., S. 24):

> »Sowohl die Psychoanalyse als auch die sprachphilosophische Performanztheorie nehmen in spezifischer Weise auf Äußerungen Bezug – ebendadurch bewirken sie eine neue Form, Referentialität zu thematisieren [...]« (ebd.).

Das bedeutet, dass die Psychoanalyse ein »performatives Verfahren« ist, indem sie, in ihrer Praxis, gerade den *Vollzug* des Geschehens zu ihrem Gegenstand macht. Nicht allein, *dass* der Analysand etwas sagt, sondern *wie* er etwas sagt, wird mit Aufmerksamkeit bedacht. Wir alle lernen in unserem Beruf auf die »Melodie« der Sprache unserer Patienten ebenso zu hören, wie auf den Inhalt ihrer Aussagen, da wir in der »Aufführung« des Analysanden das gerade Nicht-Sagbare, das *Unbewusste*, vermuten, welches sich durch ihn »in Szene setzt«. Die Tatsache, dass auch das *Wie* des Sprechens der Analytikerin von herausragender Bedeutung ist, wurde insbesondere von Michael Balint in seiner »Theorie der Grundstörung« immer wieder betont. Das schien schon gefährlicher, hat er doch einen Großteil seiner theoretischen Überlegungen erst deutlich später veröffentlicht, als er sie angestellt hat (Herold/Weiß 2000, S. 763).

So kann es meines Erachtens für unsere Profession nur fruchtbar sein, wenn wir uns am lebhaften Diskurs zum *performative turn*, wie er in den Kulturwissenschaften genannt wird, beteiligen. Denn auch für uns Psychoanalytiker

---

und ›Handlungs*monolog*‹ vor« (ebd., S. 19). Beide Autoren verstehen die Performance »als Ergebnis eines unbewußten Zerstörungsvorganges, eines Versuches des Analysanden, den Analytiker zu annihilieren, um den Analytiker in einer Weise neu zu erschaffen und zu gestalten, die ihn für den Analysanden förderlich macht« (ebd., S. 21). Aus meiner Sicht gehen die Autoren damit an den gerade erweiternden Verständnismöglichkeiten des Begriffes vorbei, der, wie zu zeigen sein wird, der *Zwei-Personenpsychologie* zuzurechnen ist. Das Problem zeigt sich dann auch in der Fallbeschreibung von Wegner (Wegner 2006, S. 32f.), der sich durch die redundante Begrüßungsszene durch seinen Analysanden als Person »ausgelöscht« und »überwältigt« fühlt. Bemerkenswert ist hier, dass diese Szene über 100(!) Stunden aus der verbalen Kommunikation ausgeschlossen blieb und der Analytiker sich während dieser Zeit an das Begrüßungsritual des Patienten »anpasste« und dies zugleich als Unterwerfung erlebte. Hier zeigt sich der Fehlschluss, die Performance als Ein-Personen-Vorgang zu verstehen, in welchem der Analytiker lediglich »Material« ist. Material hat eben keine Eigenaktivität. So kommen die massiven Affekte des Analytikers in ihrer Bedeutung nicht wirklich zur Sprache und es bleiben Fragen ungestellt, wie zum Beispiel diese, *warum* der Analytiker 100 Stunden lang »mitmacht«, obwohl er es bemerkt und das permanente Gefühl der »Auslöschung« erträgt. Denn dieses ist *sein* Beitrag zur Performance, die, aus meiner Sicht, eher so, vollständig zu verstehen ist.

dürfte es an der Zeit sein, den Phänomenen der *Präsenz* und des *Vollzugs* in unserer Arbeit nicht nur praktische Aufmerksamkeit zu schenken, indem wir tun, was wir tun (z. B. Wert darauf legen, dass die Analysanden zu uns kommen und nicht mit uns zum Beispiel übers Telefon kommunizieren, wenn das auch in Ausnahmefällen vorkommen mag[13]), und uns selbstverständlich scheinende Regeln (wie die der notwendigen Lehranalyse) aufstellen, sondern diese auch theoretisch in den Blick zu bekommen.

Implizit scheinen wir die Konzepte der *Performanz* in der psychoanalytischen Theorie, insbesondere in unserem Verständnis von *Übertragung* bereits anzuwenden. Vielleicht kann man auch sagen, dass das, was in den Kulturwissenschaften *performative turn* genannt wird, sich in einer parallelen Entwicklung der psychoanalytischen Übertragungskonzepte wiederfindet: vom unbeteiligten (und damit eher kontrollierenden und machtvolleren Beobachter) zum beteiligten, berührbaren Psychoanalytiker. Es wird noch zu zeigen sein, inwieweit die neuen Übertragungskonzepte bereits die Idee des psychoanalytischen Prozesses als performativen Prozess, als *gemeinsame Aufführung* beinhalten und welchen Nutzen wir eigentlich aus diesen Überlegungen ziehen können.

»Performativ« – ein »garstiges Wort«?

>»Es ist durchaus verzeihlich, nicht zu wissen, was das Wort performativ bedeutet. Es ist ein neues Wort und ein garstiges Wort, und vielleicht hat es auch keine sonderlich großartige Bedeutung. Eines spricht jedenfalls für dieses Wort, nämlich, dass es nicht tief klingt« (Austin 1979, S. 305).

Mit diesen Worten beginnt der englische Philosoph John Langshaw Austin,

---

13 Küchenhoff berichtet von einer seiner Analysandinnen, die, an einer schweren Magersucht leidend, zunehmend in Bedrängnis gerät, als sie ihre libidinösen Gefühle für ihren Analytiker entdeckt. In der Folge entwickelt sich eine »negative therapeutische Reaktion«; »sie nimmt ab, sie schweigt und schwindet. Sie kann nicht mehr in die Stunden kommen. [...] Mich zu begehren hieße für die Analysandin, mich zu verschlingen und damit zu töten – oder umgekehrt von ihr verschlungen und getötet zu werden« (Küchenhoff/Warsitz 1991, S. 38). Sie kann aber mit ihrem Analytiker telefonieren. In den 50-minütigen Telefonaten spricht sie über ihre Liebe zu ihm. »Es ist, als würde sie für sich das analytische Setting neu erfinden« (ebd.). Vor den möglichen psychoanalytischen Interpretationen des Verhaltens der Patientin steht deren momentane Unfähigkeit, die *reale leibliche Präsenz* ihres Analytikers auszuhalten. Diese ist es, die der möglichen Fantasie, »verschlungen oder getötet zu werden«, die Nahrung gibt. Es ist die Potenzialität des Leibes ihres Analytikers, dessen reale Möglichkeiten, ihr physisch nahe zu kommen, die so bedrohlich ist.

der neben Ludwig Wittgenstein als einer der ersten der Handlungsdimension der Sprache nachging, seinen Aufsatz über performative Äußerungen. Der Begriff erfasst, grob orientierend ausgedrückt, den Umstand, dass Sprache Welt nicht lediglich zu beschreiben vermag, sondern – unter bestimmten Umständen – Weltzustände im Sprechen zugleich hervorbringen kann, also eine weltverändernde Kraft besitzt.

Austin selbst hatte in seinen Vorlesungen, die er 1955 an der Harvard University hielt und die posthum als *How to do things with words [Zur Theorie der Sprechakte]* erschienen sind, das Wort geprägt. In diesen stellte er den *konstativen Äußerungen* zunächst die *performativen Äußerungen* gegenüber. Während konstative Äußerungen Feststellungen treffen, die wahr oder falsch sein können, wird mit performativen Äußerungen »natürlich nur unter passenden Umständen« (Austin 1962, S. 29) etwas »getan«, und zwar genau das, was sprachlich beschrieben wird. Die oft zitierten Beispiele dafür sind: »Ich taufe dieses Schiff auf den Namen ›Queen Elisabeth‹« beim Akt der Schiffstaufe oder »Ja, ich nehme die hier anwesende XY zur Frau« als Äußerung während der standesamtlichen Trauung.

> »Der Name (»performativ«, D.P.) stammt natürlich von »to perform«, »vollziehen«: man »vollzieht« Handlungen. Er soll andeuten, dass jemand, der eine solche Äußerung tut, damit eine Handlung vollzieht – man fasst die Äußerung gewöhnlich nicht als bloßes Sagen auf« (ebd., S. 30).

Entscheidend ist, dass diese Äußerungen im Rahmen eines bestimmten Kontextes und einer bestimmten Konvention getan werden. Solche Äußerungen sind nicht wahr oder falsch, sondern können gelingen oder misslingen. Austin spricht hier von »Unglücksfällen«, z.B. wenn ich am Hamburger Hafen spazieren gehe, eine Champagnerflasche an ein vor Anker liegendes Schiff werde und »Ich taufe dich....« sage, dann gelingt der Akt der Taufe nicht, weil die Umstände nicht passend sind; ein »Unglücksfall« im Austin'schen Sinne.

Später lässt Austin die Unterscheidung *performativ/konstativ* zugunsten einer neuen Unterteilung fallen: Fortan unterscheidet er zwischen *lokutionären, illokutionären und perlokutionären* Akten. Dabei bestehe der lokutionäre Akt darin, *dass* man etwas sagt, der illokutionäre Akt, *indem* man etwas sagt und der perlokutionäre Akt, *dadurch dass* wir etwas sagen und damit eine bestimmte *Wirkung* auf den Hörer erzielen.[14] Während die Wirkung der illokutionären

---

14 »Den Vollzug einer Handlung in diesem neuen zweiten Sinne [...], d.h. einen Akt, den man vollzieht, *indem* man etwas sagt, im Unterschied zu dem Akt, *daß* man etwas sagt; der voll-

Äußerungen darin bestehe, dass Bedeutung und Rolle der Äußerung verstanden würden (ebd., S. 133), bestehe die Wirkung des perlokutionären Aktes darin, im Gegenüber eine Wirkung zu erzeugen, indem entweder das ursprüngliche Ziel erreicht werde und man z. B. jemanden überzeuge oder indem eine andere zusätzliche Wirkung (Austin spricht von einem »perlokutionären Nachspiel«, ebd., S. 134) erzeugt werde. Man kann jemanden warnen, um ihn von etwas fernzuhalten, dies auch erreichen, denjenigen aber gleichzeitig aufregen, neugierig machen und anderes mehr. Wie später noch zu zeigen sein wird, ist der *perlokutionäre* Akt wesentlicher Bestandteil des Mechanismus der *projektiven Identifikation*. Folgt man dieser Sichtweise, wird auch deutlich, dass es sich bei diesem Vorgang um ein (un)bewusstes, sprachliches *Tun*, und nicht lediglich um die Fantasie eines Tuns handelt.

Die Philosophin Sybille Krämer weist darauf hin, dass zwar jedem Sprechakt die illokutionäre Kraft, »die in dem intersubjektiven Bindungspotential zwischen Sprecher und Hörer besteht« implizit ist, die performative, weltverändernde Kraft einem Sprechakt aber nur zukommt, »sofern dieser Teil einer nichtsprachlichen, zeremoniellen, institutionellen Prozedur ist« (Krämer 2001, S. 142). Entscheidend sei hier, dass der Adressat der performativen Rede nicht die unmittelbar Anwesenden seien, sondern vielmehr »die« Gesellschaft (ebd., S. 143). Nicht Richter und Angeklagter gehen durch den Urteilsspruch eine soziale Bindung ein, sondern eher der dann Verurteilte mit der Öffentlichkeit, welche im Rahmen der zeremoniellen Rede oftmals durch »Zeugen« vertreten sei. (Es gibt ein Protokoll der Verhandlung, das Urteil ergeht »im Namen des Volkes«, die »Öffentlichkeit sorgt« durch ihre Stellvertreter für die Ausführungen der Sanktionierungen etc.). Hierin wurzelt nach Krämer der Aufführungscharakter der performativen Rede.

Dieser Aspekt ist für die psychoanalytische Praxis besonders relevant, denn auch dem psychoanalytischen Prozess sind rituelle Züge zu eigen und es sind diese, die u. a. auch die Kraft der Deutungen bewirken. Nicht in einem mystischen Sinne. Diese Sichtweise verweist vielmehr auf die doppelte Funktion der Analytikerin als *Teilnehmerin* an der Aufführung und als gleichzeitige

---

zogene Akt soll ›Illokution‹ heißen [...]« (Austin 1962, S. 117). Ein Beispiel von Austin: Der Satz: Er hat zu mir gesagt: »Das kannst du nicht tun!«, steht für eine Lokution. Ein Beispiel für eine Illokution wäre der Satz: Er hat dagegen protestiert, daß ich das täte. Und eines für die Perlokution: Er hat mir Einhalt geboten (nach Austin 1962, S. 119). Auch wenn Austin sich mit der Unterscheidung zwischen Illokution und Perlokution schwertut, ist doch der entscheidende Schritt zur Perlokution, dass eine *psychische Veränderung* im Adressaten stattfindet.

Zeugin, dessen, was geschieht. Als Teilnehmerin an der Aufführung wird sie Stellvertreterin für die verschiedenen frühen Objekte des Analysanden: Jede Übertragungsdeutung zielt darauf, diesen Prozess zu intensivieren, die nicht erfolgte Auseinandersetzung im »Hier und Jetzt« stattfinden zu lassen. Dies geschieht in seiner vollen affektiven Wirkung nur, indem der Analysand sie kraft der Regression (die auch durch das Ritual erzeugt wird) mit Macht ausstattet, und zwar jener der frühen Objekte. Kraft der getroffenen Vereinbarung wird der Analytikerin die Deutungsmacht zugestanden. Aber indem sie diese nicht unreflektiert nutzt, um *real* übermächtig zu werden, sondern sie in den Dienst des psychischen Wachstums des Analysanden stellt und die Fähigkeit zur Selbstreflexion und damit zur Triangulierung besitzt, ist sie gleichzeitig immer auch *Zeugin*, Zeugin der Rede des Analysanden, Zeugin dessen, was ihm aus seiner Sicht geschehen ist, und Zeugin dessen, was sich aktuell zwischen den beiden ereignet.

Der Umstand, dass Sprache Weltzustände zu ändern vermag, ist jener, den wir in unserer alltäglichen psychoanalytischen Arbeit sozusagen *stillschweigend* voraussetzen. Täten wir es nicht, wie sollten wir dann daran glauben, einen Menschen allein »durch den Austausch von Worten« von seinen Symptomen befreien oder diese wenigstens lindern zu können? Oder noch schwerwiegender: Wie soll es möglich sein, einem traumatisierten Menschen allein »durch den Austausch von Worten« sein Weltvertrauen, wenigstens annähernd, zurückzugeben? Geht das überhaupt? Die Antwort ist: Ja, es geht, jedoch nicht bloß über den Austausch von Worten.

Wenn sich Analytikerin und Analysand treffen, dann wird mehr ausgetauscht als bloße Worte. Wir setzen auch dieses »Ja« stillschweigend voraus; *stillschweigend*, weil wir in unserer Arbeit die Vorstellung, dass wir nicht nur über den Inhalt unserer gesprochenen Worte, sondern über das *Wie* unseres Sprechens mit unserer gesamten Präsenz, unserer leiblichen Erscheinung und der uns umgebenden Atmosphäre wirksam sind, implizit anwenden. Es geht also, wenn man die Psychoanalyse unter performativen Gesichtspunkten betrachtet, darum, den *Vollzug* dieses Verfahrens, den *Vollzug* des psychoanalytischen Treffens, die beiderseitigen Inszenierungen, die gemeinsame *Aufführung* von Analysand und Analytikerin in den Blick zu bekommen. Der Versuch, die Seite des Vollzuges, also dessen, was sich *tatsächlich* in den Behandlungszimmern abspielt, genauer zu betrachten, heißt nun nicht, dass es hier darum gehen soll, bisher verheimlichte psychoanalytische Praktiken zu offenbaren, sondern es geht vielmehr darum, das, was uns immer vor Augen ist, genauer in den Blick zu nehmen. Denn es wird eben nicht »bloß«

gesprochen; wir alle wissen das. Sondern die Analytikerin hat ein Behandlungszimmer, ein Aussehen, eine Stimme, einen Leib und all das *wirkt* auf den Analysanden.[15] Im *Vollzug* wird mehr transportiert, als »bloße« Worte, es wird mehr transportiert, als dasjenige, was uns bewusst ist. Diese Erkenntnis ist nun für uns Psychoanalytiker nicht neu, aber wir behandeln sie eher *stillschweigend*. Expliziter wird sie, wenn wir darüber nachdenken, dass unsere Patienten selbstverständlich in jeder Stunde mehr mitteilen, als ihnen bewusst ist, und auch dann, wenn wir der Allgemeinen Verführungstheorie Jean Laplanches folgen, derzufolge das Unbewusste der Eltern dem Unbewussten des Kindes *vorangeht*, und selbstverständlich auch die Eltern mehr an ihre Kinder weitergeben, als ihnen bewusst ist. Aber bedrohlicher scheint für uns zu sein, dass auch wir, selbst wenn wir hinter der Couch sitzen, ebenso selbstverständlich mehr mitteilen, als wir wissen. Dies mag erschreckend sein, andererseits ist ja nur so erklärbar, dass Sprache eine »weltverändernde« Kraft haben kann, es mit unseren Analysen nicht zu reinen Wiederholungen, sondern zu »Neuschöpfungen« kommen kann, dass nicht nur alte Schemata aktualisiert und reproduziert werden. Es ist das Performanz-Modell, das auf den Umstand hinweist, dass es »die Seite des Gebrauches ist, durch die eine Dynamik in den Blick kommt, welche die Kraft hat, das Schema im Vollzug zu verändern« (Krämer 2001, S. 13).

Seit Austins Konzeption der *performativen Äußerungen* hat der Begriff der *Performanz* zu zahlreichen Diskussionen Anlass gegeben und eine Ausweitung erfahren. Die Philosophin Sybille Krämer verhilft uns zu einer orientierenden Übersicht über den derzeitigen Stand der Diskussion zum Thema der Performanz:

Eine veränderte Sichtweise erfahre der Begriff der Performanz, so Krämer,

---

15 Wenn wir nun der Seite des Vollzuges zu ihrem Recht verhelfen wollen, dann befinden wir uns in guter Gesellschaft: Sybille Krämer hat die Entwicklung in der Sprachphilosophie des 20. Jahrhunderts mit eben diesem Kriterium des von ihr sogenannten »Zwei-Welten-Modells« zu beschreiben und zu erklären versucht: Da gebe es die Befürworter dieses Modells, die von der Voraussetzung ausgingen, dass es eine »reine« Sprache bzw. Kommunikation, verstanden als ein grammatisches oder pragmatisches Regelsystem gebe und daneben dessen Realisierung bzw. Aktualisierung im jeweiligen Sprechakt (Krämer 2001, S. 9). Diese Theorie geht davon aus, dass es eine ideale Sprache hinter dem Sprechen gibt, die sich nur eben im Vollzug niemals zeigt. Die Verfechter des »nicht-intellektualistischen Sprachbildes« (ebd. S. 12), zu denen die Autorin z. B. Wittgenstein, Austin, Davidson, Lacan, Derrida und Butler zählt, versuchen diese Dichotomie zwischen der »reinen Sprache«, sich niemals realisierenden Sprache und dem *tatsächlichen* Sprachgebrauch aufzulösen, indem sie davon ausgehen, dass sich auf der Seite der »Anwendung«, »Realisierung« oder »Aktualisierung« von Sprache etwas ereignet, das jenes, was dabei angewendet wird, jeweils auch überschreitet.

dann durch die Auseinandersetzung Derridas mit der Sprechakttheorie: Dieser weise darauf hin, dass ein Zeichen damit es überhaupt als solches identifizierbar sei, wiederholbar und damit aus dem Kontext ablösbar sein müsse. Dabei sei allerdings von Bedeutung, dass jede Wiederholung eines Zeichens zugleich sein Anderswerden einschließe (Krämer 2004, S. 16).

»›Performativität‹ zielt also darauf, dass die Wiederholung von Zeichenausdrücken in zeit- und raumversetzten neuen Kontexten – eine Wiederholung, welche erst die Allgemeinheit im Gebrauch dieser Ausdrücke stiftet – zugleich eine Veränderung der Zeichenbedeutung bewirkt« (ebd., S. 16).

Die Wiederholung, d. h. Anwendung, oder, wie später zu sehen sein wird, die »Aufführung« von Zeichen bestimmt erst ihre »Allgemeinheit im Gebrauch«, d. h. die Bedeutung entsteht erst im kommunikativen Austausch, durch die Wiederholung verändert sich die Bedeutung der Zeichen. Das erinnert stark an die Wittgenstein'sche These, derzufolge die Bedeutung eines Wortes durch seinen Gebrauch bestimmt werde und nicht etwa die Bedeutung dem Wort vorausgehe. Dies ist insofern für die psychoanalytische Theorie relevant, als es eine theoretische Grundlage für Veränderbarkeit und die Veränderung durch den »Austausch von Worten« zu liefern vermag. Die Anwendung bekannter Worte in der psychoanalytischen Situation, also in einem neuen Kontext, kann so zur Veränderung ihrer Bedeutungen führen. Man lernt, um es mit Wittgenstein zu sagen, einen anderen Gebrauch, ein anderes Sprachspiel.

Dazu ein Beispiel: Wenn die Mutter »Ja, ich höre dir zu.«, zu ihrem Kind sagt, während es erzählt, dieses aber, unsicher geworden, nachfragt, weil es spürt, dass die Mutter ihm nicht zugewandt ist, weil sie unkonzentriert wirkt, müde oder abwesend, und sich später herausstellt, die Mutter hat nicht zugehört, dann hat dieser Satz eine neue Bedeutung gewonnen. Er ist dann nicht mehr Versicherung, Verlässlichkeit und Zugewandtheit bekundend, sondern nun drückt er aus, dass man sich hinter einem solchen Satz verstecken kann. Oder umgekehrt: Der spätere Analysand, dessen Analytikerin sagt »Ich höre Ihnen zu ...« und sich auch so *verhält*, lernt eine neue Bedeutung dieses Satzes.

Krämer weist hier auf den Umstand hin, dass in der Wiederholung der »Zeichen«, also ihrer »Re-Zitation« gerade die Möglichkeit liegt, sich von diesen zu distanzieren und sie auf diese Weise neu zu interpretieren, wenn – so muss man Krämer hier erweitern – es einen Zuhörer gibt, der *anders hört* und damit dem »Zitat« eine neue Bedeutung zu geben vermag. Hier ist etwas von der verändernden Kraft des *Vollzuges* einer (Sprach-)Handlung erkennbar: Jede Wiederholung, jedes Zitat, schließt die persönliche Art und Weise, das *Wie* des Zitierenden und das *Wie* des Zuhörenden ein und ist damit eine Neuschöpfung.

Das *Wie* des *Austausches* von Worten besitzt demnach die Kraft, den Wiederholungszwang zu durchbrechen, und das *Wie* untersteht nicht vollständig dem bewussten Willen. Dieses *Wie* verweist auf die Medialität von Sprache, verweist darauf, dass Sprache nicht in einem leeren, beziehungslosen Raum entsteht, gar als »ideale Sprache« dem Medium vorangeht, sondern dass gerade die Medialität die Sprache selbst immer auch mit konstituiert. Das unabdingbar notwendige Medium von Sprache ist der *Leib* derer, die sie hervorbringen.[16] Auch hier gilt es, sich vor frühzeitigen Dichotomisierungen in Acht zu nehmen, denn es ist nicht nur das Medium, welches auf die Sprache wirkt, sondern natürlich nimmt auch umgekehrt die Sprache Einfluss auf die verwendenden Medien. Leib und Sprache beeinflussen sich gegenseitig (wie noch am Mythos von Echo und Narziss aufzuzeigen sein wird). Krämer sieht nun in den sprachphilosophischen Reflexionen der Begriffe *Performanz* und *Performativität* eine Möglichkeit der Neuakzentuierung dieser Betrachtungsweise und hofft damit der Sprache wieder zu ihrer »verkörperten« Gestalt zu verhelfen (Krämer 2002, S. 325).

Der Begriff der »verkörperten Sprache« verweist darauf, dass es keine Sprache gibt »jenseits des raum-zeitlich situierten Vollzugs ihrer stimmlichen, schriftlichen oder gestischen Artikulation« (ebd., S. 331), d. h. das Hier und Jetzt des In-Szene-Setzens bringt Sprache hervor und verweist auf die Leiber der Beteiligten.

Ein drittes Feld der Betrachtung des Begriffes eröffnet sich, wenn man den Ereignischarakter und damit die Flüchtigkeit von Aufführungen in den Blickpunkt rückt, wie diese beispielsweise der Philosoph Dieter Mersch und die Theaterwissenschaftlerin Erika Fischer-Lichte zeigen. In diesem Sinne bedarf die *performance* immer eines Zuschauers und Akteurs, wobei die Rollen, und das ist das Besondere, mitunter fließend und nicht durchgehend und eindeutig festgelegt sind. Der Zuschauer wird immer wieder, mehr oder weniger freiwillig, zum Teilnehmer an der Aufführung, wie auch der (ursprüngliche) Akteur zum Zuschauer wird. Damit sei die *performance*, so Krämer, an eine grundsätzliche Aisthetisierung, ein Sich-Zeigen und ein

---

16 Zur Bedeutung des *Leibes* der Psychoanalytikerin im analytischen Prozess und der damit verbundenen »Ansteckungsprozesse« siehe: *Sich anstecken lassen – Das Unheimliche der Leibhaftigkeit* (Pflichthofer 2007).

Sinnlich-Wahrnehmen, gebunden und finde »ihren Ort im sinnlich-aktualen Spannungsverhältnis zwischen Akteur und Betrachter« (Krämer 2004, S. 17). Damit sei die Aisthesis der *performance* nicht mehr in erster Linie als Akt von Repräsentationen deutbar, sondern nun rückt die *leibliche Präsenz* der Beteiligten in den Mittelpunkt. Dabei wird der Körper des Schauspielers nach Fischer-Lichte eben nicht nur als semiotischer, also zeichentragender Körper, sondern auch in seiner sinnlichen Präsenz verstanden. Dieses Konzept lasse damit Raum für ein Modell der »schöpferischen Metamorphose der wahrgenommenen Welt, im Wechselverhältnis zwischen Akteur und Betrachter« (ebd., S. 18).

Auch diese Sichtweise eröffnet ein neues Feld für die Psychoanalyse. Das unfreiwillige Verwickeltwerden der Analytikerin in die Aufführungen des Analysanden ist uns allen nur zu vertraut, allerdings noch nicht völlig von Über-Ich- oder Ideal-Ich-Bewertungen gelöst. Dies hat zur Folge, dass die Analytikerin in ihrer leibhaftigen Präsenz, ihrer sinnlichen Erscheinung, *theoretisch* eher vernachlässigt wird, wenngleich gerade diese einen erheblichen Einfluss auf den Analysanden haben kann. Die Rollen sind nicht in allen Belangen so festgelegt, wie es manchmal scheint. Natürlich gibt es eine Analytikerin mit bestimmten Aufgaben und einen Analysanden, der sich in Analyse begeben hat, aber natürlich ist auch der Analysand Zuschauer und nicht lediglich Akteur und natürlich deutet auch er, wenn er es denn wagen darf, zu sehen, zu hören, zu fühlen, eben sinnlich wahrzunehmen. Es wird später noch zu zeigen sein, dass gerade dies für einige Patienten eine manchmal kaum zu bewältigende Aufgabe darstellt.

Stellt man also Überlegungen zur Performanz in der Psychoanalyse an, kann es nicht ausbleiben, sich dabei auch der Analytikerin und *deren* Inszenierungen zuzuwenden. Dabei dienen ihre Inszenierungen, in denen sich natürlich ebenso wie in denen des Analysanden unbewusste Strukturen abbilden, diesem, dem Analysanden, vermutlich weniger als Hinweis auf die unbewussten Prozesse seiner Analytikerin (obwohl das in langdauernden Psychoanalysen durchaus der Fall sein kann), denn zunächst als ihn *sinnlich affizierende* Aufführung, so, wie man bei einer *Performance* oder in einem Theaterstück nicht immer primär nach den sich darin darstellenden unbewussten Bewegungen sucht, sondern sich zunächst als Zuschauerin sinnlich berühren lässt, was unter Umständen überwältigend sein kann.

Das *Wie* des sprachlichen Handelns in den Blick zu nehmen, heißt, sich mit Prozessen der sinnlichen Wahrnehmung, der *Aisthesis*, auseinanderzusetzen. Krämer versteht Aisthesis dabei als »bipolar strukturierten Vollzug eines Ereignisses und seiner Wahrnehmung, das auf ein (symbolisches) Ausdrucksgeschehen gerade nicht reduzierbar ist. [...] [Dabei handelt es sich bei dem Wechselverhältnis von Ereignis und Wahrnehmung,] um ein ›in Szene gesetztes‹ Geschehen, welches Akteur- und Betrachterrollen mit einschließt« (Krämer 20004, S. 14). Bipolarität bedeutet hier, dass das Ereignis und seine Wahrnehmung gleichzeitig stattfinden. Wenn das Treffen zwischen Analysand und Analytikerin begonnen hat, also, wenn sie sich an der Tür (leibhaftig) begrüßen, dann setzen beide ein Ereignis in Szene, welches sie zeitgleich, aber unter Umständen äußerst unterschiedlich wahrnehmen. Dabei ist uns die Sichtweise, auch den Analysanden als Zuschauer einer Szene zu betrachten, möglicherweise eher ungewohnt. Uns als »Zuschauer« der Inszenierung der inneren Objektwelt des Analysanden zu sehen, ist uns dagegen vertrauter. Aber: Diese Sichtweise in Betracht zu ziehen, heißt auch den psychoanalytischen Prozess als ästhetischen Aneignungsprozess zu verstehen.

Alle drei, an sich sehr unterschiedlichen Konzepte zum Begriff der Performanz haben nach Krämer einen kleinsten gemeinsamen Nenner, welcher in der kritischen Einstellung gegenüber der Idee der Repräsentation, bzw. der Identifizierung von Zeichen mit »Repräsentation« bestehe (ebd., S. 19).

Auch die Erziehungswissenschaftler Christoph Wulf und Jörg Zirfas resümieren:

> »Gemeinsam ist diesen Begriffen, dass sie sich weniger um Tiefer- bzw. Dahinterliegendes als um das phänomenale Geschehen, weniger um die Struktur und die Funktionen als um den Prozess, weniger um Text oder Symbol als eben um die Herstellung von Wirklichkeit bemühen. Die Perspektive des Performativen rückt die Inszenierung und Aufführungspraktiken sozialen Handelns, deren wirklichkeitskonstituierende Prozesse sowie den Zusammenhang von körperlichem und sprachlichem Handeln, Macht und Kreativität in den Mittelpunkt« (Wulf/Zirfas 2005, S. 8).

Dies kann man nahezu programmatisch verstehen, um durch Anwendung dieses Begriffes und seiner Implikationen einen erweiterten Blick auf den psychoanalytischen Prozess zu gewinnen: Dann rücken die Mechanismen, die *Aufführungen* und *Inszenierungen* von Analytikerin und Analysand als *wirklichkeitskonstituierend* sowie der Zusammenhang von körperlichem *und* sprachlichem Handeln in das Blickfeld. Das bedeutet, dass das, was in einer psychoanalytischen Stunde geschieht, sowohl dazu verhilft, etwas »Dahinterliegendes«, etwas Unbewusstes zu entdecken, als auch dazu, die Macht des Prozesses, in dem eine neue soziale Wirklichkeit geschaffen wird, (wieder) zu entdecken. Das *Agieren* eines Analysanden und das *Re-Agieren* seiner Analytikerin kann dann nicht nur als notwendiges Übel, »damit wir etwas verstehen«, sondern auch ganz konkret als neue gelebte Erfahrung betrachtet werden. Dies heißt nun nicht, dass damit dem Agieren Tür und Tor geöffnet werden soll, aber es heißt, sich von der Fantasie zu verabschieden, dass man es als Analytikerin verhindern könne.

Wenn ein Analysand durch anhaltendes Zu-Spät-Kommen seine Analytikerin zunehmend verärgert, sodass diese, irgendwann, in einer der folgenden Stunden an irgendeiner Stelle ihren Ärger nicht mehr verbergen kann (allem Bemühen, es zu verstehen, zum Trotz) und, entgegen ihrem bewussten Willen, mit (zu) ärgerlicher Stimme spricht und der Analysand sich dann (zu Recht) beschwert, warum sie denn jetzt so ärgerlich sei, dann kann sie möglicherweise verstehen, dass ihr eigentlich sein fortdauerndes Zuspätkommen auf die Nerven geht (und das schon lange …) und könnte ihm (je nach theoretischer Grundauffassung tut sie es oder nicht) mitteilen, dass sie jetzt so reagiert hat, weil sie eigentlich deswegen ärgerlich ist. Dann könnten die beiden sich auf die Suche begeben, um welche (Übertragungs-)Provokationsform es sich hier eigentlich handelt. Dem Analysanden wird vielleicht einfallen, dass »Zuspätkommen« die einzige Form des Protestes war, die er sich früher hat erlauben können, dass er dann einmal das Gefühl haben kann, dass man auf ihn wartet oder dass dieses eine der wenigen Möglichkeiten war, seine Mutter wütend zu machen, und er sich dadurch überhaupt gemeint fühlen konnte – Analytikerin und Analysand können das intellektuell *verstehen*, und der Analysand kommt … weiter zu spät! Was jetzt? Stimmt das gemeinsam erarbeitete Verständnis nicht? Vielleicht schon, aber vielleicht fehlt nur etwas. Vielleicht fehlt dem Analysanden die sinnlich spürbare Erfahrung, vielleicht der auf ihn bezogenen Sorge oder aber des durch ihn ausgelösten und auf ihn bezogenen Ärgers seiner Analytikerin, eines Ärgers, der nicht zerstörend, sondern bezogen ist. Ich glaube nicht, dass sich dies allein durch Worte, durch einen Satz ausdrücken lässt (etwa in der Weise: »Sie provozieren mich, damit Sie mich spüren können, weil Sie sich, wie einst bei Ihrer Mutter, keine andere Form der Berührung vorstellen können.«), sondern nur durch die gesamte sinnlich-leibliche Erscheinung der Analytikerin; wenn sie diese Gefühle in sich zulassen kann, dann allerdings ist sie im Hier und Jetzt leiblich ergriffen, (was sich u. a. in ihrer Stimme ausdrückt) ihre Stimme, ihre Wortwahl, ihr sprachlicher Gestus, eben durch ihre gesamten sich nach außen ausdrückende innere Haltung des an sich Unausgesprochenen: »Bei allem Verständnis, jetzt reicht es mir«. »Provokation« – Ärger – Verstehen – Verständigung, alles zusammen bildet die *Aufführung*.

Wir kennen das Phänomen aus dem Alltag, wenn wir uns vorgenommen haben, uns in einem lange schwelenden Konflikt, jetzt einmal so richtig Luft zu machen, sollte der andere noch einmal davon anfangen. Dann trifft man sich und – alles verläuft entspannter als üblich. Oder das uns vertraute Phänomen, dass, wenn man sich in der Supervision »Luft gemacht« (das heißt, seine Affekte innerlich zugelassen und etwas verstanden) hat, die nächste Stunde plötzlich, ohne dass ein Wort gesprochen wurde, in einer gänzlich anderen Atmosphäre stattfindet.

Teilt sich die Analytikerin in der oben beschriebenen Weise sinnlich mit, dann *erlebt* der Analysand eine Analytikerin mit der Fähigkeit zur Selbstbehauptung, zur Trennung und *gleichzeitigen* Bezogenheit. Das Besondere der analytischen Situation und das letztliche Durchbrechen der Wiederholung liegt darin, dass sich die Analytikerin immer darum bemüht, beide Pole, das Verstehen des »Dahinterliegenden« und die sinnliche Präsenz, in sich zu vereinen und sie eben nicht voneinander trennen zu müssen, weder den einen noch den anderen Pol abspalten zu müssen, weder in ein rein theoretisches noch in ein unreflektiert affektualisiertes (Sprech-)Handeln verfällt. Das heißt, sie hat (u. U. im Gegensatz zu den Eltern des Analysanden) die Fähigkeit zur inneren Triangulation, die Fähigkeit die dritte Position zu halten oder wenigstens wieder zu erlangen. Dies *ist* eine neue Erfahrung für den Analysanden, die nur in dieser unmittelbaren praktischen Begegnung zweier Menschen gemacht werden kann. Dazu Wulf und Zirfas:

> »Indem performative Akte vollzogen werden, stellen sie eine Wirklichkeit her; sie stellen ihre Wirklichkeit her als die Wirklichkeit, von der ›die Rede ist‹« (Wulf/Zirfas 2005, S. 13).

Es gilt also nicht »nur« nach dem Sinn »hinter« den Zeichen zu suchen, sondern diese und ihre Präsenz in den Blick zu nehmen. Das kann u. U. nicht weniger heißen, als dass es darum geht, die Freude an der sinnlichen Wahrnehmung wieder zu entdecken, sich *in* die Welt zu begeben und das heißt – im Winnicott'schen Sinne – nichts weniger, als das Spielen wieder zu erlernen.

> »Psychotherapie hat mit zwei Menschen zu tun, die miteinander spielen. Hieraus folgt, dass die Arbeit des Therapeuten dort, wo Spiel nicht möglich ist, darauf ausgerichtet ist, den Patienten aus einem Zustand, in dem er nicht spielen kann, in einen Zustand zu bringen, in dem er zu spielen imstande ist« (Winnicott 1971, S. 49).

Das kann u. U. für einen traumatisierten Menschen die Hauptarbeit in einem psychoanalytischen Prozess darstellen. Spielen ist eine ästhetische Erfahrung, sie ist unweigerlich mit Kontrollverlust verbunden und kann daher bereits als solche bedrohlich sein.

Übertragungen im »Hier und Jetzt«

Die Psychoanalyse, ebenfalls ein Kind des ausgehenden neunzehnten Jahrhunderts, muss sich als eine in das Zwei-Welten-Modell eingebettete Wissenschaft verstehen, was sich auch in der Entwicklung der unterschiedlichen Konzeptionen von *Übertragung* ausdrückt.

So sah Freud die Zukunft der Psychoanalyse zunächst in der Einhaltung positivistischer Grundsätze: Der Psychoanalytiker sollte sich als empirischer Forscher und damit als unbeteiligter Beobachter im psychoanalytischen Laboratorium verstehen. Diese Haltung schien ihm um so dringlicher, als die Psychoanalyse aufgrund ihrer Aufdeckung und Beschreibung der kindlichen Sexualität in Wien als zweifelhaftes und eher obszönes Unterfangen galt. Umso wichtiger schien es Freud, im Sinne einer Reaktionsbildung, immer wieder darauf hinzuweisen, dass es sich bei den Übertragungen der Patienten um vom Analytiker gänzlich unabhängige Ereignisse handele, der Analytiker als *Person* ja gar nicht beteiligt sei. Entsprechend wurde die Übertragung lange Zeit als intrapsychisches Phänomen im Rahmen einer Ein-Personen-Psychologie verstanden und es nahm einige Zeit in Anspruch, bis der Paradigmenwechsel zur Zwei-Personen-Psychologie erfolgte, der ein verändertes Übertragungskonzept, ich wäre geneigt zu sagen, ein *performatives* Übertragungskonzept ermöglichte. Interessanterweise nämlich »klappte« die erkenntnistheoretische Entwicklung in der Psychologie des 20. Jahrhunderts der Entwicklung in den zum Vorbild genommenen Naturwissenschaften »nach«: Die moderne Physik hatte sich von der Subjekt-Objekt-Spaltung, der Vorstellung, es könne ein unberührtes Subjekt geben, welches auf den eigenen Erkenntnisprozess keinen Einfluss nehme, bereits weitgehend verabschiedet. Währenddessen versuchte man in der psychologischen und sozialwissenschaftlichen Forschung daran festzuhalten, dass die Versuchsperson lediglich auf einen Stimulus reagiere, ganz unabhängig vom sozialen Kontext. Nun mag es ja sein, dass für einen naturwissenschaftlichen Forscher die Einsicht, dass er auf seine beobachteten Gegenstände Einfluss nimmt, leichter zu ertragen und daher auch leichter zu gewinnen sein, als für einen Forscher, dessen »Gegenstand« das sich in seiner ganzen Dramatik und Fülle ausbreitende menschliche Leben ist. Wenn ich als Psychoanalytikerin ständig auf den Menschen vor mir Einfluss nehme, möglichst auch noch einen solchen, den ich gar nicht nehmen will, wo soll das hinführen?

Ja, wohin führt uns das? Zunächst zu einem veränderten Übertragungskonzept.

Es würde den Rahmen dieses Buches bei Weitem sprengen, wollte man hier die wechselvolle Geschichte des Übertragungsbegriffes beschreiben, geschweige denn, die vergangene und aktuelle Diskussion dieses Begriffes auch nur annähernd wiedergeben. Wir haben Wolfgang Mertens einen diesbezüglich sehr umfassenden und hilfreichen Überblick zu verdanken (Mertens 1990, S. 165–239), in dem er uns auch eine kurze aktuelle Definition dieses Begriffes anbietet:

Der Begriff der Übertragung soll »das Zusammenwirken von gegenwärtigen Beziehungseindrücken und Wahrnehmungen, die auf dem Hintergrund vergangener Beziehungserfahrungen entstanden sind, die konflikthaft waren und deshalb eine übermäßig die jetzige soziale Wahrnehmung bestimmende Funktion bekommen haben«, bezeichnen. »Aber die gegenwärtigen Stimuli sind *mehr als nur Auslöser* für die automatisch ablaufenden Wiederholungstendenzen; *sie gehen auch in die inhaltliche Konstituierung der Übertragungsphantasien zu einem guten Teil mit ein* [kursiv durch D. P.]« (ebd., S. 166–67).

Mertens führt aus, dass die Übertragung des Patienten von den radikalen Kritikern am Übertragungskonzept (Hoffmann, Gill, Sandler, Searles und Racker) eher nicht mehr im Sinne der Definition Greensons, als »Anachronismus, ein Irrtum in der Zeit« (Greenson 1967, S. 163) verstanden wurde, nicht als Verzerrung der Realität, sondern als

> »*selektive Aufmerksamkeit und Empfänglichkeit* für gewisse Facetten einer im hohen Grad mehrdeutigen und interpretationsbedürftigen Reaktion seines Analytikers« (Mertens 1990, S. 182).

Aus Sicht dieser Kritiker nehme die Übertragung immer ihren Ausgang im »Hier und Jetzt« und sei damit immer in einem mehr oder weniger großen Umfang durch die aktuelle Beziehung zum Analytiker *mit*bestimmt (ebd., S. 181). Damit sei die Auffassung zurückgewiesen worden, »daß eine von Übertragung bestimmte und eine nicht von Übertragung bestimmte Erfahrung des Patienten identifiziert werden kann« (ebd., S. 182). Nach dieser

Auffassung ist jede Übertragung auch durch die Analytikerin beeinflusst, da sie nicht *nicht reagieren* kann, so sie anwesend, also real präsent ist und jede Wahrnehmung durch lebensgeschichtliche Erfahrungen bestimmt wird. Das Ausmaß der »Störung« bemesse sich nun vielmehr danach, inwieweit der Patient bestimmte Eigenschaften und Haltungen seiner Analytikerin selektiv wahrnimmt und daran festhält, diese Haltungen überbewertet, indem er den Gesamtkontext vernachlässigt, inwieweit er also die Wahrnehmung seiner Objekte aufspalten muss, indem er gewissermaßen bestimmte Eigenschaften aus dem »ganzen Objekt« herausschält. So ist es beispielsweise denkbar, dass ein Analysand mit einer entsprechenden Vorgeschichte einen Stundenausfall wegen einer Erkrankung seiner Analytikerin als Zeichen dafür nimmt, dass *er* eben nun doch auch *ihr* zuviel geworden ist, wie er schon glaubt auch seinen Eltern immer wieder zuviel gewesen zu sein. Dabei ist es ja schlicht wahr, dass in diesem Moment der Erkrankung der Analytikerin ihr eine weitere Stunde »zuviel« wäre. Es handelt sich also so gesehen um eine realistische Wahrnehmung. Allerdings blendet der Analysand hier aus, dass sie ihm in allen anderen Stunden, in denen sie gesund war, nicht eine Haltung des »Sie sind mir zuviel« vermittelt hat und dass ihr selbstverständlich jetzt, in diesem Moment auch vieles andere »zuviel« ist. Die aktuelle Haltung der Analytikerin wird also vom Analysanden aus dem Kontext, in dem sie geschieht, herausgelöst. Unter diesem Blickwinkel wird deutlich, dass jede *reale* Handlung der Analytikerin vom Patienten in für ihn spezifischer Weise und vor dem Hintergrund seines lebensgeschichtlichen Systems schlüssig gedeutet werden kann. Diese Deutung des Patienten findet aber ebenso wie die Deutungen seiner Analytikerin im *Hier und Jetzt* statt und bezieht daraus auch ihre affektive Stärke. Auch dieses gilt für beide, Analytikerin und Analysand. Durch die Aktualisierung sind *beide* involviert; vom distanzierten Beobachten kann keine Rede mehr sein.

Entsprechend sind die neueren Übertragungsdefinitionen auch allgemeiner und damit offener gehalten, so etwa im »Handbuch psychoanalytischer Grundbegriffe«:

> »Unter Übertragung verstehen wir seit Freud im weitesten Sinne alle Phänomene der subjektiven Bedeutungszuschreibung innerhalb einer Begegnung mindestens zweier Personen. [...] In der *Gegenwart der Analytiker-Patient-Beziehung* [kursiv durch D.P.] wird die unbewusste Objektbeziehung in Szene gesetzt. Dadurch kann die Übertragungsbeziehung systematisch beobachtet, kann mit ihr gearbeitet werden und *nur hier kann sie verändert werden* [kursiv durch D.P.] [...] Übertragung ist nicht an den analytischen Prozeß gebunden,

man kann sie als allgemeinmenschliche Fähigkeit verstehen, mit anderen in Beziehung zu treten. Die herausragende Bedeutung der Psychoanalyse liegt [...] in der systematischen ›Analyse der Übertragung‹ in der Beziehung zum Analytiker« (Herold/Weiß 2000, S. 758).

Aber bereits Freud hat, nachdem er den Nutzen der Übertragung für die psychoanalytische Behandlung entdeckt hatte, deren *performativen* Aspekt, freilich ohne ihn so zu nennen, im Auge, als er 1912 in »Zur Dynamik der Übertragung« schreibt:

> »Dieser Kampf zwischen Arzt und Patienten, zwischen Intellekt und Triebleben, zwischen Erkennen und Agierenwollen spielt sich fast ausschließlich an den Übertragungsphänomenen ab. Auf diesem Felde muß der Sieg gewonnen werden, dessen Ausdruck die dauernde Genesung von der Neurose ist. Es ist unleugbar, daß die Bezwingung der Übertragungsphänomene dem Psychoanalytiker die größten Schwierigkeiten bereitet, aber man darf nicht vergessen, daß gerade sie uns den unschätzbaren Dienst erweisen, die verborgenen und vergessenen Liebesregungen der Kranken aktuell und manifest zu machen, denn schließlich kann niemand *in absentia* oder *in effigie* erschlagen werden« (Freud 1912, S. 374).

Keine Rede von einem unbeteiligten Analytiker! Vielmehr geht es bei Freud sehr martialisch zu! Es wird gekämpft, auf dem Felde ein Sieg errungen und erschlagen. Und was auch immer da von wem erschlagen wird – es muss präsent sein, damit die »verborgenen und vergessenen« Affekte, bei denen es sich ja keinesfalls nur um »Liebesregungen« handelt, »aktuell und manifest« werden können. Der Sieg »am Bilde« reicht nicht aus. Aus diesem vielzitierten Textabschnitt lässt sich erschließen, dass Freud um die Herstellung einer bestimmten Wirklichkeit bemüht war, denn tatsächlich findet der Kampf ja sowohl »am Bilde« als auch in der Wirklichkeit statt. »Am Bilde« insofern, als die Analytikerin ja nicht real Vater oder Mutter des Analysanden ist und er dennoch, wenn alles gut geht, mit dieser die alten Auseinandersetzungen führt, nicht »am Bilde« insofern, als die Analytikerin *real präsent* ist, als Mensch aus Fleisch und Blut, als konkret handelndes Subjekt mit der ganzen Potenzialität der Handlungen. Der Philosoph Gernot Böhme empfiehlt die Unterscheidung zwischen *Wirklichkeit* und *Realität*: »Wirklich ist in diesem Sinne nur das in aktueller Wahrnehmung Gegebene, real, was dinglich dahinter stehen mag« (Böhme 2001, S. 57).

Der »Kampf zwischen Arzt und Patient« ist dann, so können wir jetzt sagen, insofern *wirklich*, als die entsprechenden Gefühle für den Analysanden wirklich sind, im Hier und Jetzt erlebt werden und damit in »aktueller Wahrnehmung gegeben«, also auch *performativ* sind.

Jede Übertragungsdeutung ist eine performative Äußerung, in dem Sinne, dass sie das, was sie benennt, zugleich vollzieht. Die Bedeutung performativer Äußerungen hängt dabei weniger von deren Wahrheitsgehalt, als von der Frage ab, ob sie *gelingen*. Es geht also weniger um die Frage, ob etwas »wahr« oder »falsch« ist, wie bei »konstativen Beschreibungen«, sondern darum, dass »performative Äußerungen« durch den Akt des Äußerns, Zustände in der sozialen Welt [verändern], das heißt, sie *beschreiben* [kursiv durch D. P.] keine Tatsachen, sondern sie *schaffen* [kursiv durch D. P.] soziale Tatsachen« (Wirth 2002, S. 10). Wenn sie gelingen, dann wird dem Analysanden nicht nur etwas bis dahin Unbewusstes ins Bewusstsein gehoben, was man sich ja auch als rein intellektuellen Akt vorstellen könnte, sondern es stellt sich in der analytischen Situation *affektiv* eben die Beziehungssituation her, von der die Rede ist. Davon können Analytikerin und Analysand in unterschiedlichem Ausmaß affektiv betroffen sein. Auch die Analytikerin kann sich in der gegebenen Situation wirklich streng, gemein, verführerisch usf. erleben, in der Regel wird sie jedoch, eher als der Analysand, eine selbstreflexive Distanz dazu entwickeln können.

Damit performative Äußerungen »gelingen«, muss »ein Macht- und Autoritätsgefälle vorhanden sein, damit ritualisierte Sprechakte überhaupt ihre weltverändernde Kraft entfalten können« (Krämer 2002, S. 335). Dieses »Machtgefälle« ist in der Psychoanalyse durch die Behandlungsvereinbarung gegeben. Diese sieht vor, (überwiegend) den Analysanden, seine innere Welt, zum »Gegenstand« der Analyse zu machen. Das heißt nicht, dass der Analysand nicht seine Analytikerin deuten könnte oder deutet, nur »veröffentlicht« die Analytikerin nicht ihre Reaktionen auf die gegebenen Deutungen des Patienten, sondern versucht seine Deutungen in Bezug auf seine Person zu verstehen. Dass das so geschieht, verdankt sich allein der gemeinsamen Vereinbarung zwischen Analysand und Analytikerin, wobei wiederum entscheidend ist, dass diese Vereinbarung nicht in einem a-sozialen, luftleeren Raum, sondern in einem sozialen Kontext getroffen wird. Die Psychoanalyse gilt in unserer Gesellschaft als anerkanntes therapeutisches Verfahren; die Analytikerin stellt ihre Deutungen auch in den Kontext der psychoanalytischen Community, und Psychoanalytiker verwenden berechtigterweise viel Zeit und Energie darauf, dass das analytische Paar immer in einen dritten Raum eingebettet ist. Diese Bedingungen, Behandlungsvereinbarung, Ritualisierung

und die soziale Institution der psychoanalytischen Gemeinschaft (zu der Analytiker und seine Analysanden zählen!) statten die Analytikerin mit jener »Deutungsmacht« aus, die »weltverändernde Kraft« entfalten soll.
In einem Beispiel von Wolfgang Mertens berichtet der Analysand von verschiedenen Episoden, in denen er es schwer hatte, sich gegen übergriffig empfundenes Verhalten zur Wehr zu setzen und zu seinen eigenen Wünschen zu stehen. Dem Analytiker fällt auf, dass dieses Phänomen nur außerhalb der Analyse aufzutreten scheint, und es entwickelt sich folgender Dialog:

Therapeut: Könnte es sein, daß Sie mich manchmal auch übergriffig erleben und deshalb auch glauben, sich mir gegenüber nicht abgrenzen zu dürfen?
Patient: Ich weiß nicht. Bei Ihnen ist es ja etwas anderes. (schweigt)
Therapeut: Es fällt Ihnen jetzt schwer darüber zu sprechen?
Patient: Ja, im Grunde schon, aber ich denke es ist schon wichtig, daß ich es sagen kann.
Therapeut: Hm
Patient: Ich merke halt manchmal, daß Sie von mir, äh, daß Sie irgendwie die Erwartung haben, ich sollte vielleicht, aber vielleicht bilde ich mir das nur ein, ich sollte schon sehr viel weiter sein, besser arbeiten können, daß Sie vielleicht manchmal enttäuscht sind, daß ich immer noch nicht für mein Examen lernen kann, so wie ich mir das halt vorstelle und im Grunde ja auch selbst will.
Therapeut: Ich denke, daß das wichtig ist, was Sie mir jetzt sagen, daß ich diese Erwartung haben könnte. Können wir uns anschauen wie Sie zu dieser Vermutung gekommen sind?
Patient: Ich denke halt, äh, ich weiß nicht genau, irgendwie spüre ich manchmal, daß Sie mit mir unzufrieden sind, neulich z. B. haben Sie bei der Verabschiedung ziemlich streng geschaut, und auf dem Nachhauseweg dachte ich mir, Sie sind halt sauer, weil ich Ihnen erzählt habe, daß ich das ganze Wochenende ferngesehen habe, anstatt für das Examen zu lernen.
Therapeut: Ja. Würde Ihnen denn noch etwas einfallen.
Patient: (schweigt zunächst) Ja, ich hab halt auch manchmal den Eindruck, daß immer wenn ich Ihnen erzähle, daß ich nicht zum Lernen gekommen bin, Sie dann nichts sagen, so als wären Sie dann doch enttäuscht von mir.
Therapeut: Ja. Wie geht's Ihnen denn damit?
Patient: Irgendwie macht es mich wütend, daß Sie jetzt auch noch Druck ausüben auf mich. Ich erleb, weiß Gott, schon genügend Druck. […]

Therapeut: Und von mir fühlen Sie sich jetzt auch noch angetrieben.
Patient: Ja. (heftig) Und ich hasse diesen ständigen Druck, der mich überall umgibt, und manchmal denke ich mir halt dann, ich möchte diesen ganzen Druck loswerden, alles hinschmeißen, einfach die Tür hinter mir zuschlagen, nichts mehr hören und sehen wollen. (Mertens 1990, S. 216)

Ein in mehrfacher Hinsicht sehr interessanter und eindrucksvoller Ausschnitt aus einer Behandlung! Mertens führt ihn als ein Beispiel für ein besseres Deutungsvorgehen an, eine Handhabung der Übertragung, die nicht mit »im Übermaß gegebenen genetischen Deutungen« und einer »allzu häufigen Beschäftigung mit Material außerhalb der Analyse« (ebd., S. 215) arbeitet, sondern Bezüge zur gegenwärtigen Übertragungsbeziehung herstellen soll. Er geht dann allerdings nicht näher darauf ein.

Es lohnt sich aber, dieses Beispiel unter den oben ausgeführten Gesichtspunkten etwas genauer zu betrachten:

Wenn die Annahme des Analytikers stimmt, dass der Analysand auch ihn als übergriffig erlebt und sich dies aber nicht zu sagen traut, dann geschieht durch das Aussprechen genau das. Der Analysand erlebt seinen Analytiker in diesem Moment als übergriffig; jener spricht etwas aus, das im Patienten wirkt, worüber dieser bisher nicht reden konnte, weil es ihm möglicherweise gar nicht bewusst war. Zwar versucht der Patient das Thema durch ein »Bei *Ihnen* ist es ja etwas anderes.« aus der Welt zu schaffen, aber das gelingt nicht mehr, eben weil die Szenerie sozusagen im Raum aufgestellt ist. Nun ist es da! Damit erfüllt sich der zweite Teil der Deutung. Jetzt *erlebt* der Patient seinen Analytiker als grenzüberschreitend und hat gleichzeitig das Gefühl, sich ihm gegenüber nicht abgrenzen zu können. Die Beziehungswirklichkeit im Raum kann man also aus Sicht des Patienten in etwa so beschreiben: »Ja, auch dich erlebe ich oft als übergriffig, aber dagegen kann ich mich doch gar nicht wehren. Was soll ich also tun?«

Nun nimmt der Analytiker genau dieses, nämlich die Angst und Schwierigkeit, darüber *jetzt* zu sprechen, empathisch auf. Damit handelt es sich bei dieser analytischen Aufführung um *keine* reine Wiederholung mehr, denn hier wird mit dem Objekt der Angst über eben diese Angst gesprochen und dadurch hebt sich diese Situation von jenen ab, über die der Patient berichtet hat. Das wiederum kann der Patient im Moment vermutlich *erleben*, aber noch nicht in vollem Ausmaß verstehen.

Sehen wir weiter: Der Analytiker ermutigt (oder aus einer möglichen Sicht des Patienten: fordert ihn weiter, setzt ihn unter Druck) den Patienten und dieser äußert darauf hin die Vermutung, sein Analytiker sei unzufrieden mit ihm. Er *spüre* das manchmal und sein Analytiker habe neulich »so streng geschaut« (hier kommt eine umfassende sinnliche, den Leib des Analytikers mit einbeziehende Wahrnehmung ins Spiel). Nun könnte das doch beides zutreffend sein. Vielleicht ist der Analytiker wirklich ein bisschen enttäuscht darüber, dass es in der Behandlung scheinbar nicht so recht vorwärts gehen will; vielleicht hat er wirklich das Fernsehen am Wochenende missbilligt und bei sich gedacht: »Der Kerl könnte auch mal lernen, anstatt vor der Glotze zu hängen«, vielleicht hat er aber auch gleichzeitig gedacht: »Wie komme ich denn auf solche Gedanken? Ich habe doch hier nicht zu werten, sondern zu analysieren.« Wie dem auch sei: Tatsächlich antwortet der Analytiker auf die Annahme des Patienten hin, er sei vielleicht »sauer«: Ja! Erst dann kommt die Frage, was dem Patienten dazu noch einfällt. Möglicherweise ist dem Analytiker das Ja »herausgerutscht« oder er wollte die Annahme des Patienten bewusst bejahen, aber in jedem Falle stellt sich jetzt für den Analysanden genau die Situation her, von der in der Deutung die Rede war: »Er ist auch unzufrieden mit mir; ich kann es wohl überhaupt niemandem Recht machen.« Der Analytiker interessiert sich aber für weitere Einfälle, zeigt sich also weiter gesprächsbereit und der Patient spricht aus, dass er vermutet, sein Therapeut sei enttäuscht von ihm. Und erneut bejaht der Analytiker dies. Aus Sicht des Patienten ist nun also (zunächst) alles wie immer; auch er ist enttäuscht.

Nein, es ist nicht wie immer, denn sein Analytiker fragt, wie es ihm damit gehe, und erst jetzt kann der Analysand von seiner Wut, seinem Ärger, *seiner* Enttäuschung über den (anwesenden) Analytiker sprechen. Diese Enttäuschung ist *jetzt* und *hier* im Raum. Aber es handelt sich eben nicht um eine reine Wiederholung, sondern um eine Neuschöpfung, denn indem der Patient über *seine* Enttäuschung zu sprechen vermag, gelingt ihm doch gerade jener, vorhin als fehlend beklagte Prozess der Abgrenzung. Die *performativen* Deutungen des Analytikers sind also gelungen; sie haben eine neue soziale Tatsache geschaffen, die etwa so heißt: »Ja, auch dich erlebe ich manchmal als übergriffig und fordernd, aber dir kann ich es sagen. Dir kann ich auch sagen, dass mich das wütend macht, ich den Wunsch habe, mich dagegen zu wehren, und dass ich durchaus auch von dir enttäuscht bin, wenn ich das Gefühl habe, dass du mich nur weiter antreibst, ohne etwas von mir verstehen zu wollen. Bei dir kann ich mich abgrenzen, ohne dass die Beziehung gleich in Frage gestellt ist.«

So stellt Sybille Krämer fest:

»Wo aufgeführt wird, ist die Iterabilität, die immer ein Anderswerden des Iterierten einschließt, bedeutsam. [...] Die produktive Kraft des Performativen erweist sich nicht einfach darin, etwas erschaffen zu haben, sondern darin, mit dem, was wir nicht selbst hervorgebracht haben, umzugehen. Es geht um die ›Handhabung‹ von etwas, das nicht auch gemacht wurde; um den Umgang mit Bedingungen, die nicht völlig in unsere Macht gestellt sind« (Krämer 2002, S. 345).

Dies scheint mir für ein Verständnis des psychoanalytischen Prozesses als eines performativen Prozesses, als einer *Aufführung*, sehr bedeutsam, erinnert es uns doch daran, dass sich dieser Prozess natürlich der letztendlichen Kontrolle beider Teilnehmer entzieht. Das Heilsame der psychoanalytischen Begegnung liegt gerade darin, wie Analytikerin und Analysand mit den jeweils durch beide hervorgebrachten Situationen umgehen. Dabei ist der Analytikerin selbstverständlich der Part zugedacht, in ihrer Umgehensweise eine größere Flexibilität zu haben. Das bedeutet, sie muss in ihrer Zuversicht, sich überhaupt auf unklare Situationen einzulassen, sich berühren zu lassen, dem Patienten ebenso vorangehen, wie in ihrem Bemühen, zu allem, was geschieht, irgendwann auch wieder eine reflexive Distanz zu gewinnen. Darin liegt die neue Erfahrung für den Analysanden, das Verändern der Wiederholung, die »produktive Kraft des Performativen«.

Wiederholungen?

Wofür aber kann diese Sichtweise hilfreich sein? Meines Erachtens eröffnet sie zwei neue Perspektiven auf den psychoanalytischen Prozess:
1. Ein erweiternder Aspekt der performativen Sichtweise scheint mir der Aufführungscharakter zu sein: Indem man sich darauf einzulassen vermag, dass *beide*, Analysand *und* Analytikerin, an einer Aufführung teilnehmen und etwas in Szene setzen, beide sowohl Akteure und Betrachter dieser Szene sind, wird das Kreative des psychoanalytischen Prozesses deutlich: Das Besondere einer Aufführung ist, dass sie zwar einerseits wiederholbar ist, aber jede dieser Wiederaufführungen eine andere Aufführung und damit eben keine reine Wiederholung mehr ist. So sind die Wiederholungen unserer Patienten Wiederaufführungen unter anderen Bedingungen und dadurch eben gerade keine Endlosschleifen. Neben dem Verstehen der Bedeutungen ihrer »Aufführungen« *erleben* sie tatsächlich im Hier und Jetzt etwas anderes. Denn: »Wie ein Wort

funktioniert, kann man nicht erraten. Man muss seine Anwendung *ansehen* und daraus lernen« (Wittgenstein, PU § 340).
2. Diese Sichtweise könnte dazu verhelfen, die manchmal einschränkende Perspektive des Suchens nach der »wahren« oder »eigentlichen« Bedeutung »hinter« den Phänomenen wieder zu erweitern und die Phänomene, bzw. die Lust an der Wahrnehmung wieder mit zu berücksichtigen, und das heißt, sich mit ästhetischen Prozessen im Sinne der *Aisthesis* zu beschäftigen. Mir scheint dies gerade für traumatisierte Patienten von enormer Bedeutung zu sein: Haben sie doch gerade als äußerstes oder letztes Mittel psychischen Überlebens »gelernt«, die sinnliche Wahrnehmung, zumindest selektiv, auszuschalten, und leben über weite Strecken im Zustand der emotionalen *An-Aisthesie*. Allen, die mit traumatisierten Menschen arbeiten, ist dieses Phänomen, welches auch als Affektabspaltung, Affektisolierung oder Alexithymie bezeichnet wird, vertraut. Die Betroffenen selber sprechen von einem Gefühl der Unwirklichkeit, einem Neben-Sich-Stehen, einer unsichtbaren Grenze zwischen sich und der Welt oder, wie mein Analysand so treffend sagte, als seine emotionale Anästhesie nachzulassen begann: Er habe das Gefühl, die Welt nun dreidimensionaler wahrzunehmen, nachdem vorher alles zweidimensional gewesen sei. Allen bildlichen Beschreibungen gemeinsam ist das Gefühl, nicht wirklich *in* der Welt zu leben, sondern irgendwie daneben. Der Weg, wieder *in* die Welt zu gelangen, führt über die sinnliche Wahrnehmung: Wenn wir Klänge oder gutes Essen genießen, Bilder sehen, Stimmen hören, im Wasser schwimmen, in der Kühle frieren, uns von der Sonne wärmen lassen, andere Körper berühren, berührt werden, wenn wir sehen, hören, riechen, fühlen, dann haben wir am ehesten ein Gefühl dafür, Teil dieser Welt zu sein, sie mit unseren Sinnen erfassen zu können, wenn nicht zwischen uns und den anderen Dingen eine undurchdringliche Folie steht, die es zwar erlaubt, von den Dingen zu *wissen*, sie aber nicht unmittelbar *fühlen* zu können.

Sich den performativen Aspekten des psychoanalytischen Prozesses zuzuwenden heißt also, sich mit den Begriffen der *Aufführung*, *Inszenierung* und *Aisthesis* zu befassen.

Aufführungen – Wer führt wem etwas auf? Und warum eigentlich?

Wenn die Psychoanalytikerin ihrem Analysanden das erste Mal die Tür öffnet (auch wenn sie vielleicht noch gar nicht weiß, dass dort ihr zukünftiger Analysand in der Tür steht) und sich beide leiblich gegenüberstehen, dann hebt sich der Vorhang zur analytischen Aufführung, die von diesem Moment an eine gemeinsame und als solche hochspezifisch ist. Niemals wieder wird *diese* erneut aufgeführt, kein anderes analytisches Paar wird auch nur eine ähnliche hervorbringen. Sie wird ausgestaltet, erweitert, verfeinert, es reiht sich Szene an Szene, Akt an Akt und sie hat, irgendwann, ein wirkliches Ende, ist vergangen, wenn beide sich das allerletzte Mal gesehen haben. Dann gibt es sie als *solche* nicht mehr. Gewiss, sie hat Wirkungen, auf beide Beteiligten, sie wird in unterschiedlichsten Formen und unterschiedlichem Ausmaß bewahrt und hat, wenn alles gut gegangen ist, *beide* verändert. Aber *diese* Aufführung als Materialität ist unwiederbringlich, da sie zwingend auf die *gleichzeitige* sinnlich leibliche Präsenz der beiden Teilnehmer angewiesen ist. Dieses Kriterium macht sie endlich.

Jede einzelne Stunde ist Teil dieser psychoanalytischen Aufführung. Genaugenommen kann jede menschliche Begegnung als Aufführung betrachtet werden, auch das hätte seine Richtigkeit. Ich möchte hier die psychoanalytische Behandlung, also von der ersten Begegnung an bis zum allerletzten Treffen von Psychoanalytikerin und Analysand (als Psychoanalytikerin und Analysand) als eine Aufführung verstehen[17], die sich aus vielen einzelnen Aufführungen zusammensetzt. Diese Sichtweise, so denke ich, eröffnet eine neue Perspektive auf das psychoanalytische Geschehen und ermöglicht es uns vielleicht, der *Realität*, dem *Phänomenologischen* in der Begegnung von Analytikerin und Analysand und dessen Nutzen für das Erlangen eines umfassenden Identitätsgefühls für *beide*, auch in der Theorie einen Platz einzuräumen.

---

17 Darunter fallen also *alle* Treffen, solange der Analysand bei seiner Analytikerin in Analyse ist, auch die außerhalb des Analysezimmers, allerdings *nicht* jene Treffen vor und nach Beendigung der Behandlung. Auch das sind Aufführungen, aber aus den oben zu entwickelnden Definitionen, in dem hier verstandenen Sinne, keine psychoanalytischen Aufführungen mehr, sondern eben andere. Dies ist deshalb so, weil ein anderer Rahmen gilt, vergleichbar damit, dass ein Performance-Besucher, der sich im Rahmen der Performance beispielsweise aufgefordert sah, die Künstlerin zu berühren oder dergleichen, gegen die Regeln der Konvention verstoßen würde, täte er das auch, wenn er sie anschließend in einem Café träfe. Es wäre eine andere Aufführung, wie gut oder schlecht man sie auch finden mag.

Die Erziehungswissenschaftler Christoph Wulf und Jörg Zirfas, beide Mitglieder des Sonderforschungsbereiches »Kulturen des Performativen« in Berlin, geben die folgende Definition einer Aufführung:

> »Durch Aufführungen, die als Geschehnisse zwischen Akteuren und Zuschauern definiert werden können, sowie durch Rituale, die als wiederholbare Ereignisse zwischen Akteuren bestimmt werden können, bringen Menschen gemeinsam, gestisch, sprachlich, körperlich, mimetisch Wirklichkeiten hervor, die für alle Beteiligten einen, wenn auch kritisierbaren, verbindlichen Charakter haben. In performativen Konstellationen wird die Fokussierung auf Zeichenprozesse abgelöst durch die Fokussierung auf die konkrete Materialität von räumlichen, zeitlichen Bedingungen und Gegenständen, auf Körperlichkeit und Wahrnehmungsprozesse – auf das konkrete, singuläre Ereignis« (Wulf/Zirfas 2005, S. 14).

Neben der Möglichkeit, durch Aufführungen etwas »in Szene« zu setzen und damit einem Zuschauer etwas »zu sehen« zu geben, was man eben nun mal selber (vorerst) nicht sehen kann, schaffen Aufführungen für die an ihnen Beteiligten *verbindliche Wirklichkeiten*. Auch dann, wenn man selber etwas noch nicht wahrgenommen hat, geschieht es trotzdem.

Indem sich Analysand und Analytikerin treffen, sich leibhaftig begegnen, bringen sie gemeinsam verbindliche Wirklichkeiten hervor. Sie tun dies unter Einsatz ihrer Körper, Gesten und ihrer Sprache. Von dieser Wirklichkeit mag es verschiedene Interpretationen geben, aber *dass* es sie gibt, steht außer Frage, da sie sich eben gerade vollzieht. Wenn also zum Beispiel der Analysand etwas aus seiner Innenwelt in der psychoanalytischen Außenwelt »in Szene« setzt, dies von der Analytikerin erkannt und verstanden wird, dann ist im Behandlungszimmer eine Realität geschaffen, auf die man sich beziehen kann und die deshalb »verbindlichen« Charakter hat. Dies ist die Grundvoraussetzung dafür, dass sich etwas verändern kann.

> »Wenn neue Handlungs- und Verhaltensformen an die Stelle bisheriger treten sollen, müssen sie inszeniert, arrangiert und aufgeführt werden, d. h. sie müssen performativ werden« (Wulf 2005, S. 17).

Die Aufführung ist Grundlage aller kreativen Prozesse und dies gilt eben auch für den psychoanalytischen Prozess.

Wie lässt sich nun die psychoanalytische Begegnung als Aufführung verstehen? Wodurch ist diese gekennzeichnet?

Die Theaterwissenschaftlerin Erika Fischer-Lichte hat sich in ihrem Buch *Ästhetik des Performativen* ausführlich mit dem Aufführungsbegriff beschäftigt und die verschiedenen Kriterien dessen, was eine Aufführung ausmacht, herausgearbeitet:

➢ Eine Aufführung wird überhaupt nur durch die »leibliche Ko-Präsenz von Akteuren und Zuschauern« ermöglicht; sie wird durch sie konstituiert (Fischer-Lichte 2004, S. 47).

➢ Es muss einen festgelegten Rahmen geben, innerhalb dessen sich etwas ereignen kann, d.h. es muss erkennbar sein, wann die Aufführung beginnt und wann sie endet und was ihr zuzurechnen ist. Akteure und Zuschauer »müssen sich für eine bestimmte Zeitspanne an einem bestimmten Ort versammeln und gemeinsam etwas tun« (ebd.).

➢ Spezifisch für eine Aufführung ist zudem, dass »Zuschauer nicht länger als distanzierte oder einfühlsame Beobachter von Handlungen«, begriffen werden […] und denen sie – die Zuschauer – auf der Grundlage ihrer Beobachtungen bestimmte Bedeutungen beilegen, noch als intellektuelle Entzifferer von Botschaften […]« (ebd.). Fischer-Lichte spricht hier von einem Zusammentreffen von Ko-Subjekten; ich würde es eher als ein Oszillieren der Subjekt/Objekt-Positionen der jeweiligen Partner betrachten.

➢ So ist es folgerichtig, dass »die Zuschauer als »Mitspieler« begriffen [werden], welche »die Aufführung durch ihre Teilnahme am Spiel, d.h. ihre physische Präsenz, ihre Wahrnehmung, ihre Reaktionen mit hervorbringen« (ebd.).

➢ Somit entsteht die Aufführung »als Resultat der Interaktion zwischen Darstellern und Zuschauern« (ebd.). Nimmt man hier Fischer-Lichtes Begriff der Ko-Subjekte ernst, dann muss man sich allerdings darüber im Klaren sein, dass in einer Aufführung immer alle Beteiligten *zugleich* Zuschauer und Darsteller sein können.[18]

➢ »Die Regeln, nach denen sie [die Aufführung] hervorgebracht wird, sind als Spielregeln zu begreifen, die zwischen allen Beteiligten – Akteuren und Zuschauern – ausgehandelt und *gleichermaßen* [kursiv durch D. P.] von allen befolgt wie gebrochen werden können« (ebd.).

---

18 Dies ist für den psychoanalytischen Prozess deshalb von so immenser Bedeutung, weil die Fähigkeit, »Zuschauer«, ggf. seiner selbst, zu sein, insbesondere von Patienten mit einer Symbolisierungsstörung erst erworben werden muss. Bei der Analytikerin muss man diese Fähigkeit voraussetzen, sie ist es, die sie als Analytikerin auszeichnet, wenngleich sie sich immer wieder neu darum bemühen muss.

Konstituierend für Aufführungen sind demnach also die »leibliche Ko-Präsenz«, der zumindest zeitweise Verzicht auf die festgelegte Subjektposition als bloßer Beobachter und Bedeutungsentzifferer, das Oszillieren von Subjekt/Objektpositionen, die Teilnahme am Spiel durch physische Präsenz, Wahrnehmung und Reaktion und das Aushandeln von Regeln.

Betrachtet man den psychoanalytischen Prozess unter diesen Kriterien, dann hat man mit dem Begriff der Aufführung einen vielleicht umfassenden, wertfreien Begriff an der Hand, der es erlaubt, das beiderseitige Verwickelt-Sein in den Blick zu nehmen, nicht nur in der Weise, dass es unverzichtbar ist, sondern Teil einer ästhetischen Erfahrung, die es uns ermöglicht, uns lebendig zu fühlen. Im Gegensatz zu den Begriffen »Agieren« oder »Enactment« ist diesem Begriff zu eigen, dass man sich nicht fragen muss: »Stecke ich schon wieder drin? Bin ich schon wieder verwickelt? Agiere ich mit?« (immer verbunden mit der Konnotation »Hoffentlich nicht!«), sondern, dass man sich fragen muss: »*Wie* stecke ich gerade drin? *Was* agieren wir? *Was* führen wir hier auf?«

Die leibliche Ko-Präsenz und der Rahmen – Man trifft sich ...

Durch die Behandlungsvereinbarung, das Festlegen der Treffen auf eine bestimmte Zeit an einem bestimmten Ort sowie durch das Festlegen der Form (Wer liegt? Wer sitzt? Wo treffen wir uns? Wie lange? usf.) wird der äußere Rahmen für die psychoanalytische Aufführung festgelegt. Teil dieser Vereinbarung ist auch die für die Dauer der Behandlung geltende Rollenverteilung: »Von jetzt an bin ich, solange diese Vereinbarung gilt, ihre Analytikerin und Sie sind mein Patient«. Dieser Rahmen konstituiert das folgende Geschehen. Anders formuliert:

Ohne diesen Rahmen keine Psychoanalyse!

Es ist der Rahmen der das psychoanalytische Ereignis aus der Alltagssituation heraushebt, es zu einem besonderen Geschehen macht, welches überdies auch Züge eines Rituals in sich birgt.

> »Sie [die *performance;* D.P.] ist ein Ereignis, das die Ordnungen des Alltags suspendiert, den Zuschauern einen Schock versetzt und ihnen eine neue Erfahrung vermittelt« (Wulf 2005, S. 86).

Zur Rahmung einer Aufführung gehört immer auch die *Bezugnahme auf den/die jeweiligen Zuschauer.* Diese bilden damit ein konstitutives Element: ohne Zuschauer keine Aufführung. So schreibt auch Christoph Wulf:

> »Erst in der Bezugnahme der künstlerischen Handlung auf Zuschauer entsteht *performance*« (ebd., S. 87).

Wulf versteht unter *performances* grundsätzlich Aufführungen künstlerischer oder sozialer Handlungen. Auch die psychoanalytische Begegnung ist eine soziale Handlung, die, wie bereits erwähnt, auch rituellen Charakter besitzt.

Warum machen Psychoanalytiker keine Hausbesuche?

Diese Frage kam mir in den Sinn, als mir ein Kollege vor einiger Zeit einen Witz erzählte:

Ein Mann schleppt, völlig aus der Puste und entkräftet, ein Sofa die Treppe hinauf. Im Treppenhaus begegnet ihm ein Bewohner und fragt: »Was tun Sie denn da?«
Der Mann antwortet: »Ich bin Psychoanalytiker und mache Hausbesuche …«

Wie so häufig, enthält auch dieser Witz etwas Verborgenes und die Absurdität, die vermutlich jede Psychoanalytikerin und jeder Psychoanalytiker beim Lesen der Frage spürt, gibt einen Hinweis auf den stark rituellen Charakter der psychoanalytischen Stunde. »Es kommt ja überhaupt nicht in Frage!«, so könnte man sagen.
  Der Witz tut so, als sei das Anliegen des Hausbesuches so absurd, weil man ja schließlich nicht mit dem Praxismobiliar durch die Gegend fahren kann, aber er gibt gerade daher einen wichtigen Hinweis darauf, wie sehr die *Person* der Analytikerin in das psychoanalytische Setting integriert ist. Die Stunde findet eben in *ihrer* Praxis, in *ihren* Räumen, umgeben von *ihren* persönlichen Gegenständen (für Freud war dies von großer Wichtigkeit) und eben auch auf *ihrer* Couch statt. Dass man als Analytikerin theoretisch auch zu seinem Analysanden gehen und ihn auf dessen Couch

analysieren könnte, kommt uns ja nun wirklich nicht ernsthaft in den Sinn. Aber warum nicht?[19]

Eben auch deshalb, weil es sich bei dem Rahmen des psychoanalytischen Prozesses um ein rituelles Geschehen handelt. Christoph Wulf bemerkt zu Recht, dass der Begriff des *Rituals* hier zu Lande doch häufig noch negativ besetzt sei, da rituelle Handlungen häufig zur Durchsetzung autoritärer Strukturen missbraucht worden sind und werden. Allerdings beschäftige sich die Ritualforschung der neueren Zeit zunehmend mit der produktiven Seite rituellen Handels für moderne Gesellschaften (Wulf 2005, S. 13f.). Zu den allgemeinen Merkmalen von Ritualen gehörten demnach der »*herausgehobene Charakter der Handlung, die Zeitlichkeit, die Örtlichkeit, die Kollektivität und die Öffentlichkeit*« (ebd., S. 15).

Die meisten Merkmale treffen auf den ersten Blick auf den psychoanalytischen Prozess zu, mit jenem der »Öffentlichkeit« mag man erst Schwierigkeiten haben, findet die psychoanalytische Stunde doch in intimer Atmosphäre statt. Allerdings erscheint die »Öffentlichkeit« hier nur in einem anderen Gewand, z.B. in Form der Supervision, der Intervisionsgruppe, des sonstigen kollegialen Austausches und in Form der verschiedenen psychoanalytischen Gesellschaften.

> »Rituale sind *soziale Dramen*, in denen *Differenz* bearbeitet wird. Sie sind *Inszenierungen und Aufführungen des Sozialen*, in denen Gemeinschaften performativ gebildet werden. Ihre Wirkungen entfalten sich durch die Verbindung von performativen und symbolischen Elementen (ebd., S. 15). [...] Rituale haben eine *körperliche, szenische, expressive, spontane, symbolische Seite; sie sind regelhaft, nicht-instrumentell, effizient. Sie sind nicht eindeutig*« (ebd., S. 115). [...] rituelle Handlungen leben davon, dass sie früher bereits vollzogene Rituale noch einmal inszenieren und aufführen und damit den veränderten Bedingungen anpassen und variieren« (ebd., S. 116).

Entsprechend besitzt auch jede psychoanalytische Stunde eine körperliche, szenische, expressive, spontane und symbolische Seite. Manchmal scheint es, als dürften wir uns des rituellen Charakters nur verschämt bewusst werden, so als bestünde noch ein Rest der alten Angst, als Psychoana-

---

19 Mir stellte sich diese Frage das erste Mal ernsthaft, als mich im Rahmen des Notdienstes eine Frau anrief und danach fragte, ob es wohl eine Möglichkeit für eine begleitende Psychotherapie gäbe, die bei ihr zu Hause stattfinden könnte, da sie an einer schweren Lungenerkrankung leide, 24 Stunden lang an ein Sauerstoffgerät angeschlossen sei und deshalb ihre Wohnung nicht mehr verlassen könne.

lytikerin der Scharlatanerie, des Mystizismus, der Suggestion bezichtigt zu werden.

Dennoch, rituelle Praktiken schaffen Gemeinschaften »trotz unterschiedlicher Deutungen der rituellen Prozesse« (ebd., S. 121). Damit schaffen sie den sicheren Boden, den es für Differenzierungsprozesse braucht, sind gleichzeitig Ursprung für Veränderungsprozesse und statten die Teilnehmer im Rahmen dieser Praxis mit unterschiedlichen Machtpositionen aus, deren Anerkennung seitens der Teilnehmer eben durch ihre Teilnahme, innerhalb dieses Rahmens, erfolgt.

So fällt denn die Antwort auf die oben gestellte Frage relativ schlicht aus: Hausbesuche liegen außerhalb des Rituals. Selbstverständlich wird die Tatsache, dass alles in der Praxis der Analytikerin stattfindet, der Analysand zu ihr kommen muss, von Analysanden in unterschiedlichen Phasen der Analyse unterschiedlich erlebt, und es wird dieser Tatsache unterschiedlichste Bedeutung beigemessen. Aber diese Bedeutungen können sich eben gerade nur innerhalb des festen Rituals generieren.

Man kann sich nicht »raushalten« ...

Auch die Tatsache, dass in der psychoanalytischen Aufführung die Psychoanalytikein nicht lediglich als einfühlsame Beobachterin, sondern als »Mitspielerin« verstanden wird, ist uns inzwischen vertraut. Das Ringen um diese Einsicht findet sich in der Geschichte des Begriffes der *Gegenübertragung* wieder, die wiederzugeben hier nicht der Ort ist. Stattdessen seien hier zwei Pole der Entwicklung, von Freud bis heute, genannt: So vertritt Freud in der Wiener Psychoanalytischen Vereinigung:

> »Während der Patient sich an den Arzt hängt, unterliegt ja der Arzt einem ähnlichen Prozess, der Gegenübertragung. Diese Gegenübertragung muß vollständig vom Arzt überwunden werden; das allein macht ihn psychoanalytisch mächtig. Das macht ihn zum vollkommen kühlen Objekt, um das der andere liebend sich bewerben muss« (Nunberg/Federn 1977, S. 407; zit. nach Ermann 2000, S. 227).

Nach und nach wurde jedoch der Nutzen der Gegenübertragung für den psychoanalytischen Prozess, man möchte sagen, fast verschämt, erkannt. Nach Ermann sei der entscheidende Durchbruch die Einsicht gewesen,

»dass Übertragung und Gegenübertragung eine funktionelle Einheit sind und sinn- und bedeutungsvoll aufeinander bezogen sind« (Ermann 2000, S. 229).

Dieser Durchbruch sei Paula Heimann zu verdanken, die in der Gegenübertragung eine Inszenierung des Analysanden im Analytiker gesehen und sie daher als einen Spiegel des Inneren des Analysanden verstanden habe (ebd.)[20]. Entsprechend betone das Konzept der Gegenübertragung heute den unbewussten Anteil der Interaktionen zwischen Analytiker und Analysand (ebd., S. 226). Insgesamt zeigt sich in der langen Diskussion ein fast verzweifeltes Bemühen, theoretisch zu trennen, was praktisch nicht zu trennen war: die »neurotische« Übertragung des Analytikers auf seinen Patienten von der »normalen« Übertragung, die Gegenübertragung als Antwort auf die Übertragung von der genuinen Übertragung. Inzwischen bestehe nach der Auffassung von Gabbard ein weitgehender Konsens darüber, dass die Gegenübertragungsreaktionen des Analytikers »zwangsläufig von einer gemeinsamen Schöpfung geprägt« sind und dass ein Teil dessen, was der Analytiker in seiner Gegenübertragung erlebt, »die innere Welt des Patienten spiegelt« (Gabbard 1999, S. 987). Das Erleben der Gegenübertragung, ihr Verständnis und unsere Arbeit mit ihr sind inzwischen so etwas wie ein Identitätsmerkmal psychoanalytischer Arbeit geworden.

In enger Verbindung zum Begriff der Gegenübertragung und mit einer ähnlich wechselvollen Rezeptionsgeschichte versehen, steht der Begriff der *projektiven Identifikation*. Auch hier scheint es so zu sein, dass die Beteiligung der Analytikerin, ihre *tatsächliche* Veränderung erst allmählich akzeptabel wurde, bis die interaktionelle Komponente des Begriffes dann insbesondere im dreiphasigen Modell Ogdens ihren Ausdruck fand: In einem ersten Schritt fantasiere die Person, einen Teil ihres Selbst in eine andere Person zu verlagern und diese von innen her zu kontrollieren (Ogden 1979, S. 3), wobei sich die projizierende Person mit dem Objekt »zutiefst verbunden« fühle. In einem zweiten Schritt dann übe der Projizierende entsprechenden Druck auf den Empfänger aus, um diesen dazu zu bewegen sich entsprechend der projizierten Fantasie zu verhalten.

»Dies ist *kein eingebildeter* Druck. Es ist ein *realer* Druck, der mittels einer *Vielfalt von Interaktionen zwischen dem Projizierenden und dem Empfänger* [kursiv durch D.P.] ausgeübt wird. Projektive Identifikation kann es nicht geben, wo keine Interaktion zwischen Projizierendem und Empfänger besteht« (ebd., S. 4).

---

20 Ermann stellt auch fest, dass Heimann den Weg, *wie* das geschieht, offen lässt.

An dieser Stelle wird aus dem Ein-Personen-Konzept ein Zwei-Personen-Stück, ein intrapsychisches Phänomen wird zu einem interpsychischen, eine Inszenierung wird zur Aufführung.

In einer dritten Phase, so Ogden, erfolge die »psychische Verarbeitung« der Projektion durch den Empfänger sowie die Reinternalisierung der jetzt durch den Empfänger verarbeiteten Projektion (ebd., S. 6–7). Ogden weist hier auf den wichtigen Umstand hin, dass es sich bei den im Analytiker auftauchenden Gefühlen keinesfalls um »verpflanzte« Affekte des Patienten handelt, sondern der Analytiker vielmehr der »Autor« seiner eigenen Gefühle sei (ebd., S. 6). In der Fähigkeit des Analytikers, mit diesen, für den Analysanden nicht aushaltbaren Gefühlen umzugehen, entstehe eine neue »Mischung von Gefühlen« (ebd., S. 6), die für den Analysanden dann bekömmlicher ist. Diese »neue Mischung«, so kann man sagen, ist gerade um diesen Aspekt der potenziellen Aushaltbarkeit und Verarbeitbarkeit der Affekte bereichert.

Inzwischen, so Gabbard, herrsche Einigkeit darüber, dass die *projektive Identifikation* nicht »auf einen Austausch mystischer Inhalte«, sondern auf »interpersonalen Druck bzw. einen äußeren ›Schubs‹« seitens des Patienten zurückgehe (Gabbard 1999, S. 976). Die Verlegenheit, die sich in dem Wort »Schubs« ausdrückt ist offensichtlich[21]: Für den Vorgang des »Schubsens« bedarf es zweier Körper, von denen der eine aktiv auf den anderen einwirkt. Und natürlich »schubst« der auf der Couch liegende Analysand seine Analytikerin (in der Regel) nicht, aber sie *fühlt* sich dennoch gedrängt. Wodurch? Die Verlegenheit begründet sich auch in der, wie ich vermute, immer noch vorhandenen Leugnung der Anwesenheit zweier Körper. So erinnern Almuth Massing und Hartmut Wegehaupt an die leibliche Dimension:

> »Es scheint uns überdies zur Kennzeichnung unserer Auffassung von Gegenübertragung von überragender Wichtigkeit, daß sie in ihren körperlich-sinnlichen Dimensionen vom Analytiker verstanden und gewürdigt wird. Da infantile Erfahrungen überwiegend leiblich-sinnliche Erfahrungen sind, und orale, anale, urethrale und phallisch-genitale Wünsche und Ängste sich nicht ›im Kopf‹ abspielen, sondern konkret am Körper erfahren werden, wird der Analytiker seine leibliche Existenz, das, was sein Körper ihm sagt, dazunehmen müssen, um die körperlichen Erfahrungen des Patienten mit in die Analyse einbeziehen zu können. Diese Begegnung mit dem ›Leibhaftigen‹ [...] ist notwendig, weil wir am Ende sonst noch übersehen, daß der Patient einen Körper hat [...]« (Massing/Wegehaupt 1987, S. 59).

---

21 An anderer Stelle spricht Gabbard davon, dass der Analytiker in die Welt des Patienten »hineingesaugt« werde (Gabbard 1999, S. 973).

Tatsächlich aber *wirken* die leiblich-sinnlichen Eigenschaften beider Teilnehmer des psychoanalytischen Prozesses aufeinander ein.[22] Die streckenweise Verwirrung um das Konzept der *projektiven Identifikation* bei seiner gleichzeitigen Beliebtheit in der klinischen Anwendung dürfte mit diesem Widerspruch zu tun haben: Einerseits ist die *Wirkung* keinesfalls nur theoretisch und für jeden Analytiker am *eigenen Leibe* zu erfahren, andererseits schien diese sinnliche Dimension in der Theorie weitestgehend ausgeklammert.

Bisher aber gab es wenige Aussagen und wenige theoretische Konzepte darüber, *wie* dieser Druck oder »Schubs« in Richtung Analytikerin in einer Analyse, in der überwiegend gesprochen wird, entstehen kann. Hübner bietet mit seiner Bearbeitung des Konzeptes der *Atmosphären* des Philosophen Böhme ein vielversprechendes Modell dafür an, auf das wir später zu sprechen kommen. Zunächst aber fanden andere, eher interaktionelle Modelle Eingang in die psychoanalytische Theorie.

Die Konzepte der »Bereitschaft zur Rollenübernahme« von Sandler, des »Handlungsdialoges« von Klüwer und nicht zuletzt der Begriff des *enactments* (»to enact« heißt nichts anderes, als »ein Stück aufführen« oder eine Rolle, eine Person darzustellen oder zu spielen) haben in den letzten Jahren zu einer Verflüssigung der vorher (zumindest in der Theorie) eher starr verteilten Subjekt/Objekt-Positionen beigetragen.

So schreibt Sandler in »Gegenübertragung und Bereitschaft zur Rollenübernahme« bereits 1976:

> »Die Interaktion zwischen Patient und Analytiker wird großenteils (wenn natürlich auch nicht vollständig) durch das determiniert, was ich die ›intrapsychische Rollenbeziehung‹ nennen möchte, die *jede* [kursiv durch D. P.] Partei der anderen aufzudrängen versucht. [...] Die unbewußten Wünsche und Mechanismen des Patienten, mit denen wir es bei unserer Arbeit zu tun haben, finden intrapsychisch ihren Ausdruck in (deskriptiv) unbewußten Bildern und Phantasien, in denen das Selbst und das Objekt, die miteinander interagieren, in jeweils besonderen Rollen repräsentiert werden. In gewissem Sinne versucht der Patient in der Übertragung (im Rahmen und innerhalb der Grenzen der analy-

---

22 So weisen uns die Autoren auch auf den Umstand hin, dass es sich bei der therapeutischen Beziehung »um das Kondensat zwei konflikthafter Menschen [...] in einer triebfreundlichen Atmosphäre vollständig und körperlich präsent« handelt und beide »unter anderen Bedingungen und potentiell sogar real eine *Partnerschaft* eingehen könnten« (Massing/Wegehaupt 1987, S. 59). Ich vermute, dass diese Spannung aushalten zu müssen dazu angetan ist, dass die reale Anwesenheit zweier *leibhaftiger* Menschen, begehrender, leidenschaftlicher und Begehren und Leidenschaft erweckender Personen, gelegentlich, auf die eine oder andere Weise geleugnet werden muss.

tischen Situation) diese Rollen *in verkappter Form zu aktualisieren*« (Sandler 1976, S. 299–300).

Dabei möchte Sandler den Terminus »Aktualisierung« als »a making actual or real«, als etwas »in die Wirklichkeit, die Gegenwart, in die Tat umsetzen« (ebd.) verstanden wissen. Es geht also bei der Aktualisierung darum, etwas (von sich) in Gegenwart eines anderen zu *erleben*, und das heißt, sinnlich affiziert zu werden *und* Worte dafür zu finden.

Sandler räumt hier in entlastender Weise ein, dass *beide* Seiten bestimmte Rollenerwartungen aneinander herantragen und natürlich fällt der Analytikerin die Aufgabe zu, die ihren frühzeitig zu erkennen und den Druck auf den Analysanden durch diese nicht übermäßig zu erhöhen. Dennoch gibt es einen Teil, der auch ihr unbewusst ist und der mit den Rollenerwartungen des Analysanden in Interaktion tritt. Es ist dies der Teil, der *zunächst* von der Deutung ausgeschlossen ist und erlebt werden muss. Eine Schwierigkeit, die sich auch im Text von Sandler wiederfindet, scheint immer wieder darin zu bestehen, dass man in der psychoanalytischen Theorie geneigt ist, zwischen Sprache und Handeln zu trennen, meistens in einer wertenden, wenn auch inzwischen entschärften Form des »guten« Sprechens und des »weniger guten, aber hinnehmbaren« Handelns. So sagt auch Sandler:

»Wenn der Patient sich an die Regeln hält, so wird er eher berichten als eine Rolle darstellen« (ebd., S. 300).

Unter Performanzaspekten betrachtet wird der Patient, ebenso wie die Analytikerin, immer eine Rolle darstellen, auch wenn er »berichtet«, nämlich durch die Art und Weise, *wie* er berichtet. Und auch die Analytikerin wird eine Rolle darstellen, auch wenn sie »nur« deutet, nämlich durch die Art und Weise, *wie* sie deutet.

Klüwer geht in seiner Arbeit »Szene, Handlungsdialog (Enactment) und Verstehen« noch einen Schritt weiter, insofern er in seinem Modell berücksichtigt, dass es dem Patienten um das Erleben einer Reaktion seiner Analytikerin gehen kann. Nach Klüwer muss der Handlungsdialog in der psychoanalytischen Situation als ein Prozess, aus drei Schritten bestehend, verstanden werden:

In einem ersten Schritt tauche im Patienten eine objektgerichtete Tendenz auf. Diese könne unter Umständen der Grund für eine Behandlungsaufnahme sein. In jedem Falle aber seien diese Tendenzen als aus dem Unbewussten kommend zu verstehen und daher »weder für den Patienten noch für den Behandler« in ihrem Sinn und ihrer Bedeutung zu erkennen (Klüwer 2001, S. 351). Es handele sich um »ein noch nicht Verstandenes, im Werden Befindliches, das noch nicht zur Sprache gebracht werden kann« (ebd.). Es ist das, was Bollas das »ungedachte Bekannte« (Bollas 1987) genannt hat.

In einem zweiten Schritt müsse der Analysand diese Tendenz inszenieren. Damit sei die Analytikerin auf der psychoanalytischen Bühne einem sie bewegenden Druck ausgesetzt. Kraft ihrer psychoanalytischen Haltung sei sie dafür besonders empfänglich und erfahre durch diese Einwirkung eine *reale psychische Veränderung* [kursiv durch D.P.]. Das kann die Psychoanalytikerin, so sie Psychoanalytikerin bleibt, nicht verhindern! Nur wenn sie ihre Haltung aufgäbe, sich sozusagen psychisch abschottete, wäre die psychische Veränderung (vielleicht) vermeidbar. Entsprechend gilt:

> »Es ist immer damit zu rechnen, daß man sich in einem Enactment befindet, daß man etwas bereits tut, ohne daß man weiß, daß man es tut« (Klüwer 2001, S. 353).

Der dritte Schritt nun, die Auflösung des Handlungsdialoges, beginne mit dem Verstehen der entstandenen Verwicklung durch den Therapeuten, »und nur dadurch« (ebd.). Diese Formulierung weist eindrücklich darauf hin, dass die Verantwortung für das »Verwickelt-Worden-Sein« vom Therapeuten zu übernehmen ist. Dies ist ihm nur dank seiner Fähigkeit zur Selbstdistanzierung möglich, seiner Fähigkeit auch schwierige, unangenehme Gefühle auszuhalten, wie solche der Scham durch ein Sich-Ertappt-Fühlen, durch das Erleben von Kontrollverlust in dem Sinne, dass auch der Therapeut in der Analyse *in Gegenwart seines Patienten* erlebt, »nicht Herr im eigenen Haus« zu sein. Ich vermute, es ist vor allem dies, was insbesondere der traumatisierte Patient *erleben* muss und was ebenso verinnerlicht wird, wie die Fähigkeit der Analytikerin zu verstehen. So weist Klüwer denn auch darauf hin, dass der Prozess der Auflösung des Handlungsdialoges unterschiedlich schwierig sein kann, vom frühen Verstehen mit dem ersten Auftreten angefangen, bis zum quälenden, lang anhaltenden Nicht-Verstehen.

Die schwierigste aller Situationen aber scheint die zu sein, in der Einsicht (zunächst) keine Veränderung nach sich zieht. Stattdessen scheint es,

> »daß der Patient auf einer spezifischen Beziehungserfahrung besteht. Dies kann durch unterschiedliche Konstellationen der Fall sein: Neben mangelhafter

Symbolisierungsfähigkeit gibt es solche Situationen, in denen es dem Patienten unverzichtbar erscheint, die persönliche Betroffenheit des Therapeuten zu erleben. [...] So versucht ein Patient z.b., den Therapeuten zur Verzweiflung, zur Anerkennung des Scheiterns der Behandlung, zu bringen, zum Aufgeben der Behandlung, zur Kapitulation zu zwingen, weil dies der einzige Weg ist, sich von der Authentizität der Beziehung zum Therapeuten überzeugen zu können. Erst wenn der Therapeut aufgibt, ist der Patient in der Lage, von seiner Inszenierung abzulassen und den Prozess sich weiter entfalten zu lassen« (ebd., S. 354).

Ich würde hier weniger von »Aufgeben« sprechen, jedenfalls nicht in dem Sinne, dass die Analytikerin ihren Patienten aufgibt, eher schon von »Verwandlung«. Denn in diesem Moment kann der Patient spüren, für wahr halten, dass bei seinem Therapeuten »etwas angekommen« ist, und zwar etwas, das seinen Ursprung in ihm, dem Patienten, hat. So wie es für ein Kind zur Entwicklung des Identitätserlebens gehört (»Ich bewirke etwas in der Außenwelt«), so gelangt, vermute ich, auch der Patient zu einer tiefen Form des Identitätserlebens, des Sich-Spürens, wenn er *seinen* bedeutungsvollen Anderen zu *verwandeln* vermag. In diesem Moment ist die Analytikerin, für den Analysanden erkennbar, nicht mehr Zuschauerin, sondern »Mitspielerin« als leiblich Anwesende, Wahrnehmende und Reagierende. Es ist nicht zuletzt auch diese sinnliche Erfahrung, die den analytischen Prozess als einen ästhetischen Aneignungsprozess auszeichnet.

Das Spiel mit der Sprache – Das Spiel der Körper

Durch die Interaktion »von Darsteller und Zuschauer«, durch die »Teilnahme am Spiel« von Analysand und Analytikerin, entsteht die Aufführung, so Fischer-Lichte. Der Begriff des Spiels im Zusammenhang mit *Aufführung* wird von dem Philosophen Gebauer in seiner Arbeit »Über Aufführungen in der Sprache« weiter ausgearbeitet, indem er Aufführungen als »Sprachspiele« im Sinne des Wittgenstein'schen Begriffes versteht.

> »Das Wort ›Sprachspiel‹ soll hier hervorheben, dass das Sprechen der Sprache ein Teil ist einer Tätigkeit, oder einer Lebensform« (Wittgenstein, PU § 23).

Sprachspiele, so Gebauer, nähmen auf Praxiswelten Bezug,

> »sie sind Wiederholung und Aufführung. [...] Indem sie die Erfahrungswelt noch einmal, aber anders machen und das Typische und Prototypische der Pra-

xiswelt im Medium der Sprache produzieren, *zeigen* sie die praktische Interpretation der Welt (Gebauer 1995, S. 229). [...] In Sprachspielen sind körperliche und sprachliche Elemente miteinander verflochten [...]. Man kann sagen, dass jedes Spiel eine für sich verständliche Welt erzeugt, die darstellenden Charakter hat und Bezug auf andere Personen nimmt« (ebd., S. 225).

Wenn wir spielen, dann nehmen wir auf unsere Erfahrungen und die Welt, in der wir leben, Bezug.[23] Wenn wir Sprachspiele spielen, dann tun wir dies wortsprachlich unter Begleitung unseres Körpers. So sind unsere sprachlichen Äußerungen zwar untrennbar mit unserem Körper verknüpft, können aber gleichzeitig als seine symbolische Erweiterung fungieren. So wie ein Kind die Puppe etwas machen lassen kann, das es selbst nicht leiblich zu tun vermag – z. B. an die Decke fliegen – so können wir unsere Sprache »etwas machen lassen«, woran uns der Leib hindern würde. Je nach dem, wie sehr die Sprache leiblich verankert, also mit sinnlichen Erlebnissen gefüllt ist, desto leibnäher, sinnlicher und befreiender das Spiel.

Man lernt ein Spiel, indem man es spielt, es *vollzieht* und Erfahrungen und Kenntnisse in der jeweiligen Spielpraxis erwirbt. Dabei ist von Bedeutung, dass, wann immer man ein neues Spiel lernt, man bereits verschiedene andere Spiele kennen gelernt hat. Gegebenenfalls erhält der Spieler noch Spielerklärungen, die dazu dienen »das implizit Gewußte explizit zu machen« (ebd., S. 234).

So wird es auch in dem (Sprach-)Spiel mit seiner Analytikerin »Familienähnlichkeiten« geben und dieses wird sich an anderer Stelle deutlich von anderen Sprachspielen unterscheiden. Deutungen der Analytikerin kann man dann als »Spielerklärungen« verstehen. Um ihren Analysanden zu verstehen, muss sie den Kontext berücksichtigen und sie muss erkennen, welches Sprachspiel er gerade spielt. Gelingt dies nicht, kommt es zu einer Vermischung von Sprachspielen und es entsteht »Verwirrung«.[24]

Wenn Herr A. das Behandlungszimmer betritt, beginnt er ein neues Sprachspiel zu lernen, das auf einer Reihe von früheren Sprachspielen, den bewussten und den unbewussten, basiert. Er lernt im Laufe der Zeit, dass seine Äußerungen im analytischen Raum andere Bedeutungen haben als beispielsweise in seiner Fußballmannschaft. Sagt er dort: »Mann, fühle ich mich heute schlapp,

---

23 Darin liegt der uns so selbstverständliche Grund für das Spielen in Kinderanalysen: Jedes Spielzeug, jeder spezifische Gebrauch des Spielzeugs nimmt auf etwas aus der Welt des Kindes Bezug.
24 Die »Regel«, dass man im privaten Beisammensein unter Kollegen »nicht deutet«, hat darin ihre gute Begründung!

ich bin echt nicht gut drauf, ich lasse es mal langsam angehen ...«, so wird diese Äußerung eine andere Bedeutung haben als dieselben gesprochenen Wörter im Analysezimmer. Die Mannschaftskollegen, der Trainer, sie alle werden diese Äußerung wohl kaum auf das letzte Training beziehen, auch werden sie weniger ausführliche Überlegungen darüber anstellen, wie derjenige sich gerade in seiner männlichen Potenz gegenüber den anderen versteht, und auch nicht darüber, ob sich Herr A. gerade wie ein kleines hilfloses Kind fühlt, das an der Hand des Vaters oder der Mutter am Fußballplatz stehen möchte usf. All dies aber könnte seiner Analytikerin einfallen. Mit der Zeit wird auch Herr A. lernen, dass solche Sätze in Gegenwart seiner Psychoanalytikerin eine andere Bedeutung haben. Dass wir die Äußerungen unserer Patienten auf uns beziehen, sie als Übertragungsmanifestationen verstehen und entsprechend darauf eingehen, gehört zum Sprachspiel und ist *Teil einer Lebensform.*

Den Erwerb der Voraussetzungen zum Erlernen und Spielen von Sprachspielen, den Erwerb der Sprache nennt Wittgenstein »Abrichtung«. Dieses Wort soll darauf verweisen, dass vor aller Aneignung das Zeigen und Vormachen sowie das Nachmachen auf der korrespondierenden Seite stehen. Gebauer spricht hier, verbal vielleicht etwas verdaulicher, von *mimetischen Prozessen.*

> »Nach dem Mimesiskonzept beginnt die Ausbildung von Gesten mit der Herstellung von Gleichheit in Prozessen der Aufführung und stellt eine äußere *und* innere Ordnung der Handlungen her [...] Die anderen sind [uns] ebenso wenig gegeben wie das eigene Ich; [man] muß sie in seine Aufführungen integrieren und auf diese Weise für sich machen (Gebauer 1995, S. 237). [...] Wenn ein Spieler im Sprachspiel die Geste, die er bei einer anderen Person gesehen [oder als sprachliche Geste *gehört* hat, D.P.], selbst aufführt, macht er das Bild seines Körpers zu dem Bild eines anderen Körpers, zu dem Bild des Körpers eines anderen – er generalisiert den Körper zu einem Bild, das sowohl seinen eigenen als auch die anderen Körper einschließt. Das gemeinsame Körperbild ist das wichtigste und erste Objekt der Sprache, eine Art grundlegender Mimesis« (ebd., S. 237).

Das Besondere am Spiel ist u. a. der freie Raum für mimetische Prozesse. Die Angleichung wird zugestanden: Fußballspielen wie Michael Ballack, Trompeten wie Louis Armstrong, Angeln wie Papa, die Haare tragen wie Mama, *ohne* dass sie als Enteignung erlebt werden muss. Man gesteht dem Nachahmenden den Raum zu, sich über mimetische Vorgänge etwas *zu eigen* zu machen. »In diesem Prozess der Angleichung an den anderen«, so Gebauer, »gestaltet sich der Spieler selbst« (ebd., S. 236).

Das gilt auch innerhalb des analytischen Sprachspiels:

»Die Aneignung von Gesten und die Aufführung von Sprachspielen sind komplexe Prozesse der Inkorporierung in einem Zusammenspiel von Tast- und Sehsinn mit der Propriozeption« (ebd., S. 237).

Der Analysand macht sich im Laufe der Zeit nicht nur die Deutungen in Form ihrer Inhalte zu eigen, sondern vielmehr die *Art und Weise* wie er diese Deutungen gehört, ganzkörperlich gespürt hat. Mit welcher Stimme, mit welcher Sprachmelodie, in welchem Tonfall (wohlgemerkt, in jeder stimmlichen Äußerung ist auch eine körperliche Geste verborgen), in welchem Kontext sie gesagt worden sind. Er macht sich auch ihre körperlichen Gesten zu eigen, die er hunderte Male bei der Begrüßung, Verabschiedung und in anderen Situationen gesehen haben mag. In sich trägt er verschiedenste Gesten seiner Analytikerin, körperliche und sprachliche.[25] Wenn er sich ihre Gesten im Laufe der analytischen Aufführung zu eigen macht, und das heißt hier, sich ästhetisch anzueignen vermag, dann gewinnt er einen anderen Blick auf sich, vermag auf Sicht so mit sich umzugehen, wie er ihren Umgang mit ihm erlebt hat.[26]

Nun noch zum letzten der von Fischer-Lichte genannten Punkte einer Aufführung: den Regeln. Diese werden im Prozess der Aufführung ausgehandelt und können damit von *beiden* Seiten befolgt oder gebrochen werden. Dies ist von Bedeutung, weil es mit der Angst, die beim Aufeinandertreffen zweier realer Personen auftritt, in engem Zusammenhang steht.

So auch noch einmal Gebauer:

»Eine Aufführung erzeugt ihre Regeln zum großen Teil im Handeln selbst; sie kann nachträglich überformt werden, indem sie einen besonderen Schliff oder Akzent bekommt, aber die meisten Handlungselemente wie Sprechen, Gehen, Gestikulieren, Körperhaltungen werden aus Bewegung und in Bewegung hergestellt. [...] Eine Regel zeigt nicht, wie eine Handlung auszuführen ist. [...] Regeln besagen eben nicht, *was* man in einer bestimmten Situation zu tun hat, und sie sagen erst recht nicht, *wie* eine bestimmte Person dies tun soll. Hingegen

---

25 Wie sehr wir gar nicht anders können, als uns in dieser Weise auf andere Menschen zu beziehen, zeigt die bahnbrechende Entdeckung der Spiegelneuronen von Gallese et al.
26 Das psychoanalytische Konzept der Identifikation beinhaltet die Vorstellung der Veränderung einer Selbstrepräsentanz nach dem Vorbild einer Objektrepräsentanz. Hier geht es aber auch darum, die leibliche Verankerung der Selbst- und Objektrepräsentanz zu berücksichtigen. Identifikationen sind nicht nur mentale Prozesse im Sinne von »Ich stelle mir vor, XY zu sein«, sondern kommen auch durch konkrete leibliche Nachahmungen zustande.

geben sie Kriterien, Maximen, Richtlinien etc. von korrekten Handlungen an« (ebd., S. 230/231).

Regeln werden also im Gebrauch, während des Vollzugs der Aufführung erlernt. Denn ob eine Handlung in Bezug auf die Anerkennung der Grenzen einer anderen Person korrekt ist, kann letztlich nur diese selbst bestimmen. Ist eine Handlung nicht korrekt, dann wird sie von dem Anderen als Grenzverletzung empfunden.[27] Dies gilt für Analysand und Analytikerin, nur ist auch hier zu erwarten (und zu fordern), dass die Analytikerin sowohl mit den Folgen der Grenzverletzungen, die sie (zwangsläufig) erleidet, als auch mit denen, die sie dem Analysanden (zwangsläufig) zufügt, besser umzugehen vermag.

Hier nun sind die Regeln nicht mit den durch das Setting gesetzten Grenzen zu verwechseln, sondern Regeln in dem genannten Sinne bestehen im Anerkennen der Grenzen des jeweiligen Anderen. Da diese Anerkennungsprozesse im Vollzug der Aufführung ausgehandelt werden, sind sie tatsächlich nicht als gesetzt oder gegeben und damit garantiert und sicher anzunehmen. Dies genau begründet die Angst vor jeglichem Aufeinandertreffen von Menschen, die Angst auch vor dem analytischen Treffen, und zwar auf beiden Seiten. Sicher (zumindest sollte er das sein) ist der psychoanalytische Rahmen, zu Grenzverletzungen kann es jedoch jederzeit kommen. Wenn zwei Menschen leiblich präsent sind, werden alle Arten von gegenseitigem Umgang vorstellbar. Was davon in die Tat umgesetzt wird, hängt von der Anerkennung oder aber den Machtverhältnissen ab. Die Aufführung ist nicht vorhersagbar und gerade darin liegt die durch sie erlebte Bedrohung sowie ihr befreiendes Potenzial, denn die Aufführung, so Fischer-Lichte,

> »eröffnet allen Beteiligten die Möglichkeit, sich im Verlauf der Aufführung als ein Subjekt zu erfahren, das Handeln und Verhalten anderer mitzubestimmen vermag und dessen eigenes Handeln und Verhalten ebenso von anderen mitbestimmt wird [...]« (Fischer-Lichte 2004, S. 287).

Betrachtet man die psychoanalytische Stunde als Aufführung, dann lässt man sich darauf ein, sowohl den Analysanden als auch die Analytikerin als

---

27 Hier geht es nicht um juristische Korrektheit in dem Sinne, dass einem eine Grenzverletzung zugemutet werden muss, wie z.B. bei einer Operation oder dass man sie sich gefallen lassen muss, etwa wenn man in ein Gefängnis eingesperrt wird. Aber auch die Juristen trennen hier, denn der operative Eingriff erfüllt zunächst den Tatbestand der Körperverletzung, die aber vom Patienten *anerkannt* werden muss; dann ist es aber eben kein Regelbruch im obigen Sinne.

sich gegenseitig mitbestimmend zu betrachten. Das bedeutet nicht, dass die grundsätzlich herrschende Asymmetrie, welche durch den Deutungsvorrang der Analytikerin bedingt ist und zu welcher der Analysand sie seinerseits »einlädt«, aufgehoben ist. Wie bei einer Performance im Theater gibt es aber auch einen *Vorrang* bezüglich der Aufführungsgestaltung: So wie die Performance-Künstler oder Schauspieler Vorrang haben (sie haben die Vorbereitungen getroffen, geprobt, sich etwas überlegt usf.) und die Zuschauer dann mit einbezogen werden, so hat in der psychoanalytischen Stunde die Aufführung des Analysanden *Vorrang* (oder sollte sie haben) und die Analytikerin wird mit einbezogen, sodass die gemeinsame Aufführung entstehen kann. Und es ist hier, so wie im Theater, die Inszenierung, welche die Voraussetzungen dafür liefert. Es ist, so Fischer-Lichte, die Inszenierung,

> »die eine bestimmte Situation schafft, der *alle Beteiligten* ausgesetzt sind und mit der sie auf *unterschiedliche* [kursiv durch D.P.] Weise umgehen können« (ebd., S. 287).

Auch dies bestimmt die grundlegende Asymmetrie der psychoanalytischen Situation: Die Fähigkeit und Bereitschaft, sich überhaupt auf eine derart ungewisse Situation *ganz* einzulassen, also möglichst offen zu bleiben und möglichst wenig auf rigide Abwehrmechanismen zurückgreifen zu müssen, dies ggf. zu erkennen und die Situation zu bewältigen, diese Fähigkeit hat die Analytikerin ihrem Analysanden voraus.

Inszenierung als Darstellungs- und Erzeugungsstrategie

Fischer-Lichte macht in ihren Ausführungen auf die sehr wichtige, aber oft vernachlässigte Unterscheidung zwischen *Inszenierung* und *Aufführung* aufmerksam. Auch innerhalb der psychoanalytischen Theorie benutzen wir die Begriffe häufig synonym. Insbesondere hat der Begriff der *Inszenierung* eine gewisse Unschärfe. Wenn wir davon sprechen, dass ein Analysand etwas *inszeniert*, dann meinen wir häufig, dass er uns »eine (unbewusste) Szene macht« und etwas »vorspielt«, dass er unbewusst versucht innere Objektbeziehungen, also Fantasien und Erfahrungen mit den frühen Objekten seines Lebens *in Szene zu setzen*, indem er auf die reale Beziehung zur Analytikerin rekurriert und im *Hier und Jetzt* der Interaktion unterzubringen versucht, wofür es bisher keine Worte gab. Wir haben dann häufig das Gefühl, dass der Analysand einen bestimmten Druck auf uns ausübt. Im eigentlichen Sinne handelt es sich jedoch dabei bereits um die *Aufführung*, um das performative Ereignis.

Was aber ist dann die *Inszenierung*?

Es lohnt sich, die von Fischer-Lichte vorgenommene Unterscheidung dieser Begriffe zu betrachten, da in ihrer Anwendung implizit ganz unterschiedliche, in unserem Falle psychoanalytische Theorien zum Tragen kommen.

Fischer-Lichte weist in ihrer Klärung der Begriffsgeschichte auf die alte Verwendung des Wortes *Inszenierung* hin:

> »Der Begriff der Inszenierung meint im 19. Jahrhundert das Zur-Erscheinungbringen von etwas, das vorgängig ist, ›anderswo‹ existiert [...], dort jedoch nicht den Sinnen anschaulich gegeben ist. [...] Es ist die Aufgabe und Funktion der Inszenierungen, es in Erscheinung treten zu lassen. Inszenierung meint also entsprechende *Darstellungsstrategien* [kursiv durch D.P.]« (ebd., S. 322).

In eben dieser Tradition eines »anderswo« vorgängigen Textes, der mit der Inszenierung zur Darstellung gebracht wird, steht auch die psychoanalytische Definition des Begriffes von Wolf:

> »Die Inszenierung ist die kreative Reproduktion einer Vorlage, eines Textes, der seinerseits auf eine andere Realität verweist« (Wolf 2000, S. 706).

Der Schwerpunkt dieser Definition liegt auf der *Darstellungsfunktion*, darauf, dass etwas den Sinnen zugänglich, »anschaulich« gemacht wird. Zwar sehen beide Definitionen noch einen gewissen kreativen Spielraum, aber strenggenommen legt diese Verwendung des Begriffes die Wiederholung als »reine Wiederholung« in dem Sinne fest, als würde sich etwas nach einem festen Schema rein mechanisch wiederholen, ohne Abweichungen. Der Patient setzt dann seine Vergangenheit nach seinem »inneren Drehbuch« in Szene, in welcher die Charaktere festgelegte Rollen haben. Nun hat der Patient tatsächlich ein solches Drehbuch, allerdings gehen wir implizit alle davon aus, dass diese Wiederholungen offen sind für Veränderungen, d.h. sich die Szene gerade *nicht* so abspielt wie damals. Warum sonst sollte es so etwas wie eine Psychotherapie geben? Selbstverständlich gehen wir davon aus, dass trotz der Rollenzuschreibungen, trotz der Dramatik, mit welcher der Analysand versucht, alten Regieanweisungen zu folgen, etwas Neues[28] entsteht, nämlich in der psychoanalytischen

---

28 Es entsteht das, was Ogden den »analytischen Dritten« nennt: »I use the term *analytic third* to refer to a third subject, unconsciously co-created by analyst and analysand, which seems

Aufführung, also im performativen Akt, in der (versuchten) Umsetzung der Fantasien des Patienten in die Realität des psychoanalytischen Treffens. Keine andere Autorin hat die Anwendung der Theatermetapher auf den psychoanalytischen Prozess so kreativ genutzt wie Joyce McDougall und hat damit unser Verständnis für die Bühne der inneren Objektbeziehungen erweitert und veranschaulicht. So hält sie in ihrem Buch *Theater der Seele* denn auch eine Erweiterung des Inszenierungsbegriffes bereit:

> »Psychische Szenarien sind in einer *unbekannten* [kursiv durch D. P.] Sprache geschrieben. Ihre Dialoge sind unhörbar, zuweilen auf Gesten reduziert. Ihre Charaktere tragen noch keine Namen. Die Dramen des Theaters der Seele erwarten also ihre Inszenierung auf der Bühne der Psychoanalyse. In der Hoffnung, Bedeutungen aufzuspüren und Schmerzen zu lindern, betreten zwei Menschen diese Bühne, um dem Drama der psychischen Wirklichkeit zum Leben zu verhelfen. Der Analysand hat nur vage Erinnerungen als Textgrundlage, etwa das Gefühl, schon einmal an dieser Stelle gewesen zu sein, ohne allerdings genaue Vorstellungen von den Kulissen, den Charakteren oder der Handlung zu haben, auf die er trifft« (McDougall 1982, S. 17).

Dieser Inszenierungsbegriff erschöpft sich hier nicht mehr nur in einer *Darstellungsfunktion*, der es darum zu tun ist, etwas Vorgängiges, Vorgegebenes anschaulich zu machen, und zwar deswegen nicht, weil dieses im Theater des Unbewussten auch gar nicht möglich ist. Es geht eben nicht darum, einen unbewussten Text einfach »ins *Bewusste*« zu übersetzen, als sei dies gleichsam derselbe Text, nur in unterschiedlichen Sprachen niedergelegt.[29] Auf der psychoanalytischen Bühne haben wir es mit einer *unbekannten* Sprache zu tun, einer Sprache, welche zuerst das Unbewusste der Eltern in sich birgt, zu dem später das eigene Unbewusste hinzutritt. Es ist eine Sprache, welche durchdrungen ist von den Narben der eigenen Verletzungen und denen der elterlichen Verwundungen. Entsprechend geht es während des psycho-

---

to take on a life of its own in the interpersonal field between analyst and patient« (Ogden 1999, S. 1).

29 Die Lacan'sche Redeweise, dass das Unbewusste wie eine Sprache konstruiert sei, mag dieses Bild nahelegen, dennoch scheint mir damit die gesamte sinnliche unbewusste Welt ausgeklammert. Das Erleben eines Sonnenaufganges oder eines kühlen Bades im Meer sind ja durchaus bewusste Vorgänge, für die wir je nach unseren kreativen sprachlichen Möglichkeiten auch »passende« Worte finden können, aber natürlich sind wir uns oft schmerzlich bewusst, dass diese Worte manchmal nur einen Teil des Erlebten ausdrücken können. Entsprechend ist es für manche Menschen leichter, derartige Erlebnisse in der »Sprache« der Musik, der Malerei usf. auszudrücken.

analytischen Prozesses nicht nur darum, die alte, unbekannte Sprache zu übersetzen, die den Narben zugrundeliegenden einst verletzenden Einflüsse zu ergründen, sondern es geht auch darum, eine eigene Sprache zu erwerben. Der Analysand bringt, wenn man so will, ein »Rudiment« mit, welches zum Teil aus »Text«, zum Teil aus sinnlichen Eindrücken, Gerüchen, Geräuschen und Gefühlen besteht, und dieses »Rudiment« soll auf der psychoanalytischen Bühne zum Leben erweckt, *verwirklicht* werden. Das heißt, dass nicht nur etwas zur Darstellung gebracht werden soll, sondern dass überhaupt etwas kreiert, geschaffen, erzeugt wird, und zwar von *beiden* Teilnehmern, und dies läuft, wenn alles gut geht, auf eine *Verwandlung* beider hinaus.

Entsprechend schlägt Fischer-Lichte eine andere Definition des Begriffes der Inszenierung vor:

> »Ich definiere daher Inszenierung als den Vorgang der Planung, Erprobung und Festlegung von Strategien, nach denen die Materialität der Aufführung performativ hervorgebracht werden soll, wodurch zum einen die materiellen Elemente als gegenwärtige, in ihrem phänomenalen Sein in Erscheinung treten können, und zum anderen eine Situation geschaffen wird, die Frei- und Spielräume für nicht-geplante, nicht-inszenierte Handlungen, Verhaltensweisen und Ereignisse eröffnet. (Fischer-Lichte 2004, S. 327). [...] Es ist die Inszenierung, welche Frei- und Spielräume schafft, in denen sich Unvorhergesehenes und Unvorhersagbares ereignen kann« (ebd., S. 329).

So ist denn folgerichtig für Fischer-Lichte eine *Inszenierung* »keine Darstellungs-, sondern eine Erzeugungsstrategie. Sie bringt die Gegenwärtigkeit dessen hervor, was sie zeigt« (ebd., S. 324). Die Autorin versteht die Inszenierung eben als planende Vorbereitung, als Konzeption und Strategie der Aufführung, in welcher sich, auch über das Geplante hinaus, etwas ereignet.

Ganz ähnlich wird dieser Begriff auch von Böhme verstanden:

> »[...] etwas oder jemanden zu inszenieren bedeutet, ein Arrangement zu schaffen, das sein Erscheinen ermöglicht und durch Korrespondenzen steigert« (Böhme 2001, S. 121).

Hier nun ergibt sich für die psychoanalytische Anwendung des Begriffes eine Schwierigkeit. Wie lässt sich der hier intentional verstandene Begriff – man inszeniert etwas, um eine bestimmte Wirkung zu erzielen – auf die Psychoanalyse anwenden? Eine »unbewusste Inszenierung« wäre dann eigentlich ein Paradoxon.

In diesem Sinne verstanden, gehört zur psychoanalytischen Inszenierung *das gesamte psychoanalytische Setting*. Damit meine ich sowohl den materiellen Rahmen wie Behandlungszimmer, Couch-Sessel-Anordnung, regelmäßige Termine, die Regeln der Technik (Grundregel, Deutungstechniken usf.) als auch *die besondere Wahrnehmungseinstellung der Psychoanalytikerin*, ihre Fähigkeit zur gleichschwebenden Aufmerksamkeit, zur Rêverie, ihre Fähigkeit sich sinnlich berühren und *verwandeln* zu lassen. Es ist dies das »Arrangement«, welches ein Erscheinen ermöglich soll.

Eine ähnliche Sicht scheint auch Bollas zu vertreten, wenn er schreibt:

> »Der psychoanalytische Prozeß ist eine Erinnerung an jene Urbeziehung, und das Handeln des Psychoanalytikers ist eine Form der Gegenübertragung, denn *er* holt durch *Reinszenierung* [kursiv durch D.P.] die damalige Situation mit dem Verwandlungsobjekt in die Gegenwart. Was Freud bei sich selbst nicht zu analysieren vermochte – die Beziehung zur eigenen Mutter – bildete er in seiner Schöpfung des psychoanalytischen Raumes und Prozesses ab« (Bollas 1987, S. 38).

Dazu gehören aber auch die Fähigkeiten des Analysanden, sich auf dieses Setting einzulassen, die Deutungsasymmetrie zumindest irgendwann und in einem bestimmten Rahmen zu akzeptieren, mehr noch, sich darauf einlassen zu können, seine Geschichte mit seinen darstellerischen Mitteln zu erzählen, und dazu gehört seine Fähigkeit, die Regression zu ertragen.

In diesem Sinne ist die Inszenierung keine bloße *Darstellungs*-, sondern auch eine *Erzeugungsstrategie*. Ich glaube, man kann hier auf die erneute Dichotomisierung, entweder Darstellungs- oder Erzeugungsstrategie, verzichten. Eine Inszenierung möchte etwas zur Darstellung bringen, den Sinnen anschaulich werden lassen *und* etwas erzeugen. »Sie bringt die *Gegenwärtigkeit* (kursiv durch D.P.) dessen hervor, was sie zeigt« (Fischer-Lichte 2004, S. 324). Der Analysand »wiederholt« nicht bloß seine Vergangenheit, indem er sie »in Szene setzt«, sondern er erlebt gerade eine neue, bis dahin eben noch nicht da gewesene Situation. Diese Situation entsteht gerade eben und nur durch das psychoanalytische Setting im oben verstandenen Sinne. Er mag zwar am Arbeitsplatz, mit seiner Freundin, im Sportverein und bei anderen Gelegenheiten »wiederholen«, aber die dann entstehende Aufführung ist eine jeweils völlig andere als im Behandlungszimmer. Bollas spricht in diesem Zusammenhang von der *Einladung zur Regression* (Bollas 1987, S. 267). Dies ist auch deshalb eine so gelungene Formulierung, weil eine Einladung eine Verpflichtung oder Verantwortung zur Folge hat, nämlich das Angebot ernst zu meinen. Mir scheint, dass es für uns zuweilen hilfreich sein könnte, uns dieser von uns ausgesprochenen *Einladung* zu erinnern, um unseren Teil der Verantwortung für das, was in einer psychoanalytischen Stunde geschieht, übernehmen zu können, um nicht allzu schnell den versteckten moralischen Anklagen zu erliegen, die in Formulierungen wie »der Analysand hat etwas mit mir gemacht«, »er manipuliert seine Analytikerin« usf., stecken können. Natürlich »macht« er etwas mit mir und natürlich versucht er mich unbewusst zu manipulieren, aber ich hatte doch auch eine Einladung ausgesprochen, die Einladung dazu, *uns* etwas *gegenwärtig* werden zu lassen. Es ist wichtig, sich zu vergegenwärtigen, dass die Inszenierung eben nicht nur etwas, das schon da ist, zur Erscheinung bringt, sondern auch etwas *erzeugt*. Mit der psychoanalytischen Inszenierung werden die Freiräume geschaffen, in denen sich *Unvorhersagbares*, d. h. jenes, das wir in unseren vorangehenden psychodynamischen Überlegungen gerade noch nicht erfassen konnten, ereignen kann. Damit erzeugt sie eine neue Wirklichkeit.

Nimmt man das ernst, dann kann man es einem Analysanden nicht übel nehmen, wenn er die Einladung annimmt. So schreibt Bollas:

»Die wichtigste Vorbedingung für die Weiterentwicklung des regredierten Patienten aber besteht darin, daß der Analytiker dem Phänomen der Regression mit Verständnis begegnet. Diese Verständnisbereitschaft kommt einer Grundqualifikation gleich. Denn wenn der Analytiker (durch seine Ausbildung, durch die eigene Analyse oder aus anderen Gründen) imstande ist zu verstehen, dann *fördert er damit den Analysanden in seiner Fähigkeit*, das Phänomen so zu gestalten, dass es für ihn Früchte trägt. Eine Bedingung für die Regression auf Abhängigkeit ist demnach die innere Haltung des Analytikers« (Bollas 1987, S. 268).

Diese Grundqualifikation des Analytikers, seine innere Haltung, besteht darin, seinerseits die Fähigkeit zur Inszenierung zu entwickeln und seine Inszenierungen auszuhalten und zu verantworten.

Die *Inszenierung*, auch die psychoanalytische, unterscheidet sich mithin deutlich von der *Aufführung*, und zwar insofern, als sie die »Voraussetzung« für die Aufführung bildet, denn die Aufführung entsteht erst durch die »Wahrnehmung« der Zuschauer.[30]

---

30 Dies ist genau jener Gesichtspunkt, um den Hübner das Verständnis des Konzeptes der *projektiven Identifikation* erweitert sehen möchte (s. S. 54ff.).

»Das heißt, der Prozeß der Inszenierung geht gerade von dem Unterschied zwischen Inszenierung und Aufführung aus, von der Einsicht, daß es erst die Wahrnehmung der Zuschauer und ihre Reaktion auf das Wahrgenommene sind, also die leibliche Ko-Präsenz von Akteuren und Zuschauern, welche die Aufführung erschaffen (Fischer-Lichte 2004, S. 327). [...] Denn es ist die Inszenierung, die jeweils auch spezifische Strategien zur Erregung und Lenkung von Aufmerksamkeit entwirft« (ebd., S. 330).

Nun kommen wir auf das zweite große Ziel der Inszenierung zu sprechen: Neben der Schaffung von Freiräumen, die Platz lassen für Unbestimmtes und Unvorhersagbares, will sie durchaus auch etwas ganz Bestimmtes:
   Sie will Aufmerksamkeit erregen, sie will wahrgenommen werden und sie will eine Reaktion!
   Sie will eine Aufführung erschaffen!
   Spätestens an dieser Stelle wird deutlich, dass es sich beim Übergang von der Inszenierung zur Aufführung, um den Übergang von einem Ein-Personen-Stück zu einem Zwei- oder Mehr-Personen-Stück handelt! Die Inszenierung, sei es die auf der Bühne im Theater oder jene auf der Bühne der Psychoanalyse, will in jedem Fall eines: den Kontakt, die Berührung. Sie findet, wenn man so will, zunächst innerhalb eines geschlossenen Systems statt, in der Fantasie des Regisseurs, in den bewussten und unbewussten Fantasien des Analysanden; die Öffnung zur Außenwelt geschieht erst im Rahmen der Aufführung. Um auf Aristoteles zurückzukommen: Die Inszenierung ist eine *erste Vollendung*, die Möglichkeit einer Tätigkeit. Erst in der gelungenen Aufführung, in welcher die Inszenierung vom Zuschauer wahrgenommen wird, erhält jene eine Form und ist damit kein psychisches Drama mehr, welches sich *in Möglichkeit*, sondern *in Wirklichkeit* befindet. Damit ist sie auch zwingend auf das Wahrgenommen-Werden angewiesen. »Dem Drama der psychischen Wirklichkeit«, so lauten die Worte McDougalls, wird »zum Leben verholfen«. Mithin ist der Begriff der Inszenierung ein ästhetischer Begriff insofern, als er stets auf den Begriff der Wahrnehmung bezogen ist. Warum sollte man etwas inszenieren, wenn es keinen Zuschauer gibt?
   Nun könnte man weiter fragen, wofür denn Berührung, die Verwirklichung des inneren psychischen Dramas, benötigt wird. Die Antwort lautet, es ist das Ziel der Aufführung, auch der psychoanalytischen, »beide« Teilnehmer zu verwandeln (Pflichthofer 2005, S. 346).
   Holderegger bleibt zwar in seiner Definition der Inszenierung, sich auf Doris Bischof-Köhler beziehend, zunächst noch der älteren Tradition des Inszenierungsbegriffes verhaftet, wenn er schreibt:

»Die innere Welt der Beziehungsstrukturen, der Niederschlag vielfältiger Erfahrungen mit den wichtigen Figuren des bisherigen Lebens, ›die abstrakte Textform‹ sozusagen, wird immer wieder ›in Anschauung transformiert‹, d. h. in aktuellen Beziehungen wiederbelebt, durchaus in einem ›eigenständigen schöpferischen Akt‹, der die Wahrnehmung und Gestaltung der Gegenwart nach altem Muster zu organisieren vermag« (Holderergger 2005, S. 155).

Zwar spricht er von einem »eigenständigen, schöpferischen Akt«, nur wird nicht ganz deutlich, worin dieser besteht, denn anschließend heißt es, die Wahrnehmung werde nach dem alten Muster organisiert. Etwas später aber geht Holderegger über sich selbst hinaus, wenn er schreibt:

»Alles Erlebte drängt in ganz grundsätzlicher Weise nach Mitteilung, nach dem Vom-anderen-wahrgenommen-Werden. Und Erinnerung kann oft nur durch Kommunikation, d. h. innerhalb einer Beziehung, so verändert werden, daß sie ein integrativer Bestandteil der inneren Welt ist. (ebd.) [...] Oft geht es in der Inszenierung [...] um die Darstellung von Erfahrungen, die in der bisherigen Ich-Entwicklung keine befriedigende Integration gefunden haben und die deshalb immer wieder zur Mitteilung kommen müssen, bis sie in einer gelungenen zwischenmenschlichen Kommunikation in einer Weise transformiert werden können, dass eine *innere Verwandlung* [kursiv durch D. P.] möglich wird« (ebd., S. 158).

Hier zeigt sich das Problem der Unschärfe des Inszenierungsbegriffes, denn mit dem bisher Erarbeiteten lässt sich nun sagen, dass es die Inszenierung ist, welche zur Wahrnehmung einladen, aufrufen, verführen möchte. Die Inszenierung sucht immer ein Objekt, welches sich bereit zeigt, wahrzunehmen und dadurch sich verwandeln zu lassen. Die Verwandlung aber, die Transformation kann nur, wie Holderegger richtig feststellt, im Rahmen einer »gelungenen zwischenmenschlichen Kommunikation« stattfinden, im Rahmen der Aufführung, die dann aber, so möchte ich noch einmal betonen, ein schöpferischer Akt beider Beteiligten ist.[31]

Zusammenfassend können wir also festhalten, dass der Begriff der *Inszenierung* mit jenem der *Wahrnehmung* auf der anderen Seite verknüpft ist und damit ästhetische Qualität hat.

---

31 Die Schwierigkeiten der Anerkennung dieser Tatsache sind uns besonders aus der Behandlung narzisstischer Patienten bekannt, für die es zunächst unmöglich sein kann, die schöpferische Potenz ihrer Analytikerin, deren kreativen Beitrag zu ihrer *Verwandlung,* wahrzunehmen und auszuhalten.

»Der Begriff der Inszenierung betrifft also die ästhetische Arbeit in allen denkbaren Aufführungsarten. (Fischer-Lichte 2004, S. 331). [...] Es ist die Inszenierung, die darauf hinwirkt, dass einerseits das Erscheinende, auch das Unscheinbare, Gewöhnliche auffällig wird, ja transfiguriert erscheint und andererseits der Wahrnehmende im Akt der Wahrnehmung bemerkt, wie die Bewegungen, Licht, Farben, Laute, Gerüche etc. ihn affizieren, ja transformieren. Inszenierung lässt sich in diesem Sinne auch als ein Verfahren bestimmen und beschreiben, das auf die Wiederverzauberung der Welt – und die Verwandlung der an der Aufführung Beteiligten – zielt« (ebd., S. 330).

Böhme versteht unter dem Begriff der »ästhetischen Arbeit«, noch erweiternd,

»[...] die Herstellung von Atmosphären. Auf Seiten der Rezipienten ist sie eine Theorie der Wahrnehmung im unverkürzten Sinne. Dabei wird Wahrnehmung verstanden als die Erfahrung der Präsenz von Menschen, Gegenständen und Umgebungen« (Böhme, 1995, S. 25).

Mithin müssen beide, Analysand und Analytikerin, die Fähigkeit besitzen, ästhetische Arbeit zu leisten, d. h. sich verwandeln zu lassen. Die Analytikerin allerdings muss in dieser Fähigkeit ihrem Analysanden vorausgehen, auch das gehört zur psychoanalytischen Asymmetrie. Sie muss sich verwandeln, sich psychisch berühren und affizieren lassen und diese Verwandlungen, ein ums andere Mal überleben, damit ihr Analysand seinerseits Mut fassen kann, sich verwandeln zu lassen. Und das ist für den traumatisierten Patienten kein leichtes Unterfangen, denn seine letzte »Verwandlung«, seine letzte »Verzauberung« bestand ja gerade in der Traumatisierung.[32]

Wer verwandelt wen?

Es ist also insbesondere die Fähigkeit, sich verwandeln zu lassen, von welcher letztlich auch das Gelingen des psychoanalytischen Prozesses abhängt, und zwar die Fähigkeit *beider* Teilnehmer, sich *voneinander* verwandeln zu lassen. Vermutlich ist dies sogar die Klippe jeder psychoanalytischen Be-

---

32 Wir haben Holderegger den wunderbaren Hinweis zu verdanken, dass die Verzauberung im Märchen häufig für die erlittene Traumatisierung steht, welche zu einem Selbstverlust geführt hat, und dass es eines »unerschrockenen Retters« bedarf, der sich getraut den Kampf mit Hexen, Drachen und Dämonen aufzunehmen, um den Zauber aufzuheben (Holderegger 1998).

handlung. Gelingt dies dauerhaft nicht, löst es in der Regel auf beiden Seiten Verzweiflung aus: bei der Analytikerin, weil sie nicht erkennen kann, dass der Analysand »Fortschritte« macht, d. h. zu einem stabileren, ich-syntoneren Selbsterleben kommt, beim Analysanden, weil er das Gefühl hat, es erneut mit einem unerreichbaren Objekt zu tun zu haben, da er seine Verwandlungsresistenz gezwungenermaßen seiner Analytikerin zuschreibt und nicht weiß (und auch nicht wissen kann), dass sie eher das Resultat seiner, aus guten Gründen, eingeschränkten Wahrnehmung ist. Es war für das damalige Kind der einzige Weg sich zu schützen, sich des *Zuviels* an sinnlichen Eindrücken zu erwehren.

Wir haben Wulf Hübner ein äußerst kreatives Konzept zu verdanken, welches sich mit der Frage, wie denn eine solche Verwandlung praktisch vor sich gehe und was darunter genau zu verstehen sei, beschäftigt. In seiner Arbeit *»Jenseits der Worte«. Versuch über projektive Identifizierung und ästhetische Erfahrung* geht er der Frage nach, wie der so oft beschriebene »Druck«, den Psychoanalytiker besonders in der Behandlung frühtraumatisierter Patienten spüren, zustande kommt, wo doch im Couch-Setting nur geredet werde (Hübner 2006, S. 321). Wie kommt es zustande, dass »jemand einem anderen ein eigenes Gefühl aufzwingt, indem er ihn durch sein Verhalten dazu bringt, es seinerseits auch zu fühlen« (ebd.), und – so würde ich hinzufügen – wozu soll das gut sein? Üblicherweise versuche man, solche Prozesse, so Hübner, mit dem Konzept der *projektiven Identifikation* zu erklären, allein, es handelt sich dabei eher um eine Beschreibung der Prozesse, also um ein In-Worte-Fassen, *dass* es geschieht.

Um zu erklären, *wie* es geschieht, dafür mangelte es bisher an einem triangulierenden Konzept, was in der eher dyadisch strukturierten Theorie, welche sich in Sätzen wie »der Patient *macht* etwas mit seiner Analytikerin, *manipuliert* sie, *legt* etwas in sie hinein, *übt Druck* aus usf.« begründet ist. Zwar gesteht man dem Patienten dabei eine *unbewusste* Aktivität zu, aber strukturell bleibt die Teilung in einen *aktiven* (»Täter«-)Patienten und eine *passive* (»Opfer«-) Analytikerin bestehen. Der eine *tut* etwas mit der anderen, die erleidet und versteht. Hübner hat diesen dyadischen Raum nun geöffnet, indem er der Rezeptivität des Analytikers wieder ihre *aktive* Komponente zugesteht.

»Die Beschreibung *der Patient legt etwas in seine Analytikerin hinein* [ist] zu einfach und muß um die Aktivität der Analytikerin erweitert werden« (ebd., S. 324).

Diese Aktivität der Analytikerin besteht in ihrem *Sicheinlassen* auf ihre Wahrnehmung (ebd., S. 331). Hübner beruft sich zur weiteren Klärung des Verwandlungsvorganges auf das Konzept der *Atmosphären*, welches der Philosoph Böhme ausgearbeitet hat, und nutzt dieses, um einen Raum zu eröffnen, in dem sich Analytikerin und Analysand begegnen können.

Dass wir es in dem Aufeinandertreffen mit unseren Patienten immer auch mit »Atmosphären« zu tun haben, erscheint häufig unter Verwendung anderer Begriffe in der psychoanalytischen Literatur:

So sind für Bollas »Stimmungen« jene Zustände, »die eine Erinnerungsumwelt entstehen lassen, in der das Individuum Erfahrungen und Seinszustände aus der Säuglings- und Kinderzeit wiederbelebt und wiedererschafft« (Bollas 1987, S. 114). Jean Laplanche spricht vom »Milieu« der Analyse als einer »Grundübertragung« in dem Sinne, »in dem man von einer ›Umwelt‹ spricht« (Laplanche 1992, S. 180). Ein Milieu, so Laplanche, sei etwas, woran man sich gewöhne und das man schließlich nicht mehr bemerke (ebd.). Greenson spricht ebenfalls von »Stimmungen« als von etwas, das »dem Gemütszustand oder dem Charakter eine bestimmte Färbung verleiht« (Greenson 1954, S. 25).

In der Tat finden wir bei Böhme eine theoretische Erweiterung dessen, was wir in der Psychoanalyse häufig unter dem Begriff der *Stimmungen* oder des *Klimas* (Balint)[33] zusammenfassen. Es lohnt sich also ein kleiner Ausflug in das Böhme'sche Konzept der Atmosphären, bevor wir zu Hübners Anwendung auf den psychoanalytischen Prozess zurückkehren.

Für Böhme ist der erste Wahrnehmungsgegenstand überhaupt »die Atmosphäre oder das Atmosphärische« (Böhme 2001, S. 45). Uns ist dies vertraut, wenn wir in einer Situation sind, in der wir eine *Atmosphäre* spüren, beispiels-

---

33 Für Balint ist ein Wechsel der *Atmosphäre* oder des Klimas ein wichtiges Zeichen für das Erreichen des Niveaus der *Grundstörung*: »Plötzlich und schleichend ändert sich das Klima der analytischen Situation ganz erheblich. [...] Diese tiefgreifende Veränderung der Atmosphäre hat verschiedene Aspekte. Im Vordergrund steht die Tatsache, daß die vom Analytiker gegebenen Deutungen vom Patienten nicht mehr als Deutungen aufgefaßt werden. Stattdessen empfindet er sie als Angriffe, Forderungen, gemeine Unterstellungen, unverdiente Grobheit oder Beleidigung, Ungerechtigkeit oder zumindest Rücksichtslosigkeit; umgekehrt kann es auch sein, daß die Deutung des Analytikers als sehr angenehm und befriedigend empfunden wird, als erregend oder einlullend, als verführerisch, im allgemeinen als unbestreitbares Zeichen von Beachtung, Zuneigung oder Liebe. Es kommt hinzu, daß gewöhnliche Worte, die bis dahin eine feststehende, konventionelle, ›erwachsene‹ Bedeutung besaßen und ohne weiteres benützt werden konnten, plötzlich unendlich bedeutungsschwanger und schwerwiegend im guten oder schlechten Sinne werden« (Balint 1968, S. 28).

weise die von einer Gruppe ausgehende Atmosphäre, zu welcher wir uns gerade dazugesellen. Wir wissen noch gar nicht so recht, worüber gesprochen worden ist, erst recht nicht, wer welche Standpunkte eingenommen hat und welche Affekte eine Rolle spielen, aber wir spüren beispielsweise eine *atmosphärische* Spannung. Wir fühlen uns vielleicht unwohl, verunsichert, haben das Bedürfnis nach Aufklärung oder schlicht das Bedürfnis die Gruppe wieder zu verlassen. Das alles vermittelt sich über die körper- und wortsprachlichen Gesten der anderen Gruppenmitglieder. Spüren aber kann ich es nur, wenn ich mich darauf einlasse, für einen Moment die Stimmung in mich aufnehme. Böhme nennt diesen Vorgang *Ingression*:

> »Hier ist die Atmosphäre etwas, das zunächst deutlich von mir unterschieden ist. Es hat zwar emotionalen Charakter, es ist eine Stimmung, die aber *noch nicht meine* [kursiv durch D. P.] ist, sondern mich vielmehr in einer bestimmten Weise anmutet« (ebd., S. 47).

Dies steht im Gegensatz zum *Diskrepanz*-Erleben, wenn man selber bereits in einer bewussten Stimmung, z. B. traurig, ist und in eine gänzlich anders gelagerte Atmosphäre, z. B. eine fröhliche, hineingerät.[34]

> »Beide Erfahrungen implizieren eine Differenz zwischen mir und der Atmosphäre, wodurch die Atmosphäre dann wirklich als Gegenstand der Wahrnehmung angesprochen werden kann« (ebd., S. 46).

Diese Herleitung erlaubt Böhme den wichtigen Schluss, dass »der Gegenstand der Wahrnehmung nicht ein Ding zu sein braucht und nicht einmal eine Eigenschaft oder ein Zustand eines Dinges« (ebd. S. 39), sondern wir sind in der Lage, *Atmosphären* wahrzunehmen, welche gewissermaßen ein drittes Element zwischen mir und dem Wahrnehmungsgegenstand sind, wenn ich mich darauf einlasse, und das heißt, so Böhme:

> »Atmosphären werden gespürt, indem man affektiv von ihnen betroffen ist« (ebd., S. 46). Atmosphären sind ›weder Zustände des Subjektes noch Eigenschaften des Objektes. Gleichwohl werden sie nur in *aktueller* [kursiv durch D. P.] Wahrnehmung eines Subjektes erfahren und sind durch die Subjektivität

---

34 In einem solchen Fall werde man, so Böhme, von der Tendenz getroffen, umgestimmt zu werden (Böhme 2001, S. 48). Zwar werde diese Tendenz abgewehrt oder »bleibe irgendwie stecken«, führt aber dennoch zu einer Modifikation meiner Traurigkeit, indem sie mir möglicherweise, durch das Angemutetsein der Atmosphäre »draußen« fremd wird, d. h. mein Selbstbezug verändert sich quasi etwas gewaltsam.

des Wahrnehmenden in ihrem Was-Sein, ihrem Charakter, mitkonstituiert. [...] Das heißt also, Atmosphären sind etwas *zwischen* Subjekt und Objekt‹ [ebd., S. 54]. [...] Sie sind Räume, insofern sie durch die Anwesenheit von Dingen, von Menschen oder Umgebungskonstellationen [...] ›tingiert‹ sind. Sie sind selbst Sphären der Anwesenheit von etwas, ihre *Wirklichkeit* [kursiv durch D.P.] im Raume, [...] also etwas, das von den Dingen, von Menschen oder deren Konstellationen ausgeht und geschaffen wird« (Böhme 1995, S. 33–34).

Alltagssprachlich reden wir von der »Ausstrahlung«, die jemand hat. Auch der Gebrauch dieses Wortes weist auf den räumlichen Charakter des Wortes hin, der insofern von Bedeutung ist, als dann, wenn eine Atmosphäre wahrgenommen wird, sich beide, Subjekt und Objekt, in ihr befinden, von ihr umfangen sind.

»Wahrnehmung ist eine Einheit von Subjekt und Objekt, ein Kopplungszustand. [...] Die Atmosphäre ist die Anregung eines *gemeinsamen* Zustandes von Subjekt und Objekt« (Böhme 2001, S. 56).

Dieser *gemeinsame Zustand* ist in der Wahrnehmung gegenwärtig, er ist *jetzt* spürbar, und zwar für das Subjekt der Wahrnehmung, welches sich darauf eingelassen hat. Im Gegensatz zu Böhme, der den gemeinsamen Zustand von Subjekt und Objekt zwar so versteht, dass beide »zu einem System« werden, »nicht aber in der Art, daß sie sich dadurch verändern, sondern in der Art, daß sie neue gemeinsame Zustände haben« (ebd., S. 56), geht Hübner hier einen Schritt weiter und versteht diesen *gemeinsamen* Zustand folgerichtig als *Verwandlung* des wahrnehmenden Subjektes.[35]

»Dieser Umstand deutet darauf hin, daß Atmosphären unser Befinden verändern, wenn wir uns auf ihre Wahrnehmung *einlassen*. *Wenn* wir uns darauf einlassen, haben wir, für einen Augenblick [...] ein Objektbeziehungsproblem: Ich-Pol und Objektpol, Innen und Außen sind nicht mehr unterschieden, wir sind ergriffen und haben noch nicht begriffen, wir werden verwandelt und können insofern unseren Selbstzustand nicht aufrechterhalten. [...] Für kürzere oder

---

35 Hier steckt bei Böhme ein entscheidender Widerspruch, denn das Teilen eines Zustandes, den ich vorher nicht hatte, das Teilen eines Gefühls mit einem anderen, welches ich vorher nicht gefühlt habe, ist nicht denkbar, ohne dass ich eine innere Veränderung erfahre. Wie lange diese andauert, ist hier nicht die Frage, aber es ist möglich, dass Böhme mit seiner Aussage, Subjekt und Objekt veränderten sich nicht, eine solche andauernde strukturelle Veränderung meint. Dennoch: Von entscheidender Bedeutung ist hier, dass es sehr wohl zu einer inneren Veränderung kommt, wenn ich mich von der Atmosphäre anregen lasse, und es unter Umständen erheblichen psychischen Aufwand bedeuten kann, diese Veränderung auszuhalten.

längere Zeit fehlt uns die reflexive Selbstdistanz, die ›als ob‹ oder auch ›dritte Position‹« (Hübner 2006, S. 331–332).

Eine solche innere Verwandlung versteht Hübner mit Bollas als *ästhetische Erfahrung*. Sich auf die *Allgemeine Verführungstheorie* von Laplanche beziehend, sieht Hübner eine solche Verwandlung als *Verführung*,[36] in dem Sinne, dass der Andere für einen Moment Vorrang hat und in jeder seiner Gesten (sprachlich und körperlich) eine ihm selbst unbekannte Botschaft mitläuft, der sich der »Empfänger«, wenn er sich auf das Empfangen einlässt, nicht entziehen kann, d. h. er *muss* sie zu entschlüsseln versuchen. In diesem Sinne enthält die Verwandlung ein Element von Gewalt. So ist auch die Redeweise von »Traumatisierung« bei Hübner zu verstehen:

> »Der Analytiker, der diese Atmosphäre wahrnimmt, läßt sich darauf ein, sich von ihr gefangen nehmen zu lassen, er läßt sich darauf ein, den Zustand des Subjektes, die von ihm verkörperten Stimmungen, zu teilen, er läßt sich darauf ein (flüchtig) traumatisiert zu werden« (ebd., S. 336).

Ganz ähnlich beschreibt Gadamer, was uns widerfährt, wenn wir uns auf ein künstlerisches Werk einlassen:

> »Wenn uns ein Werk erreicht, dann ist da nichts mehr von einem Objekt, das uns gegenüber ist, das wir übersehen und auf eine begriffliche Sinnintention hin durchsehen. Es ist umgekehrt: Das Werk ist ein Ereignis. Es erteilt uns einen *Stoß, es stößt uns um*, indem es eine eigene Welt aufstellt, in die wir gleichsam hineingezogen werden« (Gadamer 1993, S. 58).

Gadamer beschreibt hier den gleichen Vorgang, den Moment der ästhetischen Aneignung, in dem wir uns, hier in die von einem Kunstwerk ausgehende Atmosphäre, hineinziehen lassen und für diesen Moment der Sinninterpretation enthoben sind. In diesem Moment aktualisiert sich das Kunstwerk in uns, in dem es uns ergreift, wir es erleiden, da wir für einen Augenblick von ihm bestimmt werden.

Indem sich die Analytikerin in dem von Hübner beschriebenen Sinn einlässt, öffnet sie sich für die vom Patienten unbewusst erzeugten Atmosphären, die Bestandteil des impliziten Beziehungswissens, als solche im aristotelischen Sinne formlos sind, sozusagen reine Materie, und im performativen Akt, also

---

36 Unter *Verführung* versteht Hübner »das Befriedigen eines vorhandenen Wunsches über das gewünschte Maß hinaus« (Hübner 2001, S. 452).

in der Ko-Präsenz von Analysand und Analytikerin und im Akt der Wahrnehmung der Analytikerin und ihrer anschließenden Selbstdistanzierung, ihre Form finden. Die »flüchtige Traumatisierung« besteht für Hübner im vorübergehenden Verlust unseres Selbstzustandes und der reflexiven Selbstdistanz.

So findet er am Ende eine Antwort auf die Frage, worin denn der vielzitierte »Druck« auf die Analytikerin bestehen mag, sich auf die Inszenierung des Analysanden einzulassen: Er ist

> »ein Element der Wahrnehmung des Analytikers selbst, der sich auf die sinnliche Wahrnehmung der körpersprachlichen Präsenz des Patienten und die von ihr erzeugten Atmosphären einlässt […], wobei die vom Patienten inszenierte, aktualisierte Weise des Zusammenseins-mit-dem-Anderen im Analytiker lebendige, gespürte Gegenwart erhält« (Hübner 2006, S. 344).

Wir begegnen hier den aristotelischen Überlegungen zur sinnlichen Wahrnehmung wieder: Indem etwas, und hier der Analytiker, von einem Zustand möglicher Wahrnehmung in jenen der realisierten Wahrnehmung übergeht, erfahren sowohl das wahrnehmende Subjekt als auch das wahrgenommene Objekt, hier der Analysand, einen Zuwachs an Wirklichkeit, sie teilen in diesem Moment dieselbe Wirklichkeit.

> »Mit dieser zweiten Wirklichkeit (der aktualisierten Sinnesqualität) geht das Objekt in das Wahrnehmungssubjekt ein und ist in ihm als Objekt ohne Materie wieder vergegenwärtigt« (Seidl 1995, S. 256).

Wie würden sagen, in diesem Moment hat der Analysand seinen Analytiker erreicht, und es ist zunächst allein dieser Vorgang, der von Bedeutung ist, noch vor allem intellektuellen Verstehen.

Hübner wollte eine »Lücke« im Verständnis des Begriffes der projektiven Identifikation schließen, welche sich daraus ergab, dass diese zum einen als reine Fantasie des Patienten verstanden und zum anderen in den nach-kleinianischen Überlegungen um die interaktionelle Dimension, die tatsächliche emotionale Veränderung im Analytiker, erweitert wurde. Tatsächlich zeigt Hübner in seinem Beitrag eine Möglichkeit, diese »Lücke« zu schließen, allerdings nicht nur jene im Konzept der projektiven Identifikation.

Die Erweiterung um das Konzept der Atmosphären sowie die Herausarbeitung der Tatsache, dass der häufig zitierte und gefühlte Druck Teil der Wahrnehmung der Analytikerin ist, scheint mir für das Verständnis des gesamten psychoanalytischen Prozesses hilfreich. Die Tatsache, dass wir immer wieder

Gefühlszustände mit unseren Patienten teilen, mit diesen identifiziert sind, macht uns selbstredend in jenen Fällen am meisten zu schaffen, in denen diese Gefühlszustände uns fremd erscheinen und schwer auszuhalten sind. Es ist sicher kein Zufall, dass der Begriff der projektiven Identifikation meistens auf »schlechte« Gefühle angewandt wird, von denen wir annehmen, der Patient wolle sich ihrer auf diese Weise entledigen. Tatsächlich aber teilen wir auch viele andere, möglicherweise auch schmerzhafte, aber weniger schwer erträgliche Affekte, die uns nicht so fremd und »schwer verdaulich« erscheinen. Auch hier wirken Atmosphären, so die Analytikerin sich darauf einzulassen vermag. Auch die Analytikerin muss das »Verwandelt-Werden« ertragen können, und das heißt, es nicht zwangsläufig als »Annihilation« zu erleben. Dies gilt für den gesamten Übertragungs-Gegenübertragungsprozess.

Hübner konzentriert sich in seinen Überlegungen zur Verwandlung auf jene des Analytikers, beruft sich dabei auch auf Bollas, der den Begriff des Verwandlungsobjektes eingeführt hat. Aber natürlich gilt auch für den Analysanden, dass er durch die von seiner Analytikerin ausgehende Atmosphäre »unter Druck« geraten kann, wenn er sich seinerseits darauf einlässt. Vielleicht hat das psychoanalytische Couch-Setting dazu geführt, dass die leibliche Präsenz der Analytikerin eher geleugnet werden kann. Es ist davon auszugehen, dass auch uns die Tatsache unserer leiblichen Präsenz Angst macht. Und dennoch: Sie wirkt auf unsere Patienten, sowohl leib-haftig, denn der Analysand sieht uns durchaus, hört uns, riecht uns, als auch in kondensierter Form in unserer Stimme. Wir werden in den folgenden Kapiteln darauf zurückkommen.

Bollas hat denn auch zunächst mehr die ursprüngliche Verwandlung des Säuglings im Blick:

»Bevor die Mutter für den Säugling zu einer als Ganzobjekt wahrgenommenen Person wird, ist sie für ihn eine *Sphäre* [kursiv durch D. P.] oder Quelle von Verwandlung [...] (Bollas 1987 S. 40). Das mütterliche Idiom der Fürsorge und die Erfahrungen, die der Säugling damit macht, bilden eine der ersten, wenn nicht die früheste ästhetische Struktur im Leben eines Menschen. [...] Die unheimlich anmutende Freude daran, von einem Gedicht, einer Komposition, einem Gemälde oder eigentlich von einem beliebigen Objekt ›gehalten‹ zu werden, geht auf die Augenblicke zurück, in denen das Eingreifen der Mutter dazu beiträgt, dass die innere Welt des Säuglings *Form* [kursiv durch D.P.] annimmt; denn ohne ihren Schutz kann er diesen Augenblicken *keine Gestalt verleihen* [kursiv durch D. P.] oder Verbindungen zwischen ihnen herstellen. [...] Das Verwandlungsobjekt scheint dem flehenden Subjekt eine Erfahrung zu versprechen, in deren Verlauf Selbst-Fragmente durch eine bestimmte Form der Verarbeitung miteinander integriert werden« (ebd., S. 44f.).

Entsprechend geht Bollas davon aus, dass beim Analysanden als »flehendem Subjekt« die unbewusste Fantasie besteht, bei seiner Analytikerin auf dieses ursprüngliche Verwandlungsobjekt zu treffen, er sei sich dessen geradezu gewiss (ebd., S. 39), mit allen Hoffnungen, aber auch mit allen Ängsten. Bollas nimmt an, dass es sich bei der Suche nach dem Verwandlungsobjekt um die möglicherweise beherrschendste archaische Objektbeziehung handelt.

> »Diese Gewißheit gründet sich darauf, daß dem Objekt die Fähigkeit zugeschrieben wird, die Erinnerung an frühe Ich-Verwandlungen wiederzubeleben« (ebd., S. 39).

Entsprechend übernimmt für Bollas der Analytiker

> »die Funktion einer evokativen Erinnerungsspur des Verwandlungsobjektes, denn die Situation veranlaßt den Patienten entweder zu einem regressiven Aufgreifen dieser frühen Objektbeziehung oder löst die verschiedenen Formen des Widerstandes dagegen aus« (ebd., S. 38).

In unserem Zusammenhang ist es durchaus von Bedeutung, dass Bollas hier von »evozieren« spricht, denn, so der Autor an späterer Stelle, »Evokation läuft darauf hinaus, daß ein Objekt erst geschaffen wird« (ebd., S. 250).[37]

> »Denn ehe das betreffende Objekt (oder die Gruppe von Objekten) herbeigerufen wird, existiert es in keiner Form, die eine psychische *Verwirklichung* oder Verarbeitung [kursiv durch D. P.] erlauben würde« (ebd.).

Durch den psychoanalytischen Prozess, gedacht als performativen Prozess, in dem es nicht nur um Übersetzungsarbeit, hermeneutisches Verstehen und narrative Rekonstruktion geht, sondern auch um ästhetisches Erleben, ästhetische Arbeit, Verwandlung und Formgebung des »ungedachten Bekannten«, wird ein Objekt geschaffen. Auch bei diesem Objekt muss es sich nicht zwangsweise um ein »Ding« handeln, sondern um einen veränderten Selbstzustand, ein verändertes implizites Wissen darüber, wie es ist, »mit anderen zu sein«. Die Psychoanalytikerin ist nicht einfach Verwandlungsobjekt, aber sie kann es für den Analysanden werden, dann, wenn auch er, so können wir

---

37 Bollas weist sogar darauf hin, dass »to evoke« nach dem Oxford English Dictionary im früheren Sprachgebrauch bedeutete, etwas »durch Zauber herbeizurufen« (Bollas 1987, S. 248).

Hübners Überlegungen wieder aufgreifen, sich darauf einzulassen vermag. Der traumatisierte Patient »weiß« nicht unbedingt, ob er »wachgeküsst« werden will, ob sich die »Verzauberung« auflösen soll, denn wie in dem Märchen von Dornröschen bedeutet das, dass die Geschichte ihren Fortgang nimmt, die Realität über ihn hereinbricht und sich als anwesende äußere Realität seiner Kontrolle entzieht.

Wenn er lernt, sich darauf einzulassen, dann kann auch er sich verwandeln lassen und d. h. einen veränderten Selbstzustand erleben, der wirklich ist.

Die Psychoanalytikerin wird dann in einem doppelten Sinne zu seinem Verwandlungsobjekt:

➢ Indem sie sich durch die vom Analysanden ausgehende Atmosphäre verwandeln lässt und allein durch diese Tatsache sich als durch die Person des Analysanden berührbares, zugängliches Objekt erweist, das sich nicht gegen dessen »atmosphärische Strahlung« abschotten, sich verschließen muss, sondern empfänglich bleiben kann, als ganze Person, d. h. nicht nur als kognitiver »Apparat«, sondern als leiblich und emotional spürendes Selbst. Sie wird zum Verwandlungsobjekt, indem sie sich von der vom Analysanden erzeugten Atmosphäre anregen, verführen und verwandeln lässt und es auf diese Weise ermöglicht, dass dessen »ungedachtes Bekanntes« in ihr, in ihrem Erleben, eine Form findet. Und das heißt letztlich, die Gefühle des Analysanden wirklich werden zu lassen und dafür Worte zu finden. Wie einst das Kind findet dann auch der Analysand mit dem Wort ein neues »Verwandlungsobjekt« (Bollas 1987, S. 47) als zweite ästhetische Struktur.

➢ Indem sie diesen Selbstverlust überlebt[38], d. h. eine reflexive Distanz dazu und ihr Selbsterleben zurück gewinnen kann, ohne sich fortan solchen Verwandlungen zu verschließen, geht sie dem Analysanden »voran«, der, wenn alles gut geht, allmählich darauf zu vertrauen lernt, dass es

---

38 Jessica Benjamin weist in diesem Zusammenhang darauf hin, dass *Zerstörung* im Winnicott'schen Sinne meint, dass »das Objekt im *Innern* des Subjekts zerstört werden muß, damit das Subjekt erkennen kann, daß das Objekt *außen* überlebt hat; wir anerkennen damit, daß das Subjekt unserer psychischen Kontrolle nicht unterworfen ist. […] Im Erwachsenenleben gehört zur Zerstörung auch die Absicht, *herauszufinden*, ob der andere tatsächlich überleben wird« (Benjamin 1988, S. 40). Das heißt, dass wir unsere Omnipotenzansprüche in der Realität überprüfen müssen, um die sich (hoffentlich) auftuende Diskrepanz zwischen unserer fantastischen Omnipotenz und der Realität der Anderen zu spüren. In der Behandlung traumatisierter Patienten ist das *Überleben* der Analytikerin deshalb von entscheidender Bedeutung, weil sie »unter Beweis stellen« muss, dass sie dem negierenden Angriff der Introjekte des Patienten, dem dieser ausgesetzt war und ist, standzuhalten vermag und in diesem Sinne zeigt, *wie* man überlebt.

Verwandlungen ohne andauernden Selbstverlust geben kann. Erst dann kann er sich vielleicht ein weiteres Mal darauf einlassen, kann sich von einer realen, anwesenden Person verzaubern zu lassen, also seinerseits für einen Moment sein Selbstgefühl verlieren. Denn indem der Psychoanalytikerin bewusst wird, dass auch sie wie einst die Mutter oder der Vater des Patienten in jeder ihrer (sprachlichen) Gesten eine ihr unbekannte Botschaft transportiert, eröffnet sie den Raum für den Analysanden, der erst dann die (innere) Freiheit bekommt, sie zu interpretieren und sich dazu ins Verhältnis zu setzen. Dies ist genau jene »reflexive Distanz«, die Eltern in einer traumatisierenden Beziehung nicht einzunehmen vermögen. In dem Sinne stellt die analytische Begegnung eine wirklich neue Erfahrung dar, indem sie den Raum für beiderseitige Verwandlungen eröffnet.

Kapitel II

»Wer eine Ästhetik schafft, der betet darum, daß seine Anästhesien verschwinden mögen.«
Michel Serres, Die fünf Sinne

Aisthesis – Wiedergewinnung von Wirklichkeit und Subjektivität

Momente der Intensität – Begegnungen mit der äußeren Welt

Bei den Überlegungen zur *Performanz* und ihrer Anwendung auf den psychoanalytischen Prozess hatte sich die Frage ergeben, inwieweit dies für das Verständnis des psychoanalytischen Prozesses hilfreich sein könnte. Die Antwort darauf war gewesen, dass diese Sichtweise dazu verhelfen könnte, die manchmal einengende Perspektive des Suchens nach der »eigentlichen« Bedeutung »hinter« den Phänomenen zu erweitern, und zwar um die Lust und Notwendigkeit an der Wahrnehmung im *Hier und Jetzt*. Von Aristoteles haben wir gelernt, dass über die Vollendung der Wahrnehmung das Erkenntnisvermögen »vervollkommnet«, ein Zuwachs an Wirklichkeit erreicht wird. Wir würden heute vielleicht sagen: Indem uns die sinnliche Wahrnehmungsfähigkeit in einer möglichst großen Breite zur Verfügung steht, fühlen wir uns *lebendiger*.

Begibt man sich auf das Feld »sinnlicher Wahrnehmung«, dann begibt man sich auf ein ästhetisches Feld, auf jenes der *Aisthesis*, so wie es in neueren philosophischen Überlegungen verstanden wird, welche es sich zum Ziel gesetzt haben, Ästhetik nicht lediglich als Urteilsästhetik zu verstehen, sondern, in der Tradition Alexander Gottlieb Baumgartens, dem Begründer dieser Disziplin, als Theorie sinnlicher Wahrnehmung und Erkenntnis. Entsprechend konzipiert auch Böhme *Ästhetik* als *Aisthetik*, und d.h. als allgemeine Wahrnehmungslehre.

So hätte für Böhme

»eine neue Ästhetik dagegen die Wahrnehmung als Weise leiblicher Anwesenheit zu entwickeln und die affektive Betroffenheit durch den Gegenstand der Wahrnehmung zu berücksichtigen« (Böhme 2001, S. 31).

Dabei sei *Wahrnehmen* »als Befindlichkeit zu konzipieren im Sinne von Spüren, in welcher Umgebung man sich befindet« (ebd.) und damit als »Erfahrung der Präsenz von Menschen, Gegenständen und Umgebungen« (Böhme 1995, S. 25).

Entsprechend hat für Böhme die neue Ästhetik mit »der Beziehung von Umgebungsqualitäten und menschlichem Befinden zu tun« (ebd., S. 22/23) und dieses *Und* sind für Böhme die bereits im ersten Kapitel vorgestellten *Atmosphären*, in welchen sich gerade die Objektqualitäten mit dem Befinden des Subjektes, zumindest für einen gewissen Zeitraum, verbinden.

Wir hatten bereits im ersten Kapitel in den Überlegungen des Aristoteles eine Antwort auf die Frage gesucht, wie man einen solchen Wahrnehmungsvorgang verstehen kann. Seine Antwort war gewesen, dass eine Realisierung oder Verwirklichung von Wahrnehmung in einem *Bewegtwerden* oder *Erleiden* bestehe, indem, die jeweilige Materie (oder das Subjekt) sich passiv, rezeptiv verhalten müsse, um eine Form zu empfangen. Diese Form des psychischen *Erleidens* bestehe in einem sich Offenhalten für ein *äußeres* Objekt, mit den Worten Böhmes gesprochen, darin, zu spüren, »in welcher Umgebung man sich befindet«.

Die Ziele einer so verstandenen Ästhetik bestehen nach Böhme in »der Wiedergewinnung von Wirklichkeit, der Rehabilitierung der Subjektivität und der Anerkennung von Leiblichkeit als Grunderfahrung menschlicher Existenz« (Böhme 2005, S. 25).

Es sind unter anderem genau diese drei Faktoren, welche durch traumatische Erfahrungen nachhaltig erschüttert, zerstört und abgewehrt werden: Grundlage des Traumas, sozusagen der tiefste Punkt der *Verletzung*, ist die *Aberkennung jeglicher Subjektivität*. Um diesen Kern herum müssen sich zwangsläufige Abwehrmaßnahmen gruppieren, wie die der Einschränkung der Wirklichkeit und jene der Leugnung der »Leiblichkeit als Grunderfahrung menschlicher Existenz«. Nicht umsonst ist der Leib traumatisierter Menschen häufig in Abwehr- und Re-Inszenierungsbemühungen einbezogen. Man denke an die Formen offener Selbstverletzungen, bei denen Patienten sich schneiden, oder auch die versteckteren Formen des exzessiven Piercings oder körperlicher Überforderungen durch Extremsportarten, bei denen es auch um das verzweifelte Bemühen geht, eine Wirklichkeit wieder zu gewinnen, die paradoxerweise aber gerade im Erscheinen des Symptoms geleugnet wird: »Mein Leib ist unverletzbar oder grenzenlos belastbar, modellierbar, unterliegt völlig meiner Kontrolle«, so scheinen die Betroffenen unbewusst auszudrücken. Die »Wiedergewinnung von Wirklichkeit« ist hier deutlich mit der »Anerkennung von Leiblichkeit als Grunderfahrung menschlicher Existenz« verknüpft; das eine geht nicht ohne das andere. Und es ist häufig zuerst der Leib, in welchen die frühen traumatischen Erfahrungen eingeschrieben werden.

Auch der Philosoph Dieter Mersch möchte den Begriff der *Aisthesis* in einer ganz ähnlichen, ebenfalls revidierten Weise verstanden wissen:

> »Ereignisästhetik fußt in auratischen Erfahrungen, und zwar so, daß in ihr das *»Daß« (quod) des Erscheinens* vorrangig berührt wird. Maßgeblich mündet sie in einer Revision von *Aisthesis* als der *Anrührung auf eine Alterität, auf die es, gewahrend, zu antworten gilt* [kursiv durch D.P.]. Antwort setzt Aufmerksamkeit, Achtung voraus« (Mersch 2002, S. 10).

Auch hier ist es eine Umgebung, ein »Anderes«, welches ein Subjekt in irgendeiner Form berührt. Bei Böhme sind es die »Atmosphären«, bei Mersch ist es die »Aura«. Für Mersch ist von entscheidender Bedeutung, dass ein »Anderes« wahrzunehmen immer auch eine Antwort impliziert: »Aufmerken impliziert ein Antworten-auf« (ebd., S. 29). Schon allein deshalb, so könnte man denken, ist Wahrnehmen immer auch ein Risiko, denn in der Wahrnehmung zeigt sich nicht nur ein anderes, sondern es zeigt sich auch das wahrnehmende Subjekt, da es nicht anders kann als auch zu antworten. Die prekäre Lage, in der wir uns im Akt der Wahrnehmung befinden, fasst Mersch dann treffend zusammen:

> »Wahrnehmen geht dann nicht schon in einem ›Unterscheiden‹ und ›Identifizieren‹ auf; was ich gewahre, untersteht nicht primär der Struktur des ›Etwas-als-etwas‹, sondern zunächst der Begegnung mit einem ›Außer-mir‹, das in der Tendenz steht, meine Begriffe und Signifikationsschemata zu entgrenzen oder zu verwirren oder umzustürzen« (ebd., S. 27).
> *»Die Wahrnehmung konfrontiert mit dem Schock des Ungemachten, des Unverfügbaren* [kursiv durch D.P.]« (ebd., S. 33).

Folgt man den Überlegungen Merschs, der hier den Akt der Wahrnehmung sozusagen unter dem phänomenologischen Mikroskop betrachtet, dann lassen sich die beiden kritischen Momente eines jeden Wahrnehmungsaktes erkennen: Wahrnehmen in dem oben verstandenen Sinne heißt dann immer, zu realisieren, dass es ein Außen gibt, und ist, zumindest zeitweise, mit der

Erfahrung des Kontrollverlustes verbunden. »Der Schock des Ungemachten« ist das Erschrecken darüber, dass das, was ich wahrnehme, nicht von mir gemacht ist, und löst »den Schock des Unverfügbaren« aus, das Erschrecken, dass, was immer ich auch wahrnehme, es in diesem Moment nicht in meiner Hand liegt. Es war bereits im ersten Kapitel von der abendländischen Tradition des Hermeneutischen, der Sinnzuschreibung und Interpretation die Rede, welche uns entsprechend so vertraut ist, dass es uns schwer fällt, innezuhalten und, zumindest für einige Zeit, vom Akt der Interpretation zurückzutreten, so sehr wir uns das häufig auch zu wünschen scheinen, da darin ein Moment der Ruhe enthalten sein kann. Aber eben jene Ruhe, die nur um den Preis des Kontrollverlustes zu haben ist, der Hingabe an etwas, das sich außer mir befindet. Das bedeutet jenen Schwellenzustand aushalten zu müssen, der sich daraus ergibt, dass es schon ein Etwas gibt, ich davon bereits berührt bin, ohne zu wissen, welche Bedeutung es für mich hat und haben wird.

So heißt es bei Mersch weiter:

> »Im Sinnlichen impliziert die Feststellung eines Erscheinens nicht schon Erkenntnis, sondern allenfalls die Konstatierung einer ›Gabe‹« (ebd.).

Es ist genau dieser Schwellenzustand zwischen Empfinden und Erkennen, den auch der Literaturwissenschaftler Hans Ulrich Gumbrecht als Kern des *ästhetischen Erlebens* versteht:

> »Das Erleben setzt voraus, daß einerseits eine rein physische Wahrnehmung bereits stattgefunden hat und daß, andererseits, eine aus Akten der Weltinterpretation resultierende Erfahrung daraus folgen wird« (Gumbrecht 2004, S. 121).

Dabei sind für Gumbrecht ästhetische Erlebnisse jene, »die uns mit bestimmten Gefühlen der Intensität« versorgen, die wir sonst in unseren »historisch und kulturell spezifischen Alltagswelten nicht finden können« (ebd., S. 120). Und dies sei gerade ein Grund, warum wir nach derartigen Erlebnissen suchen. Dies führt zu zwei wichtigen Fragen:

Was genau ist es denn, was uns am ästhetischen Erleben fasziniert, was uns in den Bann zieht und uns verstören oder glücklich machen kann?

Und inwieweit lässt sich der analytische Prozess als ein ästhetischer Prozess verstehen?

Für die Beantwortung dieser Fragen kommt uns der Philosoph Martin Seel mit seinen Überlegungen zur »Ästhetik des Erscheinens« zu Hilfe:

Seel konzipiert das ästhetische Erleben als eine Ästhetik des Erscheinens, wobei er dieses als einen »Modus des sinnlichen Gegebenseins von etwas« verstanden wissen will. Für ihn sind solche Objekte *ästhetisch*,

»die sich in Ihrem Erscheinen von ihrem *begrifflich fixierbaren* Aussehen, Sichanhören oder Sichanfühlen mehr oder weniger radikal abheben. Sie sind uns in einer ausgezeichneten Weise sinnlich gegeben; sie werden von uns in ausgezeichneter Weise sinnlich erfasst (Seel 2000, S. 46). [...] Die ästhetische Aufmerksamkeit für Geschehen der äußeren Welt ist zugleich eine Aufmerksamkeit für uns selbst: für einen Augenblick hier und jetzt« (ebd., S. 39). [In einer solchen Situation] »treten wir aus einer allein funktionalen Orientierung heraus. Wir sind nicht länger darauf fixiert [...], was wir in dieser Situation erkennend und handelnd *erreichen* können« (ebd., S. 45).

So wie Gumbrecht geht es auch Seel um Momente besonderer Intensität, welche insofern besonders sind, als sie sich von der üblichen »Alltagswahrnehmung« abheben und daher, so möchte ich hinzufügen, in uns besondere Gefühle erzeugen. Und ebenso, wie wir es schon bei Gumbrecht gehört hatten, ist auch für Seel der Moment der ästhetischen Wahrnehmung eine Schwellensituation und auch eine Form des Selbstbewusstseins, indem wir für den Moment ihres Vollzuges unser Wissen (und unser Bewusstsein) über die Kontinuität unseres Seins zurückstellen. Wir leben sozusagen im Augenblick. Und was ist daran erstrebenswert?

Ich glaube, es ist unter anderem der Moment der Erholung, der Befreiung von Interpretations-, Verstehens-, Beurteilungs- und Planungsleistungen. In psychoanalytischer Terminologie gesprochen ist es ein Moment der Regression, und zwar jener Regression auf einen Zustand des Selbst, in welchem dieses sich noch gar nicht als in eine Kontinuität eingebunden verstehen *konnte*, also in einer präverbalen Zeit, in welcher das Selbst hauptsächlich aus Augenblickserfahrungen besteht, die erst allmählich, wenn alles gut geht, zu Erfahrungen einer Selbstkontinuität verschmelzen. Und es ist natürlich auch die, wie auch immer geartete Sprache, welche diese Kontinuität schaffen und garantieren soll. Wie wir allerdings eine solche Regression *erleben*, das wiederum dürfte von vielen Faktoren abhängen und insbesondere davon, welche Erfahrungen wir zu dieser Zeit unserer Selbstwerdung gemacht haben und welche Erlebnisse in uns verankert sind. Vermutlich ist davon auszugehen, dass jeder Mensch, der eine traumatische Vorgeschichte irgendwie psychisch überlebt hat, auch gute Augenblickserfahrungen gemacht hat. Ich nehme an, es sind diese, welche später die doch immer auch an ästhetischen Augenblicken hängende Hoffnung begründen. Wir werden auf dieses Problem zurückkommen, wenn wir uns mit den Gedanken von Christopher Bollas zur ästhetischen Struktur des Menschen auseinandersetzen.

Eine weitere Antwort auf die Frage, was uns am ästhetischen Erleben wichtig sein könnte, hat bereits 1795 Friedrich Schiller gegeben. In seinen berühmten, ursprünglich als Dank an den Herzog Friedrich Christian von Schleswig-Holstein-Augustenburg geschriebenen Briefen »Über die ästhetische Erziehung des Menschen«, schreibt er:

> »Je vielseitiger sich die Empfänglichkeit ausbildet, je beweglicher dieselbe ist, und je mehr Fläche sie den *Erscheinungen* [kursiv durch D.P.] darbietet, desto mehr Welt *ergreift* der Mensch, desto mehr Anlagen entwickelt er in sich; je mehr Kraft und Tiefe die Persönlichkeit, je mehr Freiheit die Vernunft gewinnt, desto mehr *begreift* der Mensch, desto mehr Form schafft er außer sich« (Schiller 1795, S. 229).

Je empfänglicher wir für die Erscheinungen dieser Welt werden, so könnte man Schiller verstehen, desto lebendiger werden wir, desto mehr leben wir *in* der Welt und nehmen das Angebot, das sie uns bietet, nach besten Kräften wahr. Allein, dabei können wir nicht stehen bleiben. Schiller beschreibt den tiefen inneren Konflikt des Menschen, der sich, so würden wir heute sagen, entsprechend der Lebenserfahrung zu der einen wie zu der anderen Seite neigen kann, wie folgt:

> »[…] *erstlich*: dem empfangenden Vermögen die vielfältigsten Berührungen mit der Welt zu verschaffen und auf Seiten des Gefühls die Passivität aufs Höchste zu treiben; *zweitens*: dem bestimmenden Vermögen die höchste Unabhängigkeit von dem empfangenden zu erwerben und auf seiten der Vernunft die Aktivität aufs Höchste zu treiben« (ebd., S. 229).

Es ist der uns nun schon so häufig begegnete Grundkonflikt zwischen Passivität und Aktivität, zwischen der Position des *Erleidens* im aristotelischen Sinne, in welcher wir empfänglich, bereit sind, Formen in uns aufzunehmen, und jener der Aktivität, in welcher wir uns die Welt über Verstehens- und Interpretationsleistungen aneignen und ihr selber Formen verleihen wollen.[39] Ein ausschließliches Verweilen auf je einer dieser beiden Seiten hat in

---

39 Schillers Bezug auf die Lehre des Aristoteles um Form und Materie ist in diesem Text der von ihm geprägten Begrifflichkeit des *Stoff- und Formtriebes* unverkennbar.

jedem Falle gravierende Auswirkungen: Im Falle des Verweilens, allein beim »empfindenden Vermögen«, so Schiller, wird der Mensch »nie er selbst« (ebd., S. 230), d.h. er wird keine Kenntnis erlangen über sein kreatives Potenzial und sich dieses nicht aneignen können. Er kann seine Fähigkeiten nicht verwirklichen, da ihm die Fähigkeit zur reflexiven Distanznahme fehlt.

Im zweiten Fall, dem Verweilen beim »bestimmenden Vermögen«, »wird er nie etwas anderes« (ebd.), da er sich der äußeren Welt verschließt (z.B. indem er sie leugnet). Dieser Mensch befindet sich im Stadium der emotionalen Anästhesie. Er kann kein äußeres Objekt »seiner Form nach« aufnehmen; Identifikationsprozesse bleiben ihm verwehrt und das bedeutet ebenfalls Entwicklungsstillstand.

Die folgenden Gedanken Schillers passen zu diesen Überlegungen und klingen ebenfalls sehr modern:

> »Der schlimme Einfluß einer überwiegenden Sensualität auf unser Denken und Handeln fällt jedermann leicht in die Augen; nicht so leicht, ob er gleich ebenso häufig vorkommt und ebenso wichtig ist der nachteilige Einfluß einer überwiegenden Rationalität auf unsere Erkenntnis und auf unser Betragen. [...] Um uns zu teilnehmenden, hülfreichen, tätigen Menschen zu machen, müssen sich Gefühl und Charakter miteinander vereinigen, so wie, um uns Erfahrung zu verschaffen, Offenheit des Sinnes mit Energie des Verstandes zusammentreffen muß. Wie können wir, bei noch so lobenswerten Maximen, billig, gütig und menschlich gegen andere sein, wenn uns das Vermögen fehlt, fremde Natur treu und wahr in uns aufzunehmen, fremde Situationen uns anzueignen, fremde Gefühle zu den unsrigen zu machen? [...] Weil es Schwierigkeiten kostet, bei aller Regsamkeit der Gefühle seinen Grundsätzen treu zu bleiben, so ergreift man das bequemere Mittel, durch Abstumpfung der Gefühle den Charakter sicherzustellen. [...] Ein so formierter Mensch wird freilich davor gesichert sein, rohe Natur zu sein und als solche zu erscheinen; er wird aber zugleich gegen alle Empfindungen der Natur durch Grundsätze geharnischt sein, und die Menschheit *von außen* wird ihm ebenso wenig als Menschheit *von innen* beikommen können« (ebd., S. 230/231).

»Der so formierte Mensch« ist nach meinem Verständnis ein traumatisierter Mensch, dem eine Form unter Negation von dessen Subjektivität aufgezwungen und eingeprägt wurde. Die »Gefühlsabstumpfung« hat, wie wir später noch sehen werden, mindestens zwei Ursachen. Schiller nennt beide auf seine Weise: Erlebt man seine, d.h. die eigenen Gefühle, verschärfen sich die Konflikte und man läuft Gefahr »rohe Natur« zu sein. Hat ein Kind die Gefühlsäußerungen seiner Eltern als eben diese »rohe Natur« erlebt, besteht eine mögliche Strategie darin, dieser auf keinen Fall in sich selber wieder begegnen zu wollen. Der

Weg dahin führt über das »Abschalten« der Affekte und es bleibt in seinem narzisstischen Gefängnis stecken: »*Die Menschheit von außen wird ihm ebenso wenig als die Menschheit von innen beikommen können*«.
So sieht denn Schiller die gelungenen Lösung des Konfliktes in der Synthese dieser beiden Strebungen:

> »Wo beide Eigenschaften sich vereinigen [›empfangendes und bestimmendes Vermögen‹, D.P.], da wird der Mensch mit der höchsten Fülle von Dasein die höchste Selbständigkeit und Freiheit verbinden und, anstatt sich in der Welt zu verlieren, diese vielmehr mit der ganzen Unendlichkeit ihrer Erscheinungen in sich ziehen und der Einheit seiner Vernunft unterwerfen« (ebd., S. 230).

Wir haben nun erste Antworten auf die Frage gewonnen, warum das ästhetische Erleben ein so bedeutsames Vermögen ist:

Indem wir uns von der äußeren Welt sinnlich berühren lassen, spüren wir unsere eigene Existenz. Wir fühlen unsere Lebendigkeit und jene der Welt um uns herum. Das ist ein erster Schritt zur »Wiedergewinnung von Wirklichkeit«. Indem wir uns als fühlende Wesen fühlen, werden wir auf uns selbst aufmerksam, sind wir auf dem Weg zur Erlangung eines Selbstbewusstseins, das sich vollenden kann, wenn wir von diesen Gefühlen wissen und sie verstehen.

Im Folgenden werde ich nun versuchen, der zweiten Frage nachzugehen und darzulegen, inwieweit die psychoanalytische Stunde Schauplatz reichhaltiger ästhetischer Erlebnisse sein kann. Wenn man diesem Gedanken folgt, dann vermag vielleicht deutlich zu werden, gegen welchen Aspekt des psychoanalytischen Prozesses sich manche »Widerstände« traumatisierter Patienten richten können.

Die Welt der Erscheinungen

Inwieweit nun lässt sich der psychoanalytische Prozess als ein ästhetischer Prozess verstehen und lädt die psychoanalytische Situation zum ästhetischen Erleben ein?

Im ersten Kapitel waren wir den Überlegungen Hübners begegnet, der sich insbesondere mit den ästhetischen Erlebnissen des Psychoanalytikers auseinandergesetzt hatte. Hier soll es nun darum gehen, sich mit den möglichen ästhetischen Erfahrungen der Analysanden zu befassen.

Für Seel ist »etwas um seines Erscheinens willen in seinem Erscheinen zu vernehmen« gerade der »Brennpunkt ästhetischer Wahrnehmung« (Seel 2000, S. 49).

»Die ästhetische Wahrnehmung ist auf das gleichzeitige und augenblickliche Gegebensein ihres Gegenübers gerichtet (ebd., S. 54). [...] Indem sie sich von bestimmten Hinsichten fernhält, nimmt sie Rücksicht auf die *phänomenale Individualität* ihrer Objekte. Sie läßt etwas in der Fülle seiner Erscheinungen gegenwärtig sein« (ebd., S. 56).

Dies kennzeichnet, wohlgemerkt, den gelungenen Vorgang ästhetischer Wahrnehmung! Die »bestimmten Hinsichten«, in denen man sich in solchen Augenblicken fernhält, sind jene der funktionalen Interpretation. Entscheidend dabei ist, dass etwas »in der Fülle seiner Erscheinungen« sichtbar wird.

Betrachten wir die psychoanalytische Situation: Sie ist darauf angelegt, die Analytikerin für den Patienten zum prominenten Objekt seiner Wahrnehmung zu machen. Wie im ersten Kapitel dargelegt, dienen Inszenierungen dem Ziel, Aufmerksamkeit zu erregen und *wahrgenommen* zu werden, um eine Aufführung zu erschaffen. Viele Übertragungsdeutungen dienen gerade der Fokussierung der unterschiedlichsten Wahrnehmungen des Analysanden in Bezug auf seine Analytikerin, und, das ist hier das Entscheidende, der Wahrnehmung ihrer *Erscheinungen*. Indem die Analytikerin in der Regel keine Mitteilungen über ihre Person, über ihre Innenwelt macht, ermöglicht sie dem Analysanden eine sonst kaum erreichbare Möglichkeit des Spielens mit *Erscheinungen*, welche in der psychoanalytischen Situation gegenwärtig werden. Unter *Erscheinungen* eines Objektes versteht Seel »alles das, was aufgrund sinnlicher Erfahrung und begrifflicher Diskrimination über ihn feststellbar ist, [...] das, was wir im Medium unserer Sinne an ihm unterscheiden können« (ebd., S 71), »[...] alles das, was an ihm in beliebigen Hinsichten und Absichten empfindend und begreifend unterschieden werden *kann*« (ebd., S. 76).

Die Erscheinung der Psychoanalytikerin besteht mithin aus allen *möglichen* sinnlichen Erfahrungen, die der Analysand mit ihr machen *könnte*, unabhängig davon, ob es zum Vollzug oder zur tatsächlichen »Vollendung« der Wahrnehmung kommt. *Dass* die Analytikerin attraktiv und anziehend *erscheint*, kann so sein, unabhängig davon, ob der Analysand dies wahrnimmt, unabhängig davon, ob die Wahrnehmung dieser Tatsache aus inneren Gründen geleugnet werden muss. Zudem kann es so sein, dass der Analysand dieses streckenweise wahrnehmen kann und im nächsten Moment wiederum nicht. Seine Wahrnehmung hängt von der jeweils aktualisierten inneren Welt, von der jeweiligen Aufführung ab.

> »Diese Gegenwart eines Wahrnehmungsobjektes aber ist [...] nicht umfassend, sondern allein perspektivisch vernehmbar. Sie geschieht aus einer leiblichen Position, die den Gegenstand nur aus bestimmten Richtungen auffassen kann. [...] Es gehört zur Erfahrung der Gegenwart eines Sinnenobjektes, daß es mit den Veränderungen unserer Position ein verändertes Entgegenkommen zeigt« (Seel 2000, S. 91).

Dies gilt nun nicht lediglich in einem physikalisch-lokalen Sinne, sondern natürlich trifft dies auch auf die jeweils unterschiedliche psychische Position zu. Es ist uns nur zu vertraut, und da bewegen wir uns auf vertrautem hermeneutischem Gebiet, dass die jeweils vorherrschende Übertragungsposition und -atmosphäre die Art und Weise der sinnlichen Wahrnehmung des Objektes bestimmen. Das Besondere an der psychoanalytischen Situation ist nun, dass aufgrund der Wahrnehmungseinstellung der Analytikerin, aufgrund der psychoanalytischen Inszenierung diesen unterschiedlichen Erscheinungen zum einen Raum gegeben wird und sie zum anderen »aufgehoben« werden, im prominenten Sinne des Wortes, zunächst wohl überwiegend von der Analytikerin, später eben auch vom Analysanden. Der Begriff »aufgehoben« trägt dabei eben jener Besonderheit Rechnung, dass die *Erscheinungen* variieren, eine alte einer neuen den Platz überlässt, dass aber das Wissen um diese nicht verloren geht. Praktisch drückt sich das dann später in solchen Überlegungen und Sätzen aus, wie: »Wenn ich in dieser oder jener Verfassung oder Lebenslage bin, dann kann es mir ganz schnell passieren, dass ich dieses oder jenen so und so erlebe.« Die Psychoanalytikerin öffnet sich für die Vielfalt ihrer möglichen Erscheinungen in Gegenwart ihres Analysanden, die dadurch im performativen Akt, so er sie in ihrer Gegenwart wahrnimmt, *wirklich* werden können.

Der Schein – Die »Als-Ob-Situation«

Seel trifft nun zudem eine auch für die analytische Situation bedeutsame Unterscheidung zwischen dem *Erscheinen* und dem *Schein*:

> »In Abhebung vom Begriff des ›Scheins‹ möchte ich jedoch den der ›Erscheinung‹ für den Fall eines *tatsächlichen* Bestehens der phänomenalen Objekteigenschaften reservieren. Der bloße *Eindruck* einer Erscheinung – das Bloß-so-Erscheinen – macht in diesem Sinn noch keine Erscheinung« (Seel 2000, S. 77).

Im Unterschied dazu versteht Seel unter »ästhetischem Schein« Folgendes:

>Wir nehmen in einer Situation Gegebenes *als etwas* – in einer bestimmten sinnlich eruierbaren Verfassung oder Lage – wahr, von dem wir wissen (oder wissen können), daß *es nicht so ist*, wie wir es wahrnehmen, und lassen uns auf ein Verweilen bei dem unter anderem so erscheinenden Gegenstand ein. *Ästhetischer Schein*, mit anderen Worten, besteht in Erscheinungen, die in einem *durchschauten Widerspruch* zum tatsächlichen Sosein von Gegenständen wahrgenommen und willkommen geheißen werden können« (ebd., S. 106).

Im Falle des ästhetischen Scheins nähmen wir an den Objekten Qualitäten wahr, die ihnen nicht zukämen, allerdings präsentierten sie sich unserer Wahrnehmung eben gerade so, als hätten sie diese Qualitäten. Damit *intensiviere* sich nach Ansicht Seels das ästhetische Spiel der Erscheinungen (ebd., S. 107). Es wird an dieser Stelle deutlich, dass es sich bei diesem »Verweilen« auch um eine Fähigkeit und um eine Lust am Spielen handelt. Nur indem wir den »Schein« einer Wahrnehmung bejahen und uns darauf einlassen, im Sinne des »durchschauten Widerspruchs« kann dieser Schein wirklich werden.

>»Dieses Sichzeigen von Objekten aber kann wirklich sein, auch wenn das, als was sie sich dabei zeigen, keine Wirklichkeit hat« (ebd., S. 112).

»Wirklich« meint hier, um die Definition von Böhme wieder aufzugreifen, das, was wir aktuell wahrnehmen, unabhängig davon, was real dahinter steht. Es ist in dem Sinne »wirklich«, als wir die entsprechenden Gefühle in dieser oder jener Wahrnehmungssituation tatsächlich *haben* und *erleben*, und zwar so, *als ob* das entsprechend wahrgenommene Objekt die wahrgenommenen Qualitäten auch hätte. Für unser inneres Erleben macht es in diesem Moment keinen Unterschied, ob das betreffende Objekt diese Qualität auch wirklich hat. So ist zu erklären, inwieweit die emotionalen Erlebnisse, die ein Analysand in der Übertragungssituation hat, den Status »psychischer Realität« erlangen können.

Bleibt dagegen die Wahrnehmung von etwas, das so erscheint, obwohl es nicht so ist, undurchschaut, dann handelt es sich um eine Täuschung (ebd., S. 106).

>»Das ästhetische Wahrnehmen-wie, das auf einem durchschauten Schein gerichtet ist, ist immer ein Wahrnehmen *als ob*« (ebd., S. 105).

Wir befinden uns hier im vertrauten Bereich des Spiels, denn *Spielen ist ästhetisches Erleben*.

Natürlich *weiß* das Kind, das mit seiner Puppe spielt, welche nun Kind ist, gefüttert, gewaschen und angezogen werden muss, dass die Puppe kein Baby *ist*, für die momentane Gefühlslage im Kind jedoch spielt dieses Wissen, so es im Spiel versunken ist, keine Rolle. Das Kind *fühlt* sich wie eine sorgende Mutter. Mehr noch und vielleicht zugespitzter formuliert: Die Tatsache, dass das Kind darum weiß, dass es sich bei seiner Puppe nicht um ein reales Baby handelt, *verhindert nicht*, dass das Kind mütterliche Gefühle spürt! Deutlich prekärer wird die Situation beim Spiel mit »lebenden Objekten«, beim ästhetischen Erleben von Menschen: Das Kind, dessen Vater mit ihm »böser Wolf« spielt, weiß natürlich auch, dass es sich bei dem heulenden, auf allen Vieren laufenden Mann nicht um einen realen Wolf handelt, aber: Für einen Moment ist die Angst so, *als ob* da tatsächlich ein *realer* Wolf wäre. Das Durchschauen einer *Als-ob*-Situation schützt uns nicht zwangsläufig vor den entsprechenden Affekten, und zwar besonders dann nicht, wenn diese ihr vom bewussten kognitiven Wissen abgespaltenes Eigenleben führen.

Prekärer ist die Lage mit dem »lebenden Objekt« Vater deshalb, weil sich das Kind darauf verlassen muss, dass auch der Vater weiß, dass er kein »böser Wolf« ist, sich im Spiel befindet und sich bitte auch so verhält, also nicht plötzlich über das Kind herfällt oder dergleichen. Das ist tatsächlich eine andere Situation als jene mit der Puppe, die nicht plötzlich ein Eigenleben entwickeln kann. Nur wenn das Kind sich dessen sicher sein kann, so lässt sich vermuten, kann es sich überhaupt auf das Spiel der nun vom Wolfs-Vater ausgehenden Erscheinungen einlassen und ihn stark, unheimlich, kraftvoll, böse, männlich, anziehend, fürchterlich und dergleichen mehr finden und dabei das erleben, was Balint als »Angstlust« oder »thrill« bezeichnet hat, eine »Mischung aus Furcht, Wonne und zuversichtlicher Hoffnung angesichts einer äußeren Gefahr« (Balint 1959, S. 21), ein Spiel um »Wiedererlangen und Aufgeben von Sicherheit« (ebd., S. 23).

Und ganz ähnlich heißt es bei Winnicott:

> »Der wesentliche Aspekt des Spielens liegt darin, dass es stets mit einem gewissen Wagnis verbunden ist, das sich aus dem Zusammenwirken von innerer Realität und dem Erlebnis der Kontrolle über reale Objekte ergibt« (Winnicott 1971, S. 59).

So müsste man vielleicht sagen, dass Spielen mit »lebenden Objekten« für Menschen mit traumatischen Erlebnissen nicht lediglich ein »Wagnis«, sondern eher eine Zumutung ist, denn dass es »zum Erlebnis der Kontrolle über reale Objekte« kommt, ist aus Sicht eines solchen Menschen nicht nur nicht ausgemacht, sondern eher unwahrscheinlich.

Spielen bedeutet immer auch *ästhetisches Erleben*. Ein Mensch im Zustand der *An-aisthesie*, so kann man sagen, ist auch nicht in der Lage zu spielen.

Spielen bedeutet immer auch, *Loslassen* zu können. Die Fähigkeit zu spielen ist von der Fähigkeit zu *erleiden*, sich zu trennen, Trennung auszuhalten, abhängig. Will man mit den äußeren Objekten wirklich spielen, dann muss man sie, zumindest für einen bestimmten Zeitraum, sich selber überlassen, eben loslassen können. Spielen setzt, wie Winnicott an anderer Stelle bemerkt, »die Fähigkeit zum Alleinsein in Gegenwart eines Anderen« voraus (ebd., S. 59). Das bedeutet, Vertrauen zu haben, darin, dass die Objekte dann nicht einfach »verschwinden« oder einen überwältigen, und ebenso, darauf zu vertrauen, dass man selber nicht verloren geht. Fehlt dieses Vertrauen, dann müssen die Objekte »festgehalten« werden, Balint spricht von »anklammern« und dieses Vertrauen fehlt auch nicht ohne Grund, wie Balint bemerkt:

»Heute erkenne ich, daß das Anklammerungsbedürfnis die Reaktion auf ein Trauma ist, ein Ausdruck der Angst, fallengelassen oder verlassen zu werden, und zugleich die Gegenwehr dagegen« (Balint 1959, S. 83).

Die Zumutung, die im Spielen liegt, findet sich natürlich auch im psychoanalytischen Prozess:

»Psychotherapie hat mit zwei Menschen zu tun, die miteinander spielen« (Winnicott 1971, S. 49), und daraus folgt für Winnicott denn auch, dass es vordringlichste Aufgabe des Therapeuten sein kann, dem Patienten das Spielen zu ermöglichen, so er es denn nicht kann.

»Spielen ist Handeln« (Winnicott 1971, S. 52). »[...] Spielen [ist] an sich schon Therapie« (ebd., S. 62).

Daraus ergibt sich ein weiterer Aspekt dessen, was ästhetisches Erleben für uns wertvoll machen kann. Zwar bringt Winnicott die beiden Begriffe nicht direkt miteinander in Verbindung, aber ich glaube, man befindet sich in dessen Tradition, wenn man sagt, dass *Spielen ohne die Fähigkeit zum ästhetischen Erleben nicht möglich ist*. Man kann als Psychoanalytikerin eigentlich gar nicht umhin, wenn man sich mit »Spielen« beschäftigt, sich auch mit Winnicott zu beschäftigen, der wie kaum ein anderer Analytiker diesem Phänomen soviel Raum und Bedeutung eingeräumt hat. Es gibt aber noch einen zweiten Denker, der sich vor über 200 Jahren Gedanken über das Spielen gemacht hat und dessen Gedanken auch heute noch nichts von ihrer Aktualität eingebüßt haben.

Friedrich Schiller hat in den schon erwähnten Briefen *Über die ästhetische Erziehung des Menschen* die beiden Begriffe »Spielen« und »Ästhetik« in ausgezeichneter Weise miteinander in Verbindung gebracht. Im Folgenden möchte ich die Gedanken des Schriftstellers und Philosophen zur Bedeutung des *Spielens* kurz erläutern und ihn mit dem 200 Jahre später lebenden Kinderarzt und Psychoanalytiker in einen Dialog treten lassen. Es ist bemerkenswert, wie sehr sich die Gedanken dieser beiden ähneln und wie viel sie sich zu sagen gehabt hätten.

Exkurs: Spielen mit Schiller und Winnicott

Schiller unterscheidet zwischen dem *Stofftrieb* (oder sinnlichen Trieb) und dem *Formtrieb*. Diese stehen für die beiden Pole des oben beschrieben inneren Konfliktes des Menschen um Passivität und Aktivität.

Der *Stofftrieb* gehe dabei von dem physischen Dasein des Menschen aus und fordere, dass Veränderung sei und die Zeit einen Inhalt habe.

> »Dieser Zustand der bloß erfüllten Zeit heißt Empfindung [...]. Indem der Mensch das Gegenwärtige empfindet, ist die ganze unendliche Möglichkeit seiner Bestimmungen auf diese einzige Art des Daseins beschränkt. [...] Der Mensch ist in diesem Zustande nichts als eine Größeneinheit, ein erfüllter Moment in der Zeit – oder vielmehr *er* ist nicht, denn seine Persönlichkeit ist so lange aufgehoben, als ihn die Empfindung beherrscht und die Zeit mit sich fortreißt« (Schiller 1795, S. 225f.).

»Ja«, so hören wir Winnicott rufen, »aber ganz wunderbar, wenn ein Mensch in der Lage ist, solche Zustände zu erleben«. Und wenn er dazu nicht in der Lage ist, müssen wir ihm genau zu dieser Fähigkeit verhelfen. Bei Winnicott klingt das so:

> »Der Patient, dem wir helfen wollen, braucht eine neue Erfahrung unter einer bestimmten Voraussetzung. Es handelt sich um die Erfahrung eines ungerichteten Zustandes, in dem sich die unintegrierte Persönlichkeit gewissermaßen verströmen kann« (Winnicott 1971, S. 76).

Ein »erfüllter Moment in der Zeit«, das ist, wenn man so will der »gute« Pol der Angelegenheit, aber die drohende Gefahr wird bereits von Schiller beschrieben, wenn auch noch nicht als Gefahr erkannt: Man wird von der »Empfindung beherrscht« und »fortgerissen«, man ist ihr vollkommen

ausgeliefert, und zwar unter Umständen in einer Weise, dass man sich darin verlieren kann, die Persönlichkeit »aufgehoben« scheint.
»Das ist nun eben das *Ungeformte*«, so hören wir Winnicott einfallen,

> »der Zustand, in dem sich das Material befindet, bevor es gemustert, verschnitten, in eine Form gebracht und zusammengefügt wird« (ebd., S. 44).

Lässt man sich darauf ein, dann kann man das Prekäre einer solchen Situation erahnen. Ein Mensch, der allzu oft »fortgerissen« wurde, und im Falle einer traumatischen Erfahrung nicht vollständig zurückkehren konnte, weil die Wucht der Affekte Teile der Persönlichkeit zerstört hat, wird viel daran setzen, solche Zustände zu vermeiden; man weiß ja nicht, wie es ausgeht! Aber der Preis dafür ist hoch! Man kann nicht spielen und sein kreatives Potenzial nicht verwirklichen.

Und entsprechend ergeben sich daraus Implikationen für das therapeutische Vorgehen,

> »nämlich unstrukturierte Erfahrung und kreative motorische und sensorische Impulse, die das Rohmaterial für das Spielen darstellen, zuzulassen« (ebd., S. 76).

Das Ungeformte bildet den Anfang aller Form, es zulassen und aushalten zu können, ist der Anfang der Kreativität. Allein, es muss eine Form finden, eine, welche das empfindende Subjekt sich *aneignen* kann, um sie zu *seiner* Form zu machen. Das empfindende Individuum muss also, über kurz oder lang, aus dem Zustand der bloßen Empfindung heraustreten.

Und so fügt Schiller in einer Fußnote hinzu, was auch 200 Jahre später in unseren Ohren vertraut klingen dürfte:

> »Die Sprache hat für diesen Zustand der Selbstlosigkeit unter der Herrschaft der Empfindung den sehr treffenden Ausdruck: *außer sich sein*, das heißt, außer seinem Ich sein. Obgleich diese Redensart nur da stattfindet, wo die Empfindung zum Affekt und dieser Zustand durch seine längere Dauer mehr bemerkbar wird, *so ist doch jeder außer sich, solange er nur empfindet* [kursiv durch D. P.]« (Schiller 1795, S. 226).

»Nur«, so hören wir Winnicotts Ergänzung, »ist die Fähigkeit einen solchen Zustand der *Selbstlosigkeit* zu erreichen keinesfalls selbstverständlich«. Denn es gibt Menschen, die eben gerade dazu nicht in der Lage sind, »ein

Ruhestadium zu erreichen, aus dem heraus sich ein schöpferisches Aus-sich-Herausgehen entwickeln kann« (Winnicott 1971, S. 68).
Dabei ist dieser Zustand des *Außer-Sich-Seins* doch so wichtig:

> »Nur hier in diesem unintegrierten Zustand der Persönlichkeit kann das, was wir als kreativ beschreiben, in Erscheinung treten. Wird es dann reflektiert – aber auch nur dann –, so wird es Teil der strukturierten individuellen Persönlichkeit, und dies macht schließlich in seiner Ganzheit das Sein, das Gefunden-Werden des Individuums aus und gibt ihm am Ende die Gewißheit der Existenz des eigenen Selbst« (ebd., S. 76).

Und das sieht Schiller ganz genauso:

> »Von diesem Zustande zur Besonnenheit zurückzukehren, nennt man ebenso richtig: *in sich gehen*, das heißt, in sein Ich zurückzukehren, seine Person wiederherstellen« (Schiller 1795, S. 226).

Das Gegenstück zum sinnlichen Trieb oder Stofftrieb ist nach Schiller der *Formtrieb*, und dieser

> »geht aus vom absoluten Dasein des Menschen oder von seiner vernünftigen Natur und ist bestrebt, ihn in Freiheit zu setzen, Harmonie in die Verschiedenheit seines Erscheinens zu bringen und bei allem Wechsel des Zustandes seine Person zu behaupten. [...] er hebt die Zeit, er hebt die Veränderung auf, [...] er dringt auf Wahrheit und Recht« (ebd., S. 227).

Wir würden wohl die obige Beschreibung als Ziel von Entwicklung, also auch als Ziel psychoanalytischer Therapie, unterstreichen: Seine verschiedenen Seiten in sich kennen zu lernen, zu akzeptieren und nebeneinander bestehen zu lassen und sich dabei dennoch als Person in einer Kontinuität des Seins zu erleben. Das sind Aufgaben, die uns nicht fremd sind und die wir nur allzu oft zu lösen versuchen, indem eine Seite zwangsläufig »zu kurz« kommt. Zusammengefasst heißt es bei Schiller:

> »Der sinnliche Trieb schließt aus dem Subjekt alle Selbsttätigkeit und Freiheit, der Formtrieb schließt aus dem seinigen alle Abhängigkeit, alles Leiden aus« (ebd., S. 233).

Schiller hat erkannt, dass der daraus entstehende Konflikt, ein Konflikt unterschiedlicher *Tendenzen* (ebd., S. 228), nicht einer zwischen verschiedenen

Objekten ist. Der *Formtrieb* fordere zwar »Einheit und Beharrlichkeit« (ebd.), aber eben nicht im Sinne erstarrter Empfindungen; der *Stofftrieb* hingegen fordere Veränderung, aber nicht im Sinne eines ständigen Wechsels des Charakters, des Wesens einer Person. Es gilt also nicht, beide Triebe gegeneinander auszuspielen, sondern sie zu vereinen. Es gilt

> »*erstlich*: die Sinnlichkeit gegen die Eingriffe der Freiheit zu verwahren; *zweitens*: die Persönlichkeit gegen die Macht der Empfindungen sicherzustellen. Jenes erreicht sie durch Ausbildung des Gefühlsvermögens, dieses durch die Ausbildung des Vernunftvermögens« (ebd., S. 229).

Auch Winnicott sieht das ganz ähnlich, wenn er schreibt:

> »Die Notwendigkeit einer Differenzierung zwischen zielgerichteter Handlung und der Alternative des ungerichteten Seins lehnen wir ab« (Winnicott 1971, S. 67).

Das ist nicht weniger als eine Lebensaufgabe, bei der uns das Spielen zu Hilfe kommen soll: Dieses Nebeneinander heißt nun eben bei Schiller *Spieltrieb*.

> »Der Spieltrieb also, in welchem beide vereinigt wirken, wird zugleich unsre formale und unsere materiale Beschaffenheit, zugleich unsre Vollkommenheit und unsre Glückseligkeit zufällig machen, […] Form in die Materie und Realität in die Form bringen« (Schiller 1795, S. 234).

Indem wir spielen, gestalten wir unsere Welt und lassen uns von ihr gestalten!

> »Der Gegenstand des sinnlichen Triebes […] heißt *Leben* in weitester Bedeutung, […] der Gegenstand des Formtriebes […] heißt *Gestalt* […]. Der Gegenstand des Spieltriebes […] wird also *lebende Gestalt* heißen können; ein Begriff, der allen ästhetischen Beschaffenheiten der Erscheinungen […] zur Bezeichnung dient« (ebd., S. 234f.).

»Jawohl«, vernehmen wir Winnicott, heftig zustimmend, »genau das ist es«,

> »Spielen [ist] stets eine Erfahrung, und zwar stets eine schöpferische Erfahrung, eine Erfahrung im Kontinuum von Raum und Zeit, eine Grundform von Leben« (Winnicott, S. 62).

Und so kommt Schiller folgerichtig zu dem Schluss und zu der wohl am häufigsten zitierten Stelle aus diesen, seinen Briefen, zu seiner Grundthese und Lösung eines zutiefst menschlichen Konfliktes:

> »Denn, um es endlich auf einmal heraus zu sagen, der Mensch spielt nur, wo er in voller Bedeutung des Worts Mensch ist, und *er ist nur da ganz Mensch, wo er spielt*« (Schiller 1795, S. 238).

Der spielende Mensch ist für Schiller die *Verwirklichung* des Lebendigen, der »lebenden Gestalt«.

Und auch in dieser zentralen Grundannahme sind sich Winnicott und Schiller einig, denn Winnicott fällt hier begeistert ein:

> »Gerade im Spielen und nur im Spielen kann das Kind und der Erwachsene sich kreativ entfalten und seine ganze Persönlichkeit einsetzen, und nur in der kreativen Entfaltung kann das Individuum sich selbst entdecken« (Winnicott 1971, S. 66).

Im Spielen vereinen wir den *sinnlichen* und den *Formtrieb*, vereinen wir mit anderen Worten *Erleiden* und Gestalten, Aktivität und Passivität indem wir zwischen den Zuständen des Empfangens und Veräußerns oszillieren. Wir sind und fühlen uns *lebendig*.

Wie ernst es dem Menschen Winnicott selber um das Spielen bestellt war, erfahren wir in dem umfassenden Beitrag von Thomas Auchter, nach dem Winnicott noch bis in das hohe Alter mit den Füßen auf der Lenkstange Fahrrad fuhr und vom Polizisten ermahnt wurde, er möge doch bedenken, was er als alter Mann für ein Vorbild für andere abgebe. Ja, was für ein Vorbild! Dessen ungeachtet fuhr er gern Auto, vorzugsweise den Kopf aus dem Dach gesteckt und das Gaspedal mit einem Spazierstock bedienend (Auchter 2002, S. 24). Entsprechend ist für Winnicott »begrenzte Ungezogenheit« etwas, das »wir gesund nennen und in der viel von der Spontaneität des Kindes erhalten geblieben ist« (Winnicott 1965, S. 35).

Sinnliche Wahrnehmung – Auf der Suche nach der eigenen Gegenwart

Das Besondere an Objekten der sinnlichen Wahrnehmung ist, dass sie real anwesend sind. Es sind also nicht lediglich imaginierte Objekte. Wenn das

Kind, im Spiel mit dem Vater, Angst vor dem »bösen Wolf« hat, dann ist da nicht »Nichts«, sondern »Jemand«, der heult und Anstalten macht das Kind zu fressen.

>»Das Objekt der ästhetischen Wahrnehmung ist niemals eine bloße Illusion. Da *ist* ein Ding, da *ist* ein Klang, da *ist* eine Bewegung, da *ist* eine Szene, die in einigen Aspekten anders erscheinen, als sie tatsächlich sind […]« (Seel 2000, S. 108).

Seel trennt hier die sinnliche Wahrnehmung, zu der zwingend die reale Präsenz der Objekte gehört, von der sinnlichen Vorstellung *über* Objekte, bei der diese nicht anwesend sind, sondern »in einem erinnernden, erwartenden oder phantasierten Ausgriff vergegenwärtigt werden« (ebd., S. 123). Sie sind also in der gegenwärtigen Situation unerreichbar und das heißt, sie haben kein für das Subjekt der Wahrnehmung unkontrollierbares Eigenleben und sind damit »entschärft«.

Erinnern wir uns an Frau A., am Anfang des Buches, deren Gefühle in Bezug auf meine Person dann auftreten, wenn ich nicht präsent bin. Frau A. befindet sich dann im Prozess sinnlicher Vorstellungen und eben nicht in jenem der sinnlichen Wahrnehmung. Zu diesem Zeitpunkt darf ich als real existierendes Objekt mit meinen je unterschiedlichen Erscheinungen noch nicht vorkommen. Das zeigt sich zum Beispiel ganz praktisch darin, dass Frau A. mich zwar bei der Begrüßung sieht, aber nicht wirklich ansehen darf. Zu einer psychischen Berührung zweier real anwesender Personen darf es vorerst nicht kommen.

Alle drei Formen von Wahrnehmung, Erscheinen – Schein – Täuschung, gehören mithin zum ästhetischen Erleben.

Was bedeutet das nun für die psychoanalytische Aufführung?

Wie allen anderen Objekten der Wahrnehmung kommen auch der Psychoanalytikerin bestimmte Qualitäten zu, die sinnlich wahrgenommen werden können, wenn sich der Analysand darauf einlassen kann. Hier befinden wir uns im Bereich ihrer Erscheinungen. Die psychoanalytische Inszenierung, die sich je entwickelnde psychoanalytische Szene, ist ein geschützter Ort, der Erscheinungen ermöglicht! Interessant ist hier, welche der Patient wahrzunehmen vermag und welche eben nicht. Oder aber der Patient ist in der Wahrnehmung so stark eingeschränkt, dass er das Spiel der Erscheinungen überhaupt von sich fernhalten muss. Denn, wir erinnern uns, das Spiel der Erscheinungen eines Objektes wahrzunehmen, bedeutet auch, sich dessen *realer und aktuell gegebener Anwesenheit* bewusst zu werden.

> »Ästhetische Anschauung ist eine radikale Form des Aufenthalts im Hier und Jetzt« (ebd., S. 62).

Allerdings ist sie meines Erachtens nicht ganz so zweckfrei, wie Seel es scheinen lässt. Es geht nicht ausschließlich darum, etwas in seinem Erscheinen »um seines Erscheinen willen« wahrzunehmen. Seel selber rückt davon ab, wenn er schreibt:

> »Es geht den Subjekten der ästhetischen Wahrnehmung um ein Verspüren der eigenen Gegenwart im Vernehmen der Gegenwart von etwas anderem« (ebd.).

Dies ist aus meiner Sicht ein zentraler Satz, vielleicht das treibendste Ziel von uns allen, wenn wir uns ästhetischem Erleben hingeben: Indem wir etwas anderes, jemand anderen, etwas aus der äußeren Welt *vernehmen,* uns davon sinnlich berühren lassen, sind wir auf der Suche danach, unsere *eigene Gegenwart* zu spüren, und das heißt auch, uns selber sinnlich zu erfassen, unsere Lebendigkeit in *Anwesenheit* der äußeren Welt spüren zu können. Nun könnte jemand kommen und sagen: »Ja, und? Natürlich ist das so. Was soll daran so bemerkenswert sein?« Das Bemerkenswerte der Situation ergibt sich für jene Menschen, die psychisch nur überleben konnten, indem sie auf das Spüren der *eigenen* Gegenwart verzichtet haben, da die fulminante Anwesenheit der *äußeren* Welt dafür keinen Platz ließ, weil das sinnliche Vernehmen der eigenen Gegenwart unerträglich gewesen wäre.

Es geht um die *eigene* Gegenwart, die im ästhetischen Erleben auf dem Spiel steht. Ich glaube, Winnicott meint mit seiner inzwischen legendären Formulierung der »Fähigkeit zum Alleinsein« etwas Ähnliches (Winnicott 1965, S. 39):

> »Die Grundlage der Fähigkeit, allein zu sein, ist also ein Paradoxon: es ist die Erfahrung, allein zu sein, während jemand anderes anwesend ist« (ebd., S. 38). »[...] die Fähigkeit zum echten Alleinsein [hat] die frühe Erfahrung des Alleinseins in Anwesenheit eines anderen Menschen als Grundlage« (ebd., S. 41). »[...] Nur wenn er allein ist (d.h. in Gegenwart eines anderen Menschen), kann der Säugling sein *eigenes* [kursiv durch D.P.] personales Leben entdecken« (ebd., S. 42).

Um uns zu entdecken sind wir also auf die unaufdringliche Anwesenheit eines anderen Menschen angewiesen, denn dieser gibt uns die erforderliche Sicherheit, mit der wir uns auf dieses unbekannte Terrain vorwagen und *uns* ausprobieren können. Das bedeutet aber eben auch, dass die Gegenwart des Anderen *gespürt*, wahrgenommen werden muss.

»Er [der Säugling, D.P.] kann in der Lage sein, eine Zeitlang zu existieren, ohne ein auf äußere Anstöße Reagierender oder ein aktiver Mensch mit gerichtetem Interesse oder gerichteter Bewegung zu sein. Der Schauplatz für ein Es-Erlebnis ist vorbereitet. Mit der Zeit kommt eine Empfindung oder ein Impuls« (ebd., S. 43).

Und das ist »ästhetisches Erleben« im oben herausgearbeiteten Sinne, *eine Augenblickserfahrung der eigenen Existenz*, wenn der erlebte Impuls oder die Empfindung als die eigenen erlebt werden können.

So versteht auch Ogden das »Erfassen/Erschaffen menschlichen Erlebens in der Sprache« als »analytische Ästhetik« (Ogden 1997, S. 149) und schreibt ihr eine elementare therapeutische Funktion zu:

»Genauer gesagt, besteht die analytische Aufgabe dem Analysanden zu helfen, ein Mensch mit größerer Erfüllung zu werden, darin, dass er die Versuche des Patienten (auch wenn sie ambivalent sind) erleichtert, eine größere Bandbreite *(und ein größeres Spiel) von Gedanken, Gefühlen und Empfindungen zu erleben, von denen er spürt, dass sie seine eigenen sind* [kursiv durch D.P.] und von denen er spürt, dass sie im Kontext seiner eigenen gegenwärtigen und vergangenen Beziehungen mit anderen Menschen (einschließlich des Analytikers) geschaffen wurden« (ebd., S. 149).

Für Winnicott hat die Fähigkeit zum Alleinsein die Anwesenheit eines »guten Objektes« in der psychischen Realität eines Individuums zur Voraussetzung. Dieses »gute Objekt« ist in den Momenten des Alleinseins »theoretisch anwesend«. Es ist »jemand, der letzten Endes und unbewußt mit der Mutter gleichgesetzt wird, mit der Person, die in den ersten Tagen und Wochen vorübergehend mit ihrem Säugling identifiziert war« (Winnicott 1965, S. 46f.). Vermutlich ist es eben diese »theoretische Anwesenheit« des guten Objektes, die wir in einem erfüllenden, guten ästhetischen Erlebnis suchen und finden.

»Negative« Ästhetik?

Insbesondere Christopher Bollas hat sich des Begriffes der Ästhetik im Rahmen psychoanalytischer Betrachtungen in seinem Buch *Der Schatten des Objekts* angenommen und die Dimension der sinnlichen Empfindungen hervorgehoben. Auch Bollas versteht Ästhetik nicht als Beurteilungsmaßstab oder als Bestandteil einer Theorie der Künste, sondern eher als den Ursprung menschlicher Existenz.

»Das mütterliche Idiom der Fürsorge und die Erfahrungen, die der Säugling damit macht, bilden eine der ersten, wenn nicht die früheste ästhetische Struktur des Menschen« (Bollas 1987, S. 44).

»Der hauptsächliche Kommunikationsmodus am Beginn des Lebens ist die Art des Umgangs mit dem Säugling, das heißt, die Verinnerlichung der von der Mutter vorgegeben Form (ihrer Ästhetik) geht der Verinnerlichung ihrer verbalen Mitteilungen voraus« (ebd., S. 46).

Die Mutter fungiert nach den Vorstellungen Bollas' als »Verwandlungsobjekt«, indem sie für den Säugling »nicht so sehr als Objekt, sondern eher als Prozeß, der mit inneren und äußeren Umwandlungen zusammenfällt, bedeutsam und wahrnehmbar ist« (ebd., S. 25). Diese Prozesse *verwandeln* das Selbsterleben des Säuglings, er verbinde mit diesem *Verwandlungsobjekt* eine »ständig wiederkehrende Seinserfahrung« (ebd., S. 26), die günstigenfalls »von Unintegration(en) hin zu Integration(en) führe«. Die Mutter wird also, wenn man so will, für den Säugling als *Atmosphäre* spürbar, welcher er immer auch ausgesetzt ist und welche seinen Selbstzustand verwandelt. Aus der Sicht von Bollas ist dies die Grundlage aller späteren ästhetischen Augenblicke des Erwachsenenlebens, welche stets Reminiszenzen dieser ursprünglich somato-psychischen Erfahrung sind. Sie bilden das, was wir heute das implizite Gedächtnis nennen.

»Im ästhetischen Augenblick erfährt das Subjekt, durch Ich-Verschmelzung mit dem ästhetischen Objekt, ein kurzes Wiederaufleben seiner damaligen Haltung gegenüber dem Verwandlungsobjekt. [...] Es erlebt eine unheimliche Verschmelzung mit dem Objekt. Hierdurch wird ein Ich-Zustand wachgerufen, der im frühen Seelenleben vorherrschend war. [...] Solche ästhetischen Augenblicke fördern keine Erinnerungen an ein bestimmtes Ereignis oder an eine bestimmte Beziehung zutage, sondern lassen ein körperlich-seelisches Verschmelzungsempfinden aufsteigen, indem sich das Subjekt des Verwandlungsobjektes besinnt« (Bollas 1987, S. 28f.).

Entsprechend seien wir in unserem späteren Leben auf der Suche nach ästhetischen Erlebnissen, weil diese jene ursprüngliche Verwandlungserfahrung neu einzulösen versprächen, wir darauf hofften, dass Selbstfragmente durch diese Erfahrung miteinander integriert würden (ebd., S. 45).

Aufgrund der Rezeptionsgeschichte des Wortes »Ästhetik« können wir vielleicht gar nicht anders, als diesen Begriff mit einer idealisierenden Aura zu umgeben. Ästhetik liegt immer in der Nähe des »Schönen« und ist vielleicht für sich genommen schon »gut«. Auch in dieser Beschreibung von Bollas findet sich noch die Gleichsetzung von Fürsorge und ästhetischer Struktur, etwas später heißt es aber allgemeiner:

»Die Mutter übermittelt dem Säugling ihre Ästhetik durch ihren Stil des Bei-ihm-Seins« (ebd., S. 46), dann allerdings folgen erneut überwiegend positive Beispiele für die Art und Weise wie die Mutter mit ihrem Baby *ist,* »wie sie ihn füttert, ihm die Windeln wechselt, ihn besänftigt, ihm etwas vorsingt, ihn im Arm hält und mit ihm spielt« (ebd.). Die meisten dieser Beispiele lösen in uns überwiegend positive Assoziationen aus; wir denken überwiegend (hoffentlich) an befriedigende Interaktionen, an ein friedliches Bild, an eine Mutter, die »gut genug« ist.

Hübner weist in seiner schon genannten Arbeit hingegen auch auf den Umstand hin, dass die ästhetische Struktur der mütterlichen Fürsorge immer auch einen »traumatisierenden« Effekt im Sinne einer ursprünglichen Verführung hat,

> »denn mit jeder Geste, die beruhigen, aufmuntern, trösten oder haltend liebkosend sein will, bringt die Gestik der Mutter stets auch die ihr selbst unbewußten Aspekte ihrer bewußten Absichten zum Ausdruck. Auf diese Weise befriedigt das körperliche Verhalten der Mutter den Säugling prinzipiell über das Maß hinaus, das in seiner körperlichen Realität zum Ausdruck kommt bzw. kommen kann« (Hübner 2006, S. 334).

Hübner versteht dies in der Folge von Laplanches Verführungstheorie als »strukturell-anthropologische Erscheinung« (ebd.), eben als unvermeidliche Folge jeglicher Mutter- und Vater-Kind-Interaktion und noch allgemeiner jeglicher Interaktion, die durch das Begriffspaar Aktivität-Passivität, der »Asymmetrie von Deuten und Gedeutet-Werden« (ebd.) beschrieben werden kann.

Es ist schlicht unmöglich, dass die ersten Formen, die wir empfangen, von uns gestaltet werden, die ersten Formen *erleiden* wir, sie kommen als Formen von außen, formen uns und »konfrontieren uns mit dem Schock des Ungemachten, des Unverfügbaren«; es ist für den Säugling immer das, was Gumbrecht als den Kern ästhetischen Erlebens ansieht: eine rein physische Wahrnehmung, lange vor interpretativen Akten. Jedes ästhetische Erlebnis besitzt somit auch das Potenzial überwältigend zu sein, insbesondere für die kindliche Psyche, der mangels ihrer interpretativen Möglichkeiten zunächst kaum ein Gerüst, kein Halt zur Verfügung steht, die sinnlichen Eindrücke zu ordnen, wenn diese Funktion nicht von den Eltern bereit gestellt wird.

Aber auch Hübner möchte die so verstandene Traumatisierung von der Traumatisierung im klinischen Sinne unterscheiden, bei der es um sog. quantitative Faktoren auf Seiten der Psyche der Mutter gehe (ebd., S. 335).

Im Folgenden möchte ich mich eben diesen »quantitativen« Faktoren, welche auf Seiten der Eltern, Mutter und Vater, existieren, und ihrem Einfluss auf das ästhetische Erleben zuwenden. Diese quantitativen Faktoren sind es, die das Kind stets mit einem überwältigenden *Zuviel* konfrontieren. Und wie Bokanowski treffend bemerkt, kann sich das Objekt dabei durch »zuviel Abwesenheit« oder »zuviel Gegenwart« auszeichnen. Es bleibe in jedem Falle ein »›Zuviel‹, das der Konstituierung des primären inneren Objekts seinen quantitativen Stempel aufgedrückt« (Bokanowski 2005, S. 15). Dieses ist nicht nur deswegen ein *Zuviel*, weil es die kindliche Psyche überwältigt, sondern immer auch gleichzeitig die elterliche Psyche überfordert und damit den notwendigen Container sprengt.

Inzwischen verhält es sich wohl bei den meisten unserer Patienten, die wir psychoanalytisch behandeln, eher so, dass die frühen Erfahrungen zu einem guten Teil, wenn nicht zum überwiegenden, negativ getönt waren. Die *Verwandlungserfahrungen* müssen eben leider nicht zwangsläufig »gut« sein, in dem Sinne, dass sie vom unintegrierten Pol zum integrierten verlaufen. Sie können »schlechte« Verwandlungen sein, indem der Säugling durch psychische oder physische Übergriffe gerade in den unintegrierten Zustand hinein verwandelt wird. Ferner können die »guten« Verwandlungen da, wo sie nötig sind, ausbleiben, was letztlich auf das Gleiche herauskommt: Die Mutter steht dann nicht für »Fülle und Zufriedenheit«, sondern für »Leere, Qual und Wut«. Die »Urverwandlung« (Bollas 1987, S. 45) verkehrt sich in ihr Gegenteil. Auch diese »negative« Ästhetik ihrer Mutter, deren u. U. traumatisierender »Stil des Bei-ihm-Seins«, wird von dem damaligen Säugling verinnerlicht.

Bollas weist auf diesen Umstand selber hin:

> »Ich habe den Akzent hier zwar auf positive ästhetische Erfahrungen gelegt, doch sollten wir nicht vergessen, daß jemand auch auf eine negative ästhetische Erfahrung aus sein kann, weil ihm ein solches Ereignis einen ›Abdruck‹ seiner frühen Ich-Erfahrungen liefert und die Struktur des Ungedachten und doch Bekannten zum Ausdruck bringt« (ebd., S. 29).

Die Redeweise, dass ein Mensch auf negative ästhetische Erfahrungen »aus« sein könnte, ist missverständlich, bedarf aus meiner Sicht zumindest der eingehenderen Erörterung und rührt natürlich an den Begriff und die Frage des Wiederholungszwanges: Warum wird etwas Schmerzhaftes wiederholt, zumal wenn sich bessere Alternativen anbieten?

Die grobe Antwort darauf ist erstens: Man kann (vorerst) nicht anders. Diese »ästhetische Struktur«, auch wenn sie negativ ist, bildet einen Teil unseres impliziten Beziehungswissens und geht als solcher in jede neue Objektbeziehung mit ein.

Zweitens: Jede Wiederholung ist vermutlich unbewusst mit der Hoffnung auf einen besseren Ausgang, mit der Hoffnung auf eine Lösung eines unlösbar scheinenden Konfliktes, mit der Hoffnung, es *diesmal* mit einem zugänglichen Objekt zu tun zu haben, verbunden. Eigentlich muss dann die Frage erlaubt sein, worauf sich bei einem traumatisierten Menschen diese Hoffnung gründet, die es ihm überhaupt erlaubt, sich z. B. auf eine psychoanalytische Aufführung einzulassen. Ich glaube, die Antwort ist, dass es gewissermaßen kleinste Inseln an positiver Erfahrung mit einem Objekt gegeben haben muss, eine, und sei es auch noch so verborgene oder diffuse Erinnerung an einen Zustand der »guten Verwandlung«, damit Menschen sich überhaupt von sich aus an eine Psychotherapeutin wenden können.

Fehlen diese »Inseln«, also solche Erinnerungen an »Augenblicke der Fülle« gänzlich oder sind sie zu tief verschüttet, und ich fürchte, dass es auch dieses nicht zu selten gibt, dann werden wir solche Menschen kaum in unseren Behandlungsräumen antreffen. Sie suchen ihre ästhetischen Erlebnisse (überwiegend) jenseits der »lebendigen« Objekte. Sie suchen irgendwie auf ein kontrollierbares *Außen* zu stoßen, um auf diese Weise noch zu einem Gefühl von Lebendigkeit zu gelangen.

Eine Anregung für einen weiteren Grund zum Aufsuchen negativer ästhetischer Erlebnisse, geben Ehlert und Balzer in ihrer Arbeit *Das Trauma als Objektbeziehung*. Sie erwägen die Möglichkeit, dass für die Betreffenden der Schmerz zum einzigen Lebensbeweis des Liebesobjektes werde.

> »Auf diese Weise wird für das traumatisierte Ich das Empfinden des Schmerzes mehr und mehr zum einzigen Garanten dafür, daß das ersehnte Liebesobjekt überhaupt noch existiert und es daher nicht der völligen Verlassenheit ausgesetzt ist« (Ehlert/Balzer 1996, S. 303).

So furchtbar es auch ist, aber der Schmerz könnte auf diese Weise mit der Anwesenheit eines so dringend benötigten Objektes gleichgesetzt werden. »Ich spüre Schmerzen, also muss da jemand sein«, so könnte man diesen (unbewussten) Vorgang zusammenfassen.

Im Umkehrschluss könnte man auch den Gedanken erwägen, ob nicht durch das *Nachlassen des Schmerzes*, das ja ebenfalls irgendwann eintritt, wenigstens zwischenzeitlich das »gute Objekt« halluziniert werden kann. Jeder, der schon einmal unter starken, z. B. körperlichen Schmerzen gelitten hat, wird sich auch an das damit verbundene Hochgefühl und die Erleichterung erinnern, wenn der Schmerz geringer wird. Der sarkastische Alltagsspruch: »Es ist so schön, wenn der Schmerz nachlässt«, könnte dort z. B. seine unbewusste Begründung haben.

Es ist etwas zutiefst Rätselhaftes daran, aber dennoch: Sich betrinken, am Spielautomaten sitzen, süchtig Computer spielen oder sich körperliche Schmerzen zufügen, dies *können* für manche Menschen ästhetische Erlebnisse sein, ihr verzweifelter Versuch, sich noch »irgendwie« lebendig zu fühlen. Wie wäre es, wenn es sich um einen dramatischen Versuch der Betroffenen handelt, auf diesem Wege der traumatischen *An-Aisthesie* zu entkommen?

Von Gumbrecht hatten wir gehört, dass ästhetische Erlebnisse solche seien, »die uns mit bestimmten Gefühlen der Intensität« versorgen. Seel hatte gefunden, dass als *ästhetisch* solche Objekte zu bezeichnen seien, die uns »in einer ausgezeichneten Weise sinnlich gegeben« seien, und dass eine Aufmerksamkeit für solche Objekte einer Aufmerksamkeit für uns selbst entspreche. In einem solchen Moment, in dem wir nicht funktional orientiert sind, spüren wir unsere Existenz. In diesem Sinne können Spielautomaten, Computer, Alkohol und andere Objekte zu ästhetischen Objekten werden.

Was die oben genannten Handlungsweisen zu Symptomen von Krankheitscharakter macht, sind ihre Ausschließlichkeit, die Rigidität, mit welcher sie betrieben werden (müssen), der Abhängigkeitscharakter und die Tatsache, dass es sich bei dieser Form der *ästhetischen Objekte* um unbelebte Objekte, wenn man so will, um solche ohne eigenes Interesse handelt. In abgeschwächter Form mit höheren Freiheitsgraden, dieses zu tun oder zu lassen, wäre es uns nicht so fremd, diese als ästhetische Erlebnisse einzuordnen: Viele Menschen kennen den Zustand des einmal Angetrunken-Seins und das damit einhergehende veränderte Selbsterleben, auch das Spielen am Computer und sogar das Sich-Schmerzen-Zufügen; man denke an so manche Schmerzzustände beim Sport, nur dass wir hier davon ausgehen können, dass diese Erlebnisse nicht ausschließlich zur Selbstvergewisserung, zum Spüren der eigenen Lebendigkeit gebraucht werden, sondern dass den Betroffenen noch viele andere Erlebnisformen, insbesondere mit *lebenden Objekten* und somit mit einem realen *Außen* zur Verfügung stehen. Ein von Spielautomaten oder Alkohol abhängiger Mensch sowie jener, der sich selbst körperliche Schmerzen und

Verletzungen zufügen muss, fürchtet eben gerade diesen Kontakt mit der lebendigen, äußeren und als solcher unkontrollierbaren Welt. Versucht man, sich einen vollständig anästhesierten Menschen vorzustellen, einen Menschen, der über seine Sinne keinerlei Kontakt zur Umwelt herzustellen vermag, dann wird sofort deutlich, dass ein solches Individuum nicht wissen kann, dass es lebendig ist, und vermutlich ist es das (psychisch) auch kaum. Sind die äußeren Objekte einmal als überwältigend und identitätsauslöschend wirksam geworden, so bleibt nur die Möglichkeit des Kontaktes zu kontrollierbaren Objekten ohne Eigenleben, wie Spielautomaten, Computern usf. Ein Mensch, der sich selber Schmerzen zufügt, den eigenen Körper zum Objekt nimmt, wie Mathias Hirsch beschrieben hat, erlebt den Gewinn, dass er *scheinbar* auf ein *Außen* stößt und damit weiß, dass er selbst existiert. Der Schmerz kommt für sich genommen von *außen*, ist für sich nicht kontrollierbar, da man im Vorhinein nicht sicher wissen kann, wie groß er sein wird, aber es liegt doch in der eigenen Macht, ihn überhaupt herbeizuholen oder nicht! Insofern stellt diese Notlösung einen Kompromiss dar, überhaupt mit einer *scheinbaren* Außenwelt in Kontakt zu kommen, sich lebendig zu fühlen und diese Außenwelt gleichzeitig unter Kontrolle zu haben.

Entsprechend kommt auch der Soziologe Robert Gugutzer in seiner Untersuchung von Essstörungen zu dem Schluss:

»Absichtsvolles Hungern, Heißhungerattacken und freiwillig herbeigeführtes Erbrechen können als Grenzerfahrungen bezeichnet werden. Damit sind leiblich-affektive Zustände gemeint, die für das Individuum entweder als spürbarer Widerstand [...] oder als spürbare Leichtigkeit [...] erfahrbar werden. Gemeinsam ist allen Grenzerfahrungen, dass sie sich für das Individuum als leiblich-affektive Betroffenheit bemerkbar machen. In der leiblich-affektiven Grenzerfahrung wird das Individuum mit sich selbst konfrontiert, und diese Selbstkonfrontation scheint für Essgestörte positiv besetzt zu sein. [...] Vergleichbar mit anderem autoaggressiven Verhalten (z.B. sich Schneiden, Brennen, Schaben) werfen diese Körperpraktiken die Betroffenen in einer von ihnen als positiv bewerteten Weise auf sich selbst zurück. Sie spüren sich selbst als gegenwärtig, und das ist eine Erfahrung, derer sie sonst mangeln und die ihnen das Gefühl gibt, überhaupt noch am Leben zu sein« (Gugutzer 2005, S. 343f.).

Der Aspekt der Selbstkontrolle, die Abwehr der Angst vor Kontrollverlust ist etwas, das beispielsweise bei Essstörungen schon lange als psychodynamisches Element erkannt und verstanden worden ist. Damit ist aber noch nicht berücksichtigt, dass dieses Verhalten immer auch die verzweifelte Suche nach einem *spürbaren*, also *leiblich erfahrbaren* Kontakt zur Außenwelt beinhaltet, da nur ein solcher Kontakt die eigenen Selbstgrenzen zu bestimmen vermag.

Winnicott verfolgt wohl einen ähnlichen Gedanken, wenn er darauf hinweist, dass der Kontakt des Säuglings zu seiner Umwelt mit der dem Säugling innewohnenden Motilität, der frühesten Wurzel der Aggression, beginnt. Mithilfe der Motilität wird die Umwelt entdeckt und erschlossen. Das Individuum, sein (unverschmolzenes) Motilitätspotenzial ist

> »*darauf angewiesen, auf Widerstand zu stoßen.* Grob gesagt: Es braucht etwas, gegen das es stoßen kann, sonst bleibt es dem Erleben unzugänglich und wird zu einer Gefahr für das Wohlbefinden. Im gesunden Zustand kann das Individuum es *per definitionem* genießen, nach angemessenem Widerstand Ausschau zu halten« (Winnicott 1958, S. 103).

Die Suche des kleinen Kindes nach »Widerstand« kann nun, nach Winnicott, drei Richtungen nehmen: Handelt es sich dabei um eine Bewegung des Säuglings in Richtung Umwelt, wird also *seine* ursprüngliche Bewegung von dieser aufgenommen, dann ist »der Kontakt mit der Umwelt *ein Erlebnis des Individuums* (zunächst in seinem undifferenzierten Ich-Es-Zustand)« (ebd., S. 102). Erfolgen hingegen Übergriffe seitens der Umwelt auf den Säugling, dann kann dieser sich nur zurückziehen und seine Motilität entsprechend nur als *Reaktion* auf Übergriffe erleben. Er ist quasi schon enteignet, seiner »spontanen Geste« beraubt. Im schlimmsten Falle werden diese Übergriffe so massiv, dass keinerlei Art Rückzugsort mehr bleibt, sodass der Betreffende den Kern seines »wahren Selbst« verbergen muss und die angepasste Hülle des »falschen Selbst« an seiner Statt wächst. Es ist leicht nachvollziehbar, dass ein Mensch mit einer Geschichte voller Übergriffe diese natürlich vermeiden möchte, den Kontakt zur Umwelt folglich, soweit möglich, einschränken muss. Aber wie soll er dann auf »Widerstand« stoßen, Selbstgrenzen erkennen und spüren, sich lebendig fühlen?

Der tragische Versuch besteht darin, diesen Widerstand in sich selber zu suchen, auch wenn dieser Versuch früher oder später notwendig scheitern muss:

Ein Schnitt in der eigenen Haut, ein Hungergefühl oder ein Erschöpfungsgefühl nach übermäßiger Anstrengung zeigt denn, so paradox es anmuten mag, dass das eigene Selbst doch Grenzen hat und es folglich eine äußere Welt geben muss. Wenn man so will, wird hier »der Schock des Ungemachten, des Unverfügbaren« simuliert, die Begegnung mit dem Unverfügbaren sozusagen unter semi-kontrollierten Bedingungen. Die »leiblich-affektive«

Grenzerfahrung ist ein ästhetisches Erlebnis, welches darauf aus ist, sich als gegenwärtig und lebendig zu erfahren. Allerdings bleibt es, wie Gugutzer richtig erkennt, eine »Selbstkonfrontation«. Diese ist »positiv« besetzt, da sie ein ästhetisches Erleben und damit eine Form der Selbstvergewisserung ermöglicht, *ohne* sich mit unabhängigen Objekten zu konfrontieren oder sich gar diesen zu überantworten. Solche »Grenzerfahrungen« spielten sich nach Gugutzer als »Konflikt zwischen Ich und Leib« (Gugutzer 2005, S. 344) ab, der für den betreffenden Menschen dann »als Kampf zwischen seinem Willen und der spürbaren Widerständigkeit seines Leibes« (ebd., S. 345) erfahrbar werde. Der Körper muss also hier ein äußeres Objekt ersetzen; der eigene Körper muss herhalten, um einen Widerstand zu erzeugen, in Ermangelung eines spürbaren Widerstandes durch äußere, unabhängige Objekte. Diese waren in der frühen Entwicklung des Betreffenden entweder wirklich abwesend und konnten demzufolge auch nicht als »gute«, haltende innere Objekte verinnerlicht werden und stehen damit auch nicht zur Verfügung, um einen solchen Widerstand, ehemals von *außen* kommend, nun im Inneren zu repräsentieren. Oder aber diese frühen Objekte waren zu sehr anwesend, im Sinne eines *Zuviel*, und damit für das Selbst so überwältigend, dass ihre Existenz nun geleugnet werden muss. Es steht also viel auf dem Spiel, wenn Menschen mit einer sogenannten »frühen Traumatisierung« sich anschicken, sich auf die psychoanalytische Aufführung einzulassen, sich aufmachen, die unabhängige Realität »ihrer« Objekte zu entdecken und anzuerkennen.

Das »frühe Trauma« – Der Verlust der Subjektivität

Das Trauma im Sinne der Psychoanalyse ist

> »das Ereignis der Begegnung des Subjekts mit etwas völlig Fremden, von dem es dennoch unausweichlich und bis in seine intimste Identität betroffen wird« (Bernet 2001, S. 227),

so der Philosoph Rudolf Bernet in seiner beindruckenden Arbeit *Das traumatisierte Subjekt*. Und ganz ähnlich schreibt auch der französische Psychoanalytiker Thierry Bokanowski:

> »Ganz allgemein bezeichnet man mit *Trauma* die psychische Wirkung eines Ereignisses [...], das sich im Leben einer Person schmerzlich eingeprägt hat« (Bokanowski 2005, S. 11),

und weist darauf hin, dass es das Trauma »an sich« nicht gibt, sondern dass wir uns auf Konzepte und Denkmodelle berufen müssen, um psychodynamische Zusammenhänge herstellen zu können. Es gibt kein Trauma »an sich«, weil es kein Trauma ohne Subjekt gibt und weil ein Ereignis so viele unterschiedliche »psychische Wirkungen« zeitigt, wie es Menschen gibt. Bei zweifellos auch erkennbaren Gemeinsamkeiten gibt es dennoch, wie Bernet richtig feststellt, »traumatisierbare Subjekte« (Bernet 2001, S. 236), welche traumatische Erfahrungen machen.

Die traumatische Erfahrung, so Fischer und Riedesser, ist

> »ein vitales Diskrepanzerlebnis zwischen bedrohlichen Situationsfaktoren und den individuellen Bewältigungsmöglichkeiten, das mit Gefühlen von Hilflosigkeit und schutzloser Preisgabe einhergeht und so eine dauerhafte Erschütterung von Selbst- und Fremdverständnis bewirkt« (Fischer/Riedesser 2003, S. 82).

Es gibt eine »Traumatisierbarkeit«, die dem Menschen innewohnt, die er sozusagen »mitbringt«, wenn er, in voller Ausprägung des Wortes, Mensch ist.

»Traumatisierbar« ist er auf zwei Ebenen, die voneinander abhängig sind: auf der Ebene des Narzissmus und auf der Ebene der Objektbeziehungen. Bokanowski möchte diese beiden Ebenen als zwei Spielarten des Traumas zunächst getrennt wissen:

> »Die eine desorganisiert den psychischen Ablauf auf der Ebene der Besetzung der Objektbeziehungen, die andere desorganisiert die Psyche auf der Ebene der Bildung des Narzißmus, was sich in Störungen des Identitätserlebens und der Subjektivität äußert« (Bokanowski 2005, S. 12),

und sieht dabei die zweite Ebene als eine frühere und archaische an. Dann allerdings führt er die beiden Ebenen im Begriff des »Traumatischen« *(traumatique)* wieder zusammen:

> »Damit bezeichne ich einen bestimmten psychischen Funktionsmechanismus, der beiden Spielarten des Traumas gemeinsam ist und für alles steht, was am traumatisch geprägten Ablauf den Wiederholungszwang herbeiführt« (ebd.).

Und das scheint mir essenziell: Ein Trauma, welches »weder die Objektbeziehung noch die Triebverflechtung beeinträchtigt« (ebd.) ist schlechterdings nicht vorstellbar. Es ist eben diese Verflechtung von Narzissmus und Objektbeziehung, die das Subjekt an zwei Stellen verwundbar macht.[40] So schreibt Bernet folgerichtig:

> »Der Narzißmus [geht] mit einer Abhängigkeit vom Liebesobjekt [einher]. Das Subjekt ist also zweifach ›traumatisierbar‹ und man sieht nicht, wie es sich vor dem durch den Verlust einer geliebten Person auferlegten Trauma schützen könnte – außer dadurch, daß es niemanden liebt! Die Schutzvorrichtungen, mit denen es sich umgibt, zeugen somit weniger von seiner Autarkie als von seiner Verwundbarkeit!« (Bernet 2001, S. 238).

Entsprechend heißt »traumatisierbar« sein, dass das Subjekt

> »sich zerbrechlich und abhängig fühlt und daß es in der Besessenheit von seinem eigenen Verschwinden lebt« (ebd.).

Jedes Trauma führt also zu einer veränderten Qualität der Objektbesetzungen und Objektbeziehungen und jedes Trauma führt zu einer Störung des Identitätserlebens und der Subjektivität!
Inzwischen herrscht eine gewisse Einigkeit darüber, dass es einen Unterschied macht, ob ein Mensch in einer frühen Phase seines Lebens traumatisiert wird, wenn ihm nur sehr wenige, eingeschränkte Mittel zur Verfügung stehen, diese Erfahrung zu verarbeiten, da sich das Selbst noch im Aufbau befindet. Die Folgen eines im Kindesalter erlittenen Traumas unterscheiden sich in einigen Punkten von jenen, die sich aus einem traumatischen Erlebnis im Erwachsenenalter ergeben. Ferner besteht auch Einigkeit darüber, dass ein frühes Beziehungstrauma von besonderer Qualität ist und sich von anderen traumatischen Erlebnissen unterscheidet, da es die psychische Welt des kleinen Kindes in seinem innersten Kern betrifft. Die Erfahrungen mit den frühen Bezugspersonen bilden die Matrix für das spätere Welterleben. Anders als beim späten Trauma, dem reichhaltigere Verarbeitungsmöglichkeiten zugrunde liegen, arbeitet sich das frühe Trauma wie ein Webfehler in

---

40 Wenn Fischer und Riedesser in ihrer Definition der traumatischen Erfahrung darauf hinweisen, dass diese immer mit Gefühlen der Hilflosigkeit und schutzloser Preisgabe einhergeht, dann ist auch dies ein Hinweis auf die Verschränkung von Narzissmus und Objektbeziehung: Schutzlose Preisgabe heißt in einer solchen Situation für den Betreffenden immer auch, dass ein *Objekt* ihn preisgegeben, ihm den notwendigen Schutz verweigert hat. Diese Vorstellung mag zwar überwiegend unbewusst existieren (z.B., wenn das Objekt geschützt werden soll), aber sie ist dennoch wirksam.

die Verarbeitungsmöglichkeiten selber ein. So schreibt Joachim Küchenhoff in seiner wichtigen Arbeit *Die Repräsentation früher Traumata in der Übertragung* entsprechend:

> »Die traumatische Erfahrung wird, mit anderen Worten, zum transzendentalen Bestandteil der Erfahrungskategorien, also zu einem subjektiven a priori jeder möglichen Erfahrung« (Küchenhoff 1990, S. 18).

Küchenhoff bezieht sich auch auf Freuds Formulierung, dass Objektbeziehungen ihren Niederschlag in der psychischen Struktur eines Menschen wiederfinden. Auch für Küchenhoff wirken Interaktionserfahrungen *formgebend*, indem sie sich im entstehenden Selbst sedimentieren und dieses gleichzeitig formen. Er schreibt:

> »[...] die frühen Erfahrungen sind nicht einfach, auch nicht in der Psychoanalyse, für das Bewußtsein wiederzugewinnen, und dennoch sind sie nicht verloren. Sie sind im Aufbau des Leibes, der Wahrnehmung, des Bewusstseins im doppelten Sinne ›aufgehoben‹, sie wirken strukturbildend, sind die Struktur, aus ihr sind sie nicht zu verflüssigen« (ebd.).

Die frühen Erfahrungen sind also, wenn man so will, in das entstehende Selbst gegossen und sind, da sie zum Zeitpunkt, zu dem sie erfahren worden sind, noch keine sprachliche Form finden konnten, auch nicht einfach als Ereignis bewusst zu machen, vielmehr muss das betroffene Individuum *sich* erleben und dieses Erleben *ernst nehmen*, um zu einem Bewusstsein dessen zu kommen, was ihm geschehen ist. Dem traumatisierten Kind ist, wie bereits im vorangegangenen Kapitel beschrieben, geschehen, dass es die *Form* seiner primären Bezugspersonen eingeprägt bekommen hat, und zwar in einer Weise, die es ihm nicht mehr erlaubt hat, sich ihnen anzugleichen, *ohne sein Wesen zu verlieren*, ohne seine Individualität, seine Freiheit, sein Wünschen zu verlieren. Das Individuum wird zum Verschwinden gebracht und das eben bedeutet

> »die Vernichtung der subjektiven Identität durch ein Ereignis, das sich nicht zu eigen machen läßt und das infolgedessen traumatisiert. Ich bin in dem Maße – und eben auch nur so lange – ein Subjekt, wie ich meinem Verschwinden widerstehe. Ein Subjekt sein hieße folglich, Identitätsverlust unterworfen zu sein, gefolgt von Versuchen zur Wiederherstellung dessen, was fortan nur mehr eine verwundbare Subjektivität oder ein verletztes Cogito sein kann« (Bernet 2001, S. 225).

Die Wiederherstellung der Subjektivität bedeutet demnach für den traumatisierten Menschen, sich selber im vollständigen Sinne des Wortes als »traumatisiert« zu begreifen, d. h. nachträglich Zeuge seiner eigenen Vernichtung zu werden. Dies ist unter anderem deshalb so schwierig, weil es nicht sicher ist, dass

> »das Subjekt, das sich verwandelt, indem es Prüfungen übersteht, die seine Identität bedrohen, überhaupt davon sprechen kann, zumal in der ersten Person Singular« (ebd.).

Also auch Bernet spricht hier von einer »Verwandlung« und zwar einer aufgezwungenen Verwandlung, sodass dem Menschen, der ein Trauma überlebt hat, eigentlich nur zu sagen bliebe: »Hier bin ich, wider Willen« (ebd., S. 226). Das »Ich« von dem hier die Rede ist, ist durch seine eigene Auslöschung hindurch gegangen; das »Ich«, welches wieder an die Oberfläche kommt, ist nicht das frei gewählte »Ich«. Daraus ergibt sich für Bernet eine zentrale Frage:

> »Worauf stützt sich ein Subjekt, um zu überleben und zu antworten, wenn die Vorstellung, die es sich von sich geschaffen hat, zusammengebrochen ist, und wenn ihm Worte fehlen, um zu sagen, was ihm widerfahren ist?« (ebd., S. 227).

Für das frühe Trauma wäre hier hinzuzufügen: Worauf stützt sich ein Kind, das noch gar keine *eigene* Vorstellung von *sich* gewinnen konnte? Das Trauma hinterlässt in ihm seine Spuren, indem es, wie Küchenhoff bemerkt, zur Identitätsbildung verwendet wird, es wird zum »Ich- und Weltbild« (Küchenhoff 1990, S. 18), zu einer »traumatischen Identität« (ebd.), sodass dieser Mensch mit der Grundüberzeugung lebt, »daß das Leben sich vor dem Hintergrund einer basalen Unberechenbarkeit abspielt« (ebd.) und er nicht darüber sprechen kann, was ihm geschehen ist. Die Spuren, die das Trauma hinterlässt, sind nach Bernet etwas,

> »das auf ein Ereignis verweist, welches zur Hohlform einer Abwesenheit wird, weil es für das Kind niemals wirklich gegenwärtig gewesen ist« (Bernet 2001, S. 228).

Hier trifft sich Bernet mit Winnicott, der in seiner späten Arbeit *Die Angst vor dem Zusammenbruch* die These aufstellt, dass der von Patienten befürchtete Zusammenbruch bereits erfahren wurde, ohne erlebt[41] werden zu können und dass er diese Tatsache »im Unbewussten verborgen mit sich herumträgt« (Winnicott 1974, S. 1120). »Das gleichtbedeutetUnbewußte« gleicht für Winnicott hier nicht »dem ins Unbewußte Verdrängte«, sondern bedeutet, »daß die Ich-Integration unzureichend ist« (ebd.), also das, was wir oben als »frühes Trauma« kennen gelernt haben. Daraus ergibt sich auch die ungeheure Zumutung einer psychoanalytischen Therapie für Analytikerin und Analysand: Dieser soll sich »erinnern«, soll den »Zusammenbruch«, seine Vernichtung erleben, jene soll Anlass, Zeugin und Container für diesen Zusammenbruch sein und Worte dafür finden.

> »Der Patient muß sich daran ›erinnern‹, aber es ist unmöglich, sich an etwas zu erinnern, das noch nicht geschehen ist, und dieses vergangene Geschehen ist noch nicht passiert, weil der Patient noch nicht [wirklich, D. P.] da war, es ihm nicht geschehen konnte. In diesem Fall ist der einzige Weg für den Patienten sich zu ›erinnern‹, der, das Vergangene erstmals in der Gegenwart, d.h. in der Übertragung zu erleben. Das Vergangene und das Zukünftige wird so zum Gegenstand der Hier und Jetzt und zum ersten Mal vom Patienten erlebt« (Winnicott 1974, S. 1124).

Genau dieses zeichnet die Psychoanalyse als performativen Prozess aus: Indem sich Analytikerin und Analysand auf diese Form einer gemeinsamen Aufführung einlassen, welche unter anderem durch die leiblich-sinnliche Präsenz beider konstituiert wird, schaffen sie einen neuen Kontext. Es kommt nicht zu einer bloßen Wiederholung, sondern zu einer Wiederaufführung unter anderen Bedingungen, sodass der Patient zwar im Hier und Jetzt erlebt, was er als Kind um seines psychischen Überlebens willen nicht erleben durfte,

---

41 Winnicott benutzt in seinem Text das Wort *erleben* etwas widersprüchlich, wenn er zunächst schreibt: »Ich behaupte, daß das, was uns klinisch als Angst vor dem Zusammenbruch begegnet, die Angst vor einem Zusammenbruch ist, der bereits erlebt wurde« (Winnicott 1974, S. 1120). Aus dem weiteren Text geht jedoch hervor, dass der Patient damals diesen Zusammenbruch gerade nicht *erleben* konnte, da die kindliche Psyche dazu noch nicht in der Lage war, sondern der Zusammenbruch ist ihm *widerfahren*. Entsprechend ist der Patient so lange von dieser Angst gequält, bis er den Zusammenbruch in der Analyse, diesmal unter anderen Bedingungen als damals, *erleben* kann. »Die ursprüngliche Erfahrung der primitiven Seelenqualen [kann] nicht in die Vergangenheit gelangen, wenn das Ich sie nicht zuerst in seine eigene Erfahrung aufnehmen und unter omnipotente Kontrolle bringen kann (indem es die stützende Funktion des Hilfs-Ichs der Mutter [des Analytikers] annimmt)« (ebd., S. 1120/1121). Dies ist der notwendige Schritt, um sich selber als »traumatisiert« begreifen zu können. Wir werden später auf die Funktion, welche die Analytikerin dabei übernehmen muss, zurückkommen.

zugleich aber erlebt er etwas Neues, indem er sich die »stützende Funktion«, die Anwesenheit seiner Analytikerin zu eigen macht und den Affekten nicht mehr schutzlos ausgeliefert ist und – diesmal – nicht vernichtet wird.

>>Betrachtet man den Tod auf eine Weise, als etwas, was dem Patienten widerfuhr, ohne daß er reif genug gewesen wäre, ihn zu erleben, so hat er den Charakter der Vernichtung« (ebd., S. 1123).

Eine psychoanalytische Therapie soll und darf natürlich diese Vernichtung nicht wiederholen, aber sie kann auch nicht anders, als dem Analysanden eine affektive Einsicht in die einmal erfahrene Vernichtung zuzumuten.

Aus dieser Einleitung geht hervor, dass zur Erfahrung eines Traumas, hier immer als ein Beziehungstrauma verstanden, im Wesentlichen folgende Kategorien gehören:
1. Der Entzug der Anerkennung.
2. Das Unerwartbare.
3. Das *Zuviel* an sinnlicher Empfindung.

Daraus ergeben sich, im Sinne von (notwendigen) Abwehrmaßnahmen entsprechende Konsequenzen:
1. Das Fehlen stabiler Selbstgrenzen.
2. Der Versuch, Kontrolle über die Außenwelt zu gewinnen.
3. Die emotionale Anästhesie.

Im Folgenden möchte ich diese drei katastrophalen Erfahrungen genauer untersuchen, um so zu einem Verständnis der Abwehr- und Überlebensstrategien traumatisierter Patienten zu kommen und anschließend die Herausforderungen und Möglichkeiten der sie behandelnden Psychoanalytikerinnen und Psychoanalytiker aufzeigen.

Der Entzug der Anerkennung – Der Verlust des Selbst

>>Anerkannt werden, wenn es denn jemals geschieht, hieße für jeden, dank der Anerkennung seines Reichs von Fähigkeiten durch andere die vollständige Gewißheit seiner Identität zu erlangen« (Ricoeur 2006, S. 310),

schrieb der Philosoph Paul Ricoeur in seinem letzten großen Buch und bringt damit zum Ausdruck, dass wir, um unsere Identität zu erlangen, auf andere, auf deren Anerkennung angewiesen sind. Die Psychoanalytikerin Jessica Benjamin meint etwas Ähnliches, wenn sie, sich auf Hegel beziehend, schreibt:

> »Zwei absolute Selbst stehen einander hypothetisch gegenüber (das Selbstbewußtsein und der Andere – nämlich ein weiteres Selbstbewußtsein), deren Auseinandersetzung eine Dialektik der Anerkennung begründet. Eine jedes existiert nur, indem es für das andere existiert, das heißt, indem es Anerkennung findet« (Benjamin 1988, S. 34).

In Ricoeurs Definition schwingt mit, dass eine vollständige Anerkennung vielleicht niemals zu haben ist, dass wir dennoch darauf angewiesen sind, anerkannt zu werden, um zu einem Selbstbewusstsein zu gelangen. In diesem Sinne verstanden, handelt es sich um einen lebenslangen Prozess, in dem wir uns darum bemühen, zu einer »Gewissheit« unserer Identität zu gelangen. Aber wie steht es mit dem Anfang? Es ist ja gerade nicht so, dass sich mit der Mutter und ihrem Neugeborenen bereits »zwei Selbstbewusstsein« gegenüberstehen, wohl aber ein Selbstbewusstsein und ein Anderer. Zwar spricht Benjamin auch in diesem Stadium von »gegenseitiger Anerkennung« (Benjamin 1988, S. 19), meint aber damit »die gleichzeitige Existenz zweier lebendiger Subjekte« (ebd.), die Fähigkeit des Säuglings, aktiv an der Interaktion teilzunehmen. Dennoch dürfte man auf Schwierigkeiten stoßen, wollte man dem Säugling bereits ein Selbstbewusstsein zuschreiben, in dem Sinne des Wortes, dass er ein Bewusstsein von sich haben könne. Das gerade soll er ja erwerben. Aber ich verstehe Benjamin so, dass dieses in der Entstehung begriffene Selbstbewusstsein des Kindes, als ein von der Mutter getrenntes, bereits in ihr repräsentiert sein muss, um dem Kind das Auffinden der eigenen Identität zu ermöglichen.

> »Aber sie [die Mutter, D.P.] zweifelt keine Sekunde daran, daß dieses Baby sein eigenes Selbst seine einzigartige Persönlichkeit in ihr gemeinsames Leben einbringen wird« (ebd., S. 17).

Natürlich ist das, wie wir aus unserer klinischen Erfahrung wissen, nicht immer der Fall. Es kann sein, die Mutter negiert das Recht auf Autonomie des Kindes, und es wird deutlich, dass es sich hier um eine Fähigkeit der Mutter handelt, nämlich um deren Fähigkeit, das wachsende Selbstbewusstsein ihres Kindes psychisch repräsentiert zu halten, es innerlich in die Zukunft zu entwerfen, ohne es sich zu eigen machen zu wollen.[42] In diesem Sinne aller-

---

42 Möglicherweise verdanken sich manch heftige Auseinandersetzungen in der Pubertät eben

dings, ist der Säugling für eine solche Mutter von Anfang an ein »Anderer« mit eigenen Wünschen, Rechten, Impulsen und Bedürfnissen und eben nicht lediglich »Selbstobjekt«. Und der Säugling ist zwingend darauf angewiesen, will er zu seiner eigenen Identität finden.

In der psychoanalytischen Diskussion wird in diesem Zusammenhang nicht ohne Grund gern auf den Text von Winnicott zurückgegriffen, in dem er versucht, diesen Anerkennungsprozess, die Fähigkeit zur Anerkennung und ihre notwendigen Grundlagen zu beschreiben. In seinem Aufsatz *Objektverwendung und Identifizierung* beschreibt er den Weg von der »Objektbeziehung« zur »Objektverwendung« als einen Prozess, in dessen Verlauf das Kind dazu kommt, seine primären Objekte »als Wesen mit eigenem Recht« anzuerkennen. (Winnicott 1971, S. 105) Und dazu gehört, sie als Teil der äußeren Realität wahrnehmen zu können.

»Das Objekt muß, wenn es verwendet werden soll, zum Beispiel notwendigerweise im Sinne eines Teils der wahrgenommenen Realität real sein und nicht etwa ein Bündel von Projektionen« (ebd., S. 103).

Um das Objekt verwenden[43] zu können, muss es, in der Terminologie Winnicotts, zunächst »zerstört« werden, und zwar in der »unbewußten Phantasie« des Subjektes. Und bei dieser »Zerstörung« handelt es sich um einen Parallelvorgang: Das *Objekt* erkennt, dass es Ziel der Projektionen des Subjektes war und eben nicht in diesen »aufgeht«, es erkennt, dass es sich von diesen Projektionen unterscheidet. Aber es kann mit diesen Projektionen leben, sie dem Subjekt lassen und es damit als solches *anerkennen* und muss sich weder sofort verteidigen noch rächen, und das bedeutet, dass es »überlebt«[44]. Sich zerstören *lassen* zu können, ist somit eine Eigenschaft des Objekts. *Gleichzeitig* erkennt das *Subjekt*, dass seine Fantasien nicht in dem realen Objekt »aufgehen«, es anders ist als erwartet, und das ist der Moment der *Zerstörung*. In diesem Moment wird das Objekt Teil der äußeren Realität, da es sich als nicht vom Subjekt kontrollierbar erweist; es wird »durch die Zerstörung in

---

dieser notwendigen Anstrengung, sich von dem »Entwurf«, also auch einer inneren Festlegung, wieder zu trennen. Auch dies ist ein Paradoxon: Natürlich »entwerfen« Eltern ihre Kinder in die Zukunft, haben Wünsche für sie und dergleichen, aber wenn alles gut geht, vermitteln sie ihren Kindern eben auch die Freiheit, sich von diesen Wünschen zu distanzieren.
43 Benjamin weist darauf hin, dass »verwenden« hier bedeutet, »von einer anderen Person kreativ zu profitieren« (Benjamin 1988, S. 39).
44 »Es ist wichtig, daß ›Überleben‹ in diesem Zusammenhang ›Sich-nicht-Rächen‹ bedeutet« (Winnicott 1971, S. 107).

den Bereich außerhalb der omnipotenten Kontrolle des Subjekts gestellt« (ebd., S. 105) und damit vom Subjekt *anerkannt*. Dieser Prozess wiederholt sich, wenn alles gut geht, unzählige Male:

> »Diese Eigenschaft, ständig wieder zerstört zu werden, macht die Realität des überlebenden Objektes überhaupt erst *erlebbar* [kursiv durch D.P.], verstärkt die Gefühlsbeziehung und führt zur Objektkonstanz. Erst danach kann das Objekt verwendet werden« (ebd., S. 109).

Erst, wenn das Kind sein Objekt *verwenden* kann, vermag es zu seiner Identität zu finden. Der Schritt, den das Kind (und der Analysand) gehen muss, ist der, aus der Welt der (auch unbewussten Fantasien) heraustreten zu können und diese mit der Realität zu vergleichen. Erst in diesem Moment kann so etwas wie eine erste Differenzierung stattfinden. Erst in dem Moment, in dem man erkennt, dass es eine Realität gibt, kann man auch erkennen, dass es so etwas wie Fantasien gibt.

In der traumatischen Erfahrung nun kommt es gerade zum Entzug dieser notwendigen Anerkennung, die Dialektik von Selbstbehauptung und Anerkennung bricht zusammen. Das (Beziehungs-)Trauma, so formuliert Küchenhoff,

> »ist dadurch charakterisierbar, daß der Andere als einer wahrgenommen wird, der nicht mehr weiß oder wissen will, daß ich selbst für ihn ein Anderer bin. Ich bin allenfalls Objekt der Begierden, ja vielleicht sogar [...] desobjektalisiert« (Küchenhoff 2004, S. 815). »[...] In der traumatischen Situation begegnet der Andere dem Selbst so, daß er es als den Anderen jenseits des Objektstatus nicht mehr anerkennen, ja, nicht einmal mehr erkennen kann« (ebd., S. 823). »[...] Der Andere erlaubt dem Selbst nicht mehr, die Differenzerfahrung zwischen Objekt und Anderem überhaupt erst zu machen« (ebd., S. 825).

In einer traumatisierenden Beziehung wird dem Kind also zweifach der Boden entzogen: Zum einen gelingt es der Mutter nicht, ihr Kind innerlich als ein von ihr getrenntes Wesen mit eigenen Rechten zu repräsentieren; dem Kind wird, auf verschiedenen Wegen, die Anerkennung entzogen. Und gleichzeitig verweigert sich die Mutter der »Zerstörung« durch das Kind, der Objektverwendung, sodass das Kind nötige Differenzierungserfahrungen nicht machen, somit nicht in die Realität hinaustreten und damit seinerseits nicht anerkennen kann.

Eine traumatische Beziehung ist eine Beziehung, in welcher Gewalt regiert. Sie ist nicht denkbar ohne Aberkennung der Subjektivität und der individu-

ellen Rechte; sie ist nicht denkbar ohne Unterwerfung. Axel Honneth macht in seinem Buch *Kampf um Anerkennnug* darauf aufmerksam, dass es im Wesentlichen drei Formen des Entzugs von Anerkennung gibt:
1. Die körperliche Misshandlung.
2. Die persönliche Missachtung durch Ausschluss vom Besitz bestimmter Rechte.
3. Die Herabwürdigung von individuellen oder kollektiven Lebensweisen.

Die *körperliche Misshandlung,* der leibliche Übergriff, stellt nach Honneth die elementarste Art persönlicher Erniedrigung dar.

>»Was hier der Person durch Mißachtung an Anerkennung entzogen wird, ist die selbstverständliche Respektierung jener autonomen Verfügung über den eigenen Leib, die ihrerseits durch Erfahrungen der emotionalen Zuwendung in der Sozialisation überhaupt erst erworben worden ist. [Dadurch wird] die elementarste Form der praktischen Selbstbeziehung, das Vertrauen in sich selber, nachhaltig zerstört« (Honneth 1992, S. 214/215).

Und wie viel schwerer wiegen die Folgen, wenn die »Erfahrungen der emotionalen Zuwendung«, welche die Gewissheit der autonomen Verfügbarkeit des Leibes (soweit möglich) ermöglichen sollen, ausgeblieben sind oder zu wenige waren? Die so oft anzutreffende mangelnde Fürsorgefähigkeit traumatisierter Menschen, sich selbst, ihrem Leib, ihren körperlichen Bedürfnissen gegenüber, legt davon Zeugnis ab. In ihrem praktischen Selbstbezug drückt sich aus, welchen Umgang sie einst, durch ihre frühen Objekte erfuhren. Bedürfnisse und Schmerzen werden von solchen Menschen oft in einer Weise ignoriert, als hätten sie nie bemerkt, dass sie eine Verantwortung gegenüber ihrem Körper haben, dass sie Einfluss auf ihn nehmen können und auch ein Recht darauf haben.

Die Tragik der körperlichen Misshandlung ist unter anderem auch darin begründet, dass die leibliche Verletzbarkeit von Beginn des Lebens an, also noch lange vor der bewussten Denktätigkeit, gegeben ist. Der Leib »versteht« Angriff und Bedrohung unmittelbar, sie werden ihm »eingeschrieben«. Es wird dieses »Verstehen« sein, welches später im sogenannten »impliziten Gedächtnis« aufbewahrt ist und für das es (vorerst) keine Worte gibt. Auch Bernet weist, sich auf Levinas beziehend, darauf hin, dass

>»die tiefsten Traumata das Subjekt in seiner leiblichen Sensibilität und nicht in seinen Vorstellungen und Erkenntnissen treffen« (Bernet 2001, S. 244).

Eben dies ist der Grund, weshalb eine der Hauptabwehrmaßnahmen, die ein solchermaßen misshandelter Mensch ergreift, darin besteht, sich *unempfindlich* zu machen, durchaus nicht nur psychisch, sondern ganz konkret physisch-leiblich.[45]

Die *persönliche Missachtung* durch Ausschluss bestimmter Rechte, die legitimerweise für den betreffenden Menschen erwartbar sind (dazu gehört dann auch das oben genannte Recht auf körperliche Unversehrtheit, was noch einmal deutlich macht, dass leibliche Misshandlung immer auch die anderen Formen des Entzuges von Anerkennung mit einschließt), stellt für Honneth eine dritte Form des Entzugs von Anerkennung dar. Diese Form der Entrechtung gehe typischerweise auch mit dem

> »Verlust an Selbstachtung, der Fähigkeit also, sich auf sich selbst als gleichberechtigter Interaktionspartner aller Mitmenschen zu beziehen, einher« (Honneth 1992, S. 216).

Die persönliche Missachtung führt also zu einem Verlust an Selbstachtung. Auch hier legt der Umgang des betreffenden Menschen mit sich selber Zeugnis ab von der Art und Weise, wie er sich von seinen primären Objekten missachtet gefühlt hat. So wie das körperlich misshandelte Kind seinen Leib zum Objekt nimmt, wie es einst die Misshandelnden taten, so verachtet das ehemals verachtete Kind nun sein Selbst.

In der *Herabwürdigung von individuellen und kollektiven Lebensweisen* sieht Honneth eine dritte Form des Entzuges von Anerkennung. In einem solche Falle werde dem Betreffenden die soziale Zustimmung zu seinen Formen der Selbstverwirklichung vorenthalten (ebd., S. 217). In psychoanalytischer Terminologie sprechen wir, auf die frühkindliche Entwicklung bezogen, von der notwendigen »Spiegelfunktion« der Eltern, welche das Kind in seiner Form der Selbstverwirklichung, in *seiner* Form des Ausdrucks unterstützen soll. Auch hier ist erkennbar, dass es sich bei den von Honneth zusammengestellten drei Formen des Entzuges von Anerkennung um ein Stufenmodell handelt: Ein körperlich misshandeltes Kind verliert auch die persönliche Achtung und hat in den meisten Fällen auch keine Bestärkung seiner Selbstverwirklichung durch die Eltern zu erwarten. Ein solches Kind

---

45 Es ist hinreichend bekannt, dass Menschen, die sich an ein erlittenes Trauma erinnern, (zumindest nachträglich) davon sprechen, dass sie ihren Körper verlassen hätten, wie ein Beobachter der Szene daneben gestanden und keinerlei körperlichen Schmerz gespürt hätten.

erleidet das, was Shengold »Seelenmord« und ein »Verbrechen« nennt: Es ist »der bewußte Versuch, die Autonomie eines anderen Menschen zu zerstören oder zu gefährden« (Shengold 1989, S. 16).

Die Überlebensmaßnahme besteht darin, auf jegliche Anerkennung der Realität *und* seiner selbst zu verzichten. In einem frühen Artikel zur Kindesmisshandlung beschreibt Eberhard Windaus die psychodynamische Operation, mit der das Kind sich zu retten versucht und die sozusagen das »Negativ« von Winnicotts »Objektverwendung« darstellt:

»Das mißhandelte Kind vermag sich durch die früh einsetzende Aufspaltung in Wunsch- und Realobjekt die Idealisierung der primären Objekte gegen die beängstigende Wirklichkeit zu sichern und schützt sich zugleich durch die Etablierung des Größen-Selbst vor der Gewahrung seiner Ausgeliefertheit. Beide Idealisierungsformen treiben das mißhandelte Kind aber immer stärker in die Verfestigung der Diskrepanz von gefährlicher Realität und imaginärer Objektwelt. [...] Das Festhalten an idealisierten Imagines könnte bei mißhandelten und vernachlässigten Kleinkindern so zum Überlebensversuch werden, denn nur mit deren ›Hilfe‹ kann die angstmachende Eltern-Kind-Beziehung überhaupt ertragen werden« (Windaus 1987, S. 347).

Das Festhalten an den »idealisierten Imagines« ist das, was Shengold als das zentrale Problem der Therapie mit traumatisierten Menschen beschreibt: »Ohne das innere Bild der liebevollen Eltern, wie kann man da überleben? [...] Jedes Seelenmordopfer scheitert an der Frage: ›Gibt es ein Leben ohne Vater und Mutter?‹[46]« (Shengold 1989, S. 380).

Zusammenfassend lässt sich als Konsequenz aus dem *Entzug der Anerkennung* also Folgendes festhalten:

Es fehlen stabile Selbstgrenzen, d.h. es gibt kein wirkliches *Außen* und *Innen*. Damit können in äußerster Konsequenz auch keine äußeren Objekte wahrgenommen werden, was wiederum zur Folge hat, dass das Selbst sich aufgrund mangelnder Erfahrungen, die neu von außen hinzutreten, nicht weiterentwickeln kann. Es bleibt, psychisch gesehen, sozusagen in einem monadischen Stadium verhaftet. Diese Sichtweise ist deshalb von Bedeutung,

---

46 Dieser Spaltungsmechanismus findet sich in anderer Form auch in der sogenannten »goldenen Phantasie« wieder, wie sie Yecheskiel Cohen beschreibt, wenn misshandelte Kinder in sein Therapiezentrum stationär aufgenommen werden. Es ist die Fantasie, jetzt ein Paradies zu finden, in dem es nur Gutes gibt. Cohen beschreibt, dass sich eine solche Fantasie sehr schnell zu Beginn der Therapie einstelle und dann auch häufig vom Therapeuten in der Gegenübertragung geteilt werde. Dann geraten die Eltern auf die »böse« Seite, aber eben nur so lange, bis das Kind sich den ersten Enttäuschungen am Therapeuten ausgesetzt sieht.

weil wir es durchaus gewohnt sind, davon zu sprechen, dass Patienten, die Anerkennung der äußeren Realität verweigern, aus Angst, dann über diese – ist sie einmal als äußere anerkannt – die bis dahin fantasierte Kontrolle zu verlieren. Zu dieser Leugnung tritt aber in obiger Sicht die Kategorie des Unvermögens hinzu, denn, genau genommen, bedarf es, für den Vorgang der gelungenen *Anerkennung*, eines Subjektes, welches anerkennen kann. Nimmt man die Tiefe der Zerstörung durch traumatische Erfahrungen jedoch ernst, dann heißt das auch, ernst zu nehmen, dass ein traumatisierter Mensch, dem die Subjektwerdung vorenthalten wurde, eigentlich gar nicht zu einem derartigen Anerkennungsvorgang in der Lage ist. Ein, in welcher Form auch immer, ausgedrücktes »Ich erkenne dich an« braucht ein »Ich«, welches in der Lage ist, sich als solches zu erfahren. Folgt man den Überlegungen Winnicotts, dann kann im Falle einer Traumatisierung nur das »falsche Selbst« diesen Satz aussprechen. Und wer ist dann »Ich«? In neuerer Terminologie sprechen hier eigentlich die *Introjekte*, d. h. die nicht assimilierten Interaktionserfahrungen mit den frühen Objekten. Vereinfacht ausgedrückt erkennen dann die frühen Objekte des Patienten lediglich sich selber an.[47]

Daraus ergibt sich eine erste Notwendigkeit für die psychoanalytische Behandlung: Der Analysand muss Anerkennung erfahren und gleichzeitig seinerseits die Fähigkeit zur Anerkennung äußerer Objekte erlangen, er muss von der Objektbeziehung zur *Objektverwendung* gelangen und dafür, wie wir von Winnicott gelernt haben, ist es erforderlich, das Objekt zu zerstören. Die Analytikerin muss entsprechend ihre Zerstörung zulassen und diese überleben. Erst dann kann der Analysand dahin gelangen, die Analytikerin als Teil der äußeren Realität wahrzunehmen; das wäre dann der erste Schritt auf dem Wege zur Trennung von den Introjekten, die das Selbst besetzt halten. Shengold fasst diesen Prozess, der sich in einer solchen Therapie ereignen muss, treffend zusammen:

> »Den Analytiker oder Therapeuten als jemanden zu betrachten, der sich von den entstellten, projizierten elterlichen Imagines unterscheidet, ist der Anfang eines aufrichtigen und deshalb kritischen Blicks auf die Eltern, und dies ist der erste Schritt darauf hin, die Identifikation mit ihnen aufzugeben. Erfahrungsgemäß empfindet es der Patient als schreckliche Gefahr, die Eltern psychisch zu verlieren« (Shengold 1989, S. 380).

---

47 Deutlicher mag dies sein, wenn man sich vorzustellen versucht, dass der Satz »Ich erkenne dich an« unter Folter erzwungen wird. Dann spricht der Folterer durch das Medium des Gefolterten zu sich selber und erfährt natürlich in Wirklichkeit keine Anerkennung.

Die Forderung von Fischer und Riedesser nach einer »optimalen Differenz«, ein aus der kognitiven Theorie Piagets übernommener Ausdruck, scheint mir ein ähnliches Ziel zu verfolgen. Die »optimale Differenz« soll zwischen pathogener Vorerfahrung und therapeutischem Arbeitsbündnis bestehen (Fischer/Riedesser 2003, S. 304). »Optimal« sei die therapeutische Beziehungserfahrung dann, wenn sie der primären Erfahrung weder zu ähnlich noch zu unähnlich sei (ebd.). Damit ist gemeint, dass sich ein Therapeut, beispielsweise in der Therapie mit einem Opfer sexuellen Missbrauchs, nicht als verführbar, aber eben auch nicht als übermäßig distanziert erweisen darf. Er muss also die Projektionen aushalten und sich von ihnen unterscheiden. Das ist das Angebot des Therapeuten. Es bleibt aber die Angelegenheit des Analysanden, diese Unterscheidung *wahrnehmen* zu können und damit sein Objekt zu zerstören.

Das Unerwartbare erwartbar machen

Um sich gegen das *Unerwartbare* zu schützen, gibt es, neben dem Bemühen, die gesamte Außenwelt psychisch nach innen zu verlagern, sich also der Anerkennung der äußeren Realität zu erwehren, eigentlich nur noch eine Möglichkeit: Kontrolle in Form ständiger Aufmerksamkeit. Und dies bedeutet eine fundamentale und dem Patienten existenziell notwendig scheinende Umkehr von *Passivität* in *Aktivität*. Im ersten Kapitel hatten wir gesehen, wie notwendig das *Erleiden* im aristotelischen Sinne ist, um einen Zuwachs an Wirklichkeit zu erreichen. Eine passive Haltung des »in Möglichkeit Seienden« einzunehmen ist immer mit der Aufgabe von Selbst- und Fremdkontrolle verbunden und setzt, wie sollte es anders sein, Vertrauen voraus, etwas, das bei traumatisierten Menschen eher nicht erwartet werden darf, hat man es ihnen doch gründlich ausgetrieben. Dazu Shengold:

> »Es gibt so viel Mißtrauen. [...] Sie lernten als Kinder, daß emotionale Offenheit, der leidenschaftliche Wunsch nach etwas, der Anfang der frustrierenden Qual war. Die tief eingewurzelten Erfahrungen des Bösen werden gegenüber Eltern und allen ›Erwachsenen‹ empfunden. Das Mißtrauen basiert nicht nur auf Projektionen der ›bösen Gefühle‹ (die von den aggressiven Trieben und der unumgänglichen Frustration von Wünschen hergeleitet sind) [...]. Zusätzlich basiert für Seelenmordopfer das Mißtrauen gegenüber den Eltern und der ganzen affektiv beladenen Umwelt auf der *erfahrenen* Realität« (Shengold 1989, S. 376).

Dieses tiefe Misstrauen ist ein Schutzmechanismus und entspricht in etwa der Haltung eines »Allzeit bereit«. Emotionale Offenheit und das Wünschen machen einen abhängig, angreifbar, verletzbar, passiv – alles Zustände, die ein traumatisierter Mensch unbedingt vermeiden muss.[48] Und er wird alles tun, um die Welt in der Hand zu behalten, aktiv zu bleiben.

Hierher gehören zum Beispiel auch die Kategorien des magischen Denkens, in dem Menschen versuchen, die Gründe für ein äußeres, an sich nicht kontrollierbares Geschehen im Innen zu suchen: »Wenn ich heute zehn blaue Autos sehe, dann tut es beim Zahnarzt nicht weh!«

Ein weiteres Element der Umkehr von Passivität in Aktivität ist das, was bereits Ferenczi als »*traumatische Progression oder Frühreife*« beschrieben hat:

> »Höchste Not, besonders Todesangst scheint die Macht zu haben, latente Dispositionen, die, noch unbesetzt, in tiefer Ruhe auf das Heranreifen warten, plötzlich erwecken und in Tätigkeit zu versetzen. [...] Nicht nur emotionell, *auch intellektuell* kann der Schock einen Teil der Persönlichkeit heranreifen lassen. [...] Die Angst vor den hemmungslosen, also gleichsam verrückten Erwachsenen, macht das Kind sozusagen zum Psychiater, und um das zu werden und sich vor den Gefahren seitens Personen ohne Selbstkontrolle zu schützen, muß es sich mit ihnen zunächst vollkommen zu identifizieren wissen« (Ferenczi 1933, S. 311).

Ferenczi erinnert in diesem Zusammenhang an das Bild vom »gelehrten Säugling« und spricht vom »*Terrorismus des Leidens*«:

> »Eine ihre Leiden klagende Mutter kann sich aus dem Kind eine lebenslängliche Pflegerin, also eigentlich einen Mutterersatz schaffen, *die Eigeninteressen des Kindes gar nicht berücksichtigend* [kursiv durch D.P.]« (ebd., S. 312).

Ferenczi versteht, dass dies der Preis ist, den die Kinder zahlen, um wenigstens auf diese Weise »die dazugehörige Zärtlichkeit wieder genießen zu können« (ebd., S. 312), aber – eben – auf aktivem und nicht passiv-rezeptiven Wege. Sie lassen den anderen angedeihen, was sie selbst so schmerzlich vermissen mussten, um auf diese Weise den Schmerz des Ausgeliefertseins zu bekämpfen.

> »Sie neigen dazu, auch andere zu bemuttern, sie dehnen offenbar die Kenntnisse, die sie beim Behandeln des eigenen Leidens schmerzlich errungen haben, auch auf andere aus, sie werden gut und hilfsbereit. Nicht alle gehen so weit in

---

[48] Und natürlich erklärt sich hieraus auch die unvermeidliche ausgeprägte Regressionsangst.

der Bewältigung der eigenen Schmerzen, manche bleiben in der Selbstbeobachtung und Hypochondrie stecken« (Ferenczi 1931, S. 283).

Ferenczi lässt hier keinen Zweifel daran, dass es sich bei diesem Verhalten der *traumatischen Progression* auch um eine Fähigkeit handelt, um einen Einsatz, der das psychische Überleben gewährleisten soll. Kommt nun ein solches »frühreifes Kind« in eine psychoanalytische Behandlung, sieht es sich gleich zwei Schwierigkeiten ausgesetzt: Das »Bemuttern« will hier nicht recht gelingen und das heißt, der Patient sieht sich gefährdet, da ihm eine Möglichkeit aktiv zu bleiben abhanden kommt, und er muss gleichzeitig die Hoffnung aufgeben, überhaupt etwas zu bekommen, kann er sich doch nicht vorstellen, dass ihm jemand bei der Bewältigung *seines* Schmerzes hilft. Dies hieße im Extrem, wenn diese Haltung nicht aufgegeben wird, der Analysand sich dauerhaft nicht von den Introjekten trennen kann, auf eine neue Erfahrung der Wirklichkeit zu verzichten.

Das »Zuviel« – Schutz durch »emotionale Anästhesie«

Jedes Trauma geht im Kern mit einem »Zuviel« einher, mit einer Erfahrung, welche die momentanen Verarbeitungs- und Bewältigungsmöglichkeiten eines Menschen überschreitet. Dieses »Zuviel« hatte auch Freud im Sinn, als er für den Organismus das Bild des »undifferenzierten Bläschens reizbarer Substanz« wählte, das mit einem »Reizschutz« versehen sei. Entsprechend war seine Definition des Traumatischen folgende:

> »Solche Erregungen von außen, die stark genug sind, den Reizschutz zu durchbrechen, heißen wir *traumatische*« (Freud 1920g, S. 29)

Je früher es zu einem Versagen des Reizschutzes kommt, desto gravierender die Folgen, da natürlich der dahinter liegende Kern um so verwundbarer ist. Noch dramatischer ist die Situation, wenn es nie einen solchen Reizschutz in ausreichendem Maße gegeben hat, denn dann wird auch diese Erfahrung zum »Ich- und Weltbild«, d. h. ein Mensch, der nie erlebt hat, dass eine *andere* Person diesen »Reizschutz« zur Verfügung stellt, kann eine solche Funktion auch nicht verinnerlichen. Ein Säugling, der nicht immer wieder die Erfahrung machen kann, dass das Kommen der Mutter mit einem Nachlassen der inneren quälenden Erregung verbunden ist oder gar die Erfahrung machen muss, dass ihr Kommen zu einem Anwachsen qualvoller Erregung führt, kann später nicht über schützende innere Objekte verfügen. Sein *Verwandlungsobjekt* verheißt keine gute Verwandlung. Seine früheste »ästhetische Erfahrung« besteht darin, dass sinnliches Empfinden schnell zu einem Übermaß und zu nicht erträglicher Qual führt. So schreibt auch Bokanowski:

> »Gleichgültig, ob sich das Objekt durch ›zuviel Gegenwart‹ oder ›zuviel Abwesenheit‹ auszeichnet, in jedem Fall bleibt es ein ›Zuviel‹, das der Konstituierung des primären inneren Objekts seinen quantitativen Stempel aufdrückt« (Bokanowski 2005, S. 15).

Auf ein solches inneres Objekt ist »kein Verlass« und es kann bis zur Unerträglichkeit bedrohlich werden. Diese Erfahrung dehnt sich natürlich auf die Wahrnehmung der äußeren Objekte aus, ist sie doch zur »traumatischen Identität« geworden. Die Folge ist ebenso logisch wie dramatisch: Wenn man sich auf niemanden verlassen kann, dann muss man sich eben auf sich verlassen! Wenn nicht zu verhindern ist, dass das »Zuviel« jederzeit auf einen einwirken, den »Reizschutz« durchbrechen kann, dann muss man irgendwie dafür sorgen, dass man dennoch nicht von diesem »Zuviel« an Affekten zerstört wird. Ein Möglichkeit besteht darin, dass man versucht, sich *unempfindlich* zu machen, sich selbst zu *anästhesieren*. Dieses Phänomen ist schon altbekannt, bereits vor über 240 Jahren schrieb Denis Diderot:

> »Das Übermaß des Schmerzes führt manchmal zur *Unempfindlichkeit* – vor allem in den ersten Momenten. Das Gemüt, zu heftig betroffen, wird durch die Größe seiner Verletzung gleichsam betäubt; es bleibt zuerst unbewegt und die Empfindung ertrinkt, wenn man so sagen darf, für einige Zeit in der Flut der Leiden, von der die Seele überwältigt wird. [...] Die *Unempfindlichkeit* [...] macht aus dem Menschen, indem sie alles Menschliche aufhebt, ein wildes und isoliertes Wesen, das die meisten Bande zerrissen hat, die ihn mit der übrigen Welt verknüpft haben. [...] Wird die Seele aber durch *Unempfindlichkeit* gelähmt, so gleicht sie dem Eismeer, das seine ungeheure Kälte bis in seine Tiefen erstarren ließ und dessen Oberfläche dadurch so hart geworden ist, daß die Eindrücke von allen Gegenständen, die sie treffen, auf der Stelle verschwinden, ohne sich weiter verbreiten zu können und ohne die geringste Erschütterung oder die leiseste Störung zu verursachen« (Diderot 1765, S. 403 bis 405).

Eine bemerkenswerte Beobachtung und Beschreibung, der wir uns auch heute noch, mit anderem Vokabular, anderen Konzepten, anschließen könnten. Es ist das »Zuviel« des Schmerzes, welches den Menschen in eine Art Schockzustand versetzt, und dieser führt zu einem Verlust des Kontaktes mit der

Welt, er führt vorübergehend zu einem Verlust *aller* äußeren und inneren Objektbeziehungen, macht ihn zu einem »isolierten Wesen«. Wir verwenden dafür heute andere Ausdrücke, wie *numbing, Alexithymie, Affektabspaltung* oder *Affektentzug*, die aber im Kern alle etwas Ähnliches meinen. Ich finde an dem Ausdruck der *emotionalen Anästhesie* besonders passend, dass er am stärksten von allen genannten Begriffen an den ursprünglichen Sinn, nämlich das Ausschalten von Schmerz erinnert.[49] Ein traumatisierter Mensch versucht sich *unempfindlich* zu machen, gegen die von einem Beziehungspartner ausgehenden möglichen Schmerzen. Eine erste Abwehrlinie besteht dabei darin, diesen, wie oben bereits erwähnt, gar nicht als äußeres Objekt wahrzunehmen, eine zweite Möglichkeit stellt die Leugnung der in Bezug auf ihn existierenden Affekte dar. Ein Vorgang, der auch mit dem Begriff der *Verwerfung* gefasst werden kann, worunter der Psychoanalytiker Krystal eine Art »Primärverdrängung« versteht, bei der Informationen, die mit dem Überleben des Ichs unvereinbar seien, gar nicht erst aufgezeichnet würden (Krystal 2000, S. 850).

Es *scheint* so, als könne nichts und niemand diesem Menschen fortan noch etwas anhaben, die Eindrücke, die ihn treffen, »verschwinden, ohne sich weiter verbreiten zu können«. Das ist der Zustand der totalen emotionalen Anästhesierung, ein solchermaßen Betroffener kann sich keinem ästhetischen Erleben mehr aussetzen. Aber Diderot war bereits hellsichtig genug, um erfassen zu können, dass der Schein vom kalten, unerschütterlichen Eismeer trügt:

> »Doch jene Art von *Unempfindlichkeit,* die manche Leute inmitten der größten Leiden zeigen, ist meistens nur äußerlich. Das Vorurteil, die Gewohnheit, der Stolz oder die Furcht vor Schande verhindern das Ausbrechen des Schmerzes und schließen ihn völlig ins Gemüt ein« (Diderot 1765, S. 404).

»Die Furcht vor Schande« ist die Fessel, welche den Schmerz einschließt. Es ist die ungeheure Scham, die Angst, wie einst im traumatischen Zustand erneut überflutet zu werden, diesmal von den eigenen Affekten, welche eine derartige

---

49 Man denke einmal an das Beispiel eines anästhesierten Armes, wie beispielsweise bei einer Operation. Die Anästhesierung ist selbstverständlich notwendig, um den Schmerz nicht spüren zu müssen. Während dieser Zeit spürt der Anästhesierte die schmerzlichen Einschnitte nicht, aber er spürt natürlich auch keinerlei zärtliche Berührung. Und mehr noch: Hätte er nur diesen Arm, um Kontakt mit der Welt aufzunehmen, er könnte keinerlei Berührung *spüren* und daher auch nicht fühlen, dass es eine äußere Welt gibt, so wenig wie er fühlen kann, dass es eine innere Welt gibt, da er seinen Arm nicht spüren kann. Er ist tatsächlich ein »isoliertes Wesen«.

Abwehrmaßnahme erforderlich macht. Diderot hat hier mit seinen Worten erfasst, was Ferenczi viele Jahre später ergreifend beschreibt. Natürlich sind die Gefühle nicht wirklich verschwunden, vielmehr sind Wissen und Gefühl voneinander getrennt, unterliegt das Selbst einer fundamentalen Spaltung, und zwar, so Ferenczi,

> »der Spaltung der Person in einen schmerzlich fühlenden, brutal destruierten und in einen gleichsam alles wissenden, aber *fühllosen* Teil [kursiv durch D. P.]« (Ferenczi 1931, S. 282).

Es ist durchaus interessant, wie ähnlich sich die neueren modernen Beschreibungen dieses bereits von Diderot beschriebenen Phänomens anhören. So schreibt Joyce McDougall:

> »Eine innere Unempfindlichkeit breitet sich in der Psyche dieser Patienten aus; sie führt häufig zur Vernachlässigung der Körperpflege, zu einer Abstumpfung gegenüber dem Leiden und zu einem Fehlen von Emotionen (oder gar von Erregung und Lust) in einem solchen Ausmaß, daß regressiv eine erneute Somatisierung der abgewiesenen affektiven Ereignisse eintritt« (McDougall 1989, S. 39).

McDougall nennt dieses Phänomen in ihren späteren Büchern *Affektentzug*, als »Rückzug der libidinösen Besetzungen von der eigenen psychischen *Wirklichkeit* [kursiv durch D. P.] und von der anderer« (McDougall 1995, S. 342). Auch McDougall spricht von einer Anästhesierung, und zwar einer

> »Anästhesierung des Leidens durch Abbruch aller psychischen Beziehungen sowie durch die Zerstörung der von ihnen ausgehenden Botschaften und Bedeutungen« (ebd., S. 342).

Auch das von Sifeos entwickelte Konzept der Alexithymie gehört in diesen Zusammenhang. McDougall versteht darunter »die Schwierigkeiten, die Patienten bei der Beschreibung ihrer Affektzustände haben können« und »die Unfähigkeit, einen Affekt vom anderen zu unterscheiden« (McDougall 1982, S. 173).

> »In diesem psychischen Engpaß erleben Menschen das überwältigende Unvermögen, erkennen zu können, was andere für sie und was sie selbst für andere bedeuten« (ebd.).

Der Traumaforscher und Psychoanalytiker Henry Krystal geht sogar noch weiter:

»Manche Menschen geben dem einen von zwei möglichen Verhaltensmustern den Vorzug: Sie werden stoisch und unterdrücken und/oder ignorieren ihre Gefühle. Der Preis, den sie dafür zu zahlen haben, ist der Verlust der Fähigkeit, sie zu erkennen und zu nutzen: Sie versuchen, sich nur auf ihren Verstand zu verlassen, und ihre Sicht der Welt ist eine rein intellektuelle. Sie werden ihren Gefühlen gegenüber sozusagen ›farbenblind‹« (Krystal 2001, S. 199). »[...] Bei der Alexithymie handelt es sich um eine Regression des Affektes durch Ent-Differenzierung, Ent-Sprachlichung und Re-Somatisierung« (ebd., S. 202).

Er weist auch auf den Umstand hin, dass Menschen mit einem solchen Symptom auf die Frage, wie sie sich fühlen oder in einer bestimmten Situation fühlen würden, in Termini von Handlungen antworten, also beschreiben, was sie *tun*, und nicht sagen (können), was sie *fühlen*, und er betrachtet dieses Phänomen als Auswirkung eines infantilen psychischen Traumas (ebd.). Natürlich bedeutet eine solche »Farbenblindheit« gegenüber Gefühlen und das Unvermögen, Wahrnehmungen der äußeren Welt Bedeutung zuzuschreiben, gleichzeitig eine massive Störung der Symbolisierungsfähigkeit, was wiederum zur Folge hat, dass neue Bedeutungen nur schwer generiert werden können.

Hinter dem Abzug aller libidinösen Besetzungen, sowohl des Selbst als auch der Objekte, verbirgt sich *die Angst zu lieben*. Der Psychoanalytiker Cohen versteht die Angst als Abwehrmechanismus gegen die Wiederkehr des traumatischen Zustandes, in welchem ursprünglich die Vernichtungserfahrung schroffer Zurückweisung (also eine Objektverlusterfahrung) oder, umgekehrt, extremer Vereinnahmung (eine Selbstverlusterfahrung) gemacht wurde. Wir verdanken Cohen auch den Hinweis, dass in manchen Sprachen der Gebrauch des Wortes *Liebe* mit frühen Ängsten in Verbindung gebracht wird. So werde im Hebräischen eine Redewendung benutzt, die wörtlich übersetzt heiße: »Ich sterbe über ihm« (Cohen 2004, S. 249).

Auch Krystal versteht die Angst vor der Liebe als Resultat des Vertrauensverlustes in die frühen Objekte:

»In besonders gravierenden Fällen, in denen das Vertrauen in die elterliche Fürsorge untergraben ist, begegnen wir der Furcht des erwachsenen Patienten vor möglichen »guten Objekten«: Die Angst vor der Liebe ist nicht selten ein überaus lähmendes, das Leben verstörendes Problem – die Folgen für eine bearbeitbare Übertragung liegen auf der Hand (Krystal 2001, S. 201).

Ich glaube, es ist wichtig, sich diese Angst zu lieben bei der Behandlung traumatisierter Menschen ins Gedächtnis zu rufen, auch um nicht mit vorschnellen Interpretationen – der Patient könne aus Neid- und Rachegefühlen nichts annehmen – auf das falsche Gleis zu geraten, denn in vielen, wenn nicht sogar den meisten Fällen wollten sie schon, wenn sie denn könnten:

> »Diese Patienten wünschen sich – vielleicht sogar bewußt – verzweifelt, den Therapeuten zu lieben und ihm zu vertrauen, dem das hilflose, traumatisierte Kind sein ganzes Bedürfnis nach einer magischen Rettung entgegenbringt« (Shengold 1989, S. 377).

Diese Seite gibt es eben auch, aber es wird an dieser Stelle auch so deutlich, dass *lieben* kein Vorgang ist, der aktiv und bewusst herbeigeführt werden kann. Dass geliebt zu werden, ein passiver Vorgang ist, leuchtet unmittelbar ein, dass jedoch auch unsere Fähigkeit zu lieben nicht allein in unseren Händen liegt, ist vielleicht schon schwerer erträglich. Nun ist es zudem so, dass in der Behandlung traumatisierter Menschen zwangsläufig Schrecken, Gewalt und Angst so präsent sind, dass das Bedürfnis des Patienten zu lieben im Lärm des Terrors leicht untergehen kann. Und so macht uns Krystal auch darauf aufmerksam, dass diese Patienten unsere Hilfe brauchen, »um zu entdecken, daß alle Affekte Abwandlungen der Liebe sind« (Krystal 2001, 206).

Und wenn man das Bedürfnis des Patienten zu lieben spürt, dann spürt man auch etwas von seiner magischen Erwartung auf Rettung, von der man doch weiß, dass es sie so nicht geben wird, sodass man unter Umständen einem solchen Ansinnen gerne ausweichen möchte. Rettung mag es schon geben, aber eben nicht »magisch«, durch Zauberei, sondern wir als Analytiker wissen, dass Rettung nur möglich ist, indem der Schmerz, der damals nicht gefühlt werden durfte, jetzt – freilich unter veränderten Bedingungen – gefühlt wird. Dies mag unter Umständen dazu führen, dass man vor der verzweifelten Rettungsfantasie, der »goldenen Phantasie«, die da an einen herangetragen wird, zunächst zurückschreckt, was dazu führen kann, dass der Patient seine vorsichtig ausgefahrenen »Pseudopodien« wieder einzieht.

Denn Bernet hatte schon ganz richtig bemerkt, dass man nicht sehen könne, wie denn ein Subjekt sich vor dem durch den Verlust einer geliebten Person auferlegten Trauma anders schützen könne, als dass es niemanden liebt!

Auch McDougall sieht ganz deutlich, dass der Preis, der diese Menschen in hohem Maße vom Leben auszuschließen scheint, um des psychischen

Überlebens willen gezahlt wird, eine letzte Abwehrmaßnahme ist, die auf traumatischen Vorerfahrungen beruht:

»Denn die betreffenden Patienten haben früh die Erfahrungen mit intensiven Emotionen gemacht, die das Gefühl ihrer Integrität und Identität so sehr bedrohen, daß es ihnen zum psychischen Überleben nötig schien, durch ein hartes Abwehrsystem eine Wiederkehr dieser traumatischen und mit Vernichtung drohenden Erlebnisse zu verhindern« (McDougall 1989, S. 107).

Die *An-Aisthesie* ist also notwenig, um die befürchtete Wiederkehr des traumatischen Zustandes zu verhindern, und diese Wiederkehr des Traumas wird immer dann befürchtet, wenn es zu intensiven Gefühlen kommt. Die Furcht vor Gefühlen speist sich aus zwei elementaren Gefahrenquellen und bringt solche Patienten, wenn sie sich in psychoanalytische Behandlung begeben, in eine paradoxe, fast unaushaltbar scheinende Situation:

Zum einen waren intensive Affekte früher die Begleiter des traumatischen Zustandes und scheinen diesen, wann immer sie auch in der Gegenwart auftreten, erneut anzukündigen. Wie wir oben gesehen haben, ist die traumatische Erfahrung immer mit einer Vernichtungsdrohung verbunden, dem Verlust der Integrität und Identität. Intensive Gefühle scheinen also die Vorboten der befürchteten Vernichtung zu sein, denn, wie Winnicott in so bemerkenswerter Weise herausgearbeitet hat, die Patienten *wissen nicht* und können nicht wissen, dass sie diese Vernichtung bereits einmal erfahren haben. Und natürlich wissen sie auch nicht, dass diese Gefühle *diesmal* nicht zur Vernichtung führen müssen, dass diesmal, mit der Analytikerin, ein »gutes Verwandlungsobjekt« zur Stelle ist. Sie können auch das nicht wissen, da sie, um die Analytikerin *verwenden* zu können, wie wir von Winnicott gelernt haben, diese als Teil der *äußeren Realität* müssten wahrnehmen und anerkennen können. Die Lage ist also schon an dieser Stelle mehr als dramatisch.

Es tritt aber noch eine zweite Gefahrenquelle hinzu, wenn sich intensive Gefühle ankündigen:

Intensive Gefühle sind, woher sie auch stammen mögen, immer auch *eigene* Gefühle, ein Hinweis auf die eigene Lebendigkeit, ein Hinweis darauf, dass man existiert. Gefühle sind damit auch ein Beleg für *Trennung*, da sie die Existenz einer eigenen Welt begründen. Wir hatten im vorangegangenen Abschnitt gesehen, dass Traumatisierung immer mit dem Entzug von Anerkennung, mit dem Absprechen des Rechtes auf Individualität verbunden ist, d.h. ein traumatisierter Mensch glaubt, kein Recht auf eine eigene, getrennte psychische Existenz zu besitzen. Und diese, so McDougall,

»umfaßt eine innere Lebendigkeit und Bewußtheit eigener emotionaler Zustände insofern, als Affekte und affektiv besetzte Phantasien es Kindern gestatten, eine private Welt zu besitzen, die nicht mit den so wichtigen Erwachsenen in der Außenwelt geteilt zu werden braucht. Aber diese Lust (und die Worte, solche Gedanken zu denken) können von einem Kind als ganz und gar verboten aufgefaßt worden sein. Es kann dann keine Geheimnisse geben, keine abgesonderte Getrenntheit und keinen privaten Besitz eines körperlichen Selbst« (McDougall 1982, S. 183).

Man stelle sich die Zumutung vor, die es für einen solchen Menschen bedeuten kann, wenn man ihm sagt, er solle sich nun auf die Couch legen und *alles* sagen, was ihm einfällt! Es kann sein, der Analysand erlebt dies als quälend-paradoxe Situation: Eigene Gedanken und Gefühle waren doch bisher immer, bei Androhung der schlimmsten Folgen, verboten! Es kann sein, er tut das, was er früher schon getan hat: Er flüchtet sich in eine Fassade der Pseudonormalität, versucht so zu sein, wie er glaubt, dass man ihn haben will, flüchtet sich also auf die Position, die Winnicott als das *falsche Selbst* bezeichnet hat. Und er *weiß* es nicht. Wie sollte er es wissen, solange er sein wahres Selbst auch vor sich selber verborgen halten muss.

Die Lage ist also – für beide Seiten – schwierig und verzweiflungsvoll genug:

Wie teilt sich jemand mit, der kein Recht mehr auf eine eigene Sprache zu haben glaubt?

Wie teilt jemand seine Gefühle mit, die er nicht einmal selber kennt und für die er schon gar keine Worte hat?

Wie kann man in einer Psychoanalyse, in der scheinbar nur »ein Austausch von Worten« stattfindet, lernen zu vertrauen?

Wie kann man den Weg zu den eigenen Gefühlen und zu einer eigenen Sprache finden?

Und wie kann man es aushalten, nachträglich Zeuge seiner eigenen Vernichtung zu werden?

Wie kann man lernen zu lieben?

Ein nicht unwesentlicher Teil der Antwort ist zunächst: Es braucht viel, viel Mut und Geduld – auf beiden Seiten! Es kann nach dem zuvor Gesagten nicht anders sein, als dass der beschwerliche Weg eines gegenseitigen Anerkennungsprozesses, im fundamentalen Sinne des Wortes, bevorsteht.

Der Analysand soll noch einmal das Wagnis der Abhängigkeit eingehen, soll noch einmal den Versuch unternehmen zu vertrauen und er soll sich zutrauen, ein Leben mit bewussten Gefühlen aushalten zu können. Dieser

Weg führt – so paradox es auch klingen mag – vermutlich über die *Verwundbarkeit* der Analytikerin.

Die Analytikerin ist zunächst auf ihre eigene Gefühlswelt angewiesen, sie muss fühlen lernen, was ihr Analysand nicht fühlen kann, und sie wird – auf eine ganz besondere Weise – »hineingezogen«, in die gemeinsame Aufführung. Und das heißt, es bleibt ihr so ziemlich nichts von der ursprünglich traumatischen Szenerie erspart: Mal wird sie die Affekte des kleinen, sich ohnmächtig ausgelieferten Kindes fühlen müssen, mal wird sie seine Schläge ertragen müssen und mal wird sie schaudern ob der sadistisch-grausamen Positionen, in die sie gerät. Und es bleibt ihr auch nicht erspart, wie Jessica Benjamin feststellt, das Gefühl zu bekommen, dem Patienten Schaden zuzufügen; und möglicherweise bleibt es ihr auch nicht erspart, ihm wirklich etwas anzutun, dann nämlich, wenn Sie aus Angst und Scham darüber, an der gemeinsamen Aufführung, welche zu einem Zusammenbruch des Patienten führt, beteiligt zu sein, selber dissoziiert. Wir werden darauf zurückkommen. Sie muss all das überleben und sie muss gleichzeitig für das Überleben des Patienten Sorge und Verantwortung tragen, das heißt auch, für all das, was geschieht, Worte zu finden und sie auszusprechen. Es ist also eine Menge verlangt und es steht eine Menge auf dem Spiel. Und es ist nicht sicher, ob es gelingen wird! Ich möchte im Folgenden diesen Teil der Aufführung, der beiden soviel abverlangt, genauer betrachten und mich auf der Bühne umsehen, auf welcher die Vernichtung eines »Selbst« und der dazugehörige Schrecken – unter Umständen zunächst wortlos – dargestellt, und wenn alles gut geht, verstanden werden kann. Dann könnte diese Bühne am Ende von einem »Selbst«, das sich – und die anderen – wieder gefunden hat, verlassen werden.

Von der An-Aisthesie zur Aisthesis

Eine psychische Veränderung ist nur zu erwarten, wenn Affekte wieder zugelassen werden können. Nicht umsonst stellt Henry Krystal seiner Arbeit über Trauma und Affekte den Satz voran, dass die Fähigkeit, ausgereifte Emotionen empfinden zu können, Voraussetzung für eine erfolgversprechende psychoanalytische Behandlung sei (Krystal 2001, S. 197). Die regressive psychoanalytische Situation lädt natürlich dazu ein, dass auch frühere Gefühle wieder lebendig werden, dann, wenn die Hoffnung noch nicht endgültig gestorben ist. Dann allerdings besteht für den traumatisierten Analysanden, aus seiner Sicht, auch höchste Gefahr – zumal doch auf die Objekte kein Verlass ist – und er muss sich *unempfindlich* machen. Ich glaube, dass es bedeutsam ist, sich diese Lage klar zu machen, denn sie hat mindestens zwei wesentliche Konsequenzen:

Zum einen bedeutet dies, dass ein traumatisierter Mensch zunächst einmal wieder in die Lage versetzt werden muss, Emotionen zu empfinden, und das heißt, es kann in der Behandlung zunächst einmal darum gehen, sich wieder auf ein ästhetisches Erleben einzulassen, um sich das, was der psychoanalytische Prozess an Möglichkeiten bereit hält, überhaupt aneignen zu können. Für den »gelehrten Säugling« (und seine Analytikerin) heißt dies, sich dem Säugling zuzuwenden, und es beinhaltet die Zumutung, das angereicherte, kognitive Wissen zurückzustellen, was insofern eine Zumutung ist, als es doch bisher als das einzig Verlässliche erschien.

Zum anderen ist die Massivität der Affektabspaltung vielleicht manchmal nicht sofort erkennbar, insbesondere dann nicht, wenn die Betreffenden hohe intellektuelle Fähigkeiten aufweisen. Joyce McDougall weist darauf hin, dass solche Patienten

> »häufig bei anderen, allein durch ihre Art zu reden und zu handeln, unbewußt jene Empfindungen und Gefühle wachrufen, die sie von sich gewiesen haben. Tatsächlich reden und handeln sie sehr oft, wie ihre eigenen Eltern mit ihnen, als sie klein waren, geredet und gehandelt haben. Es kann dabei so weit kommen, daß manche Erwachsene ihre Gefühle der Lähmung und des Leidens nur in der Weise mitteilen können, daß sie sie, ohne es selbst zu merken, bei anderen hervorrufen« (McDougall 1989, S. 119).

Wie »sprechen« Introjekte?

Oben war bereits die Frage aufgeworfen worden, wie Menschen, die ihre Gefühle nicht kennen (dürfen) und keine Worte dafür haben, diese anderen mitteilen. Und wie teilt sich jemand mit, der kein Recht auf eine *eigene* Sprache zu haben glaubt?

Eine Möglichkeit ist, er lässt zuerst seine Introjekte[50] sprechen. Da es

---

50 Müller-Pozzi spricht davon, dass es bei der *Introjektion* zu einer unverdauten, ungerichteten Errichtung des Objektes in der inneren Welt komme, da die schrittweise Trennung von Objekt und Repräsentanz und der damit verbundene Aufbau eines *eigenen* Bildes des Objektes durch eigene Fantasien, Wünsche und Erfahrungen gestört ist. Entsprechend könnten Introjekte durch Erfahrung auch nicht modifiziert werden (Müller-Pozzi 1988, S. 69).

Wir hatten gesehen, dass gerade die Aberkennung der Subjektivität, der Entzug der Anerkennung, Bestandteil der (frühen) Traumatisierung ist, also mithin *eigene* Vorstellun-

sich hierbei um innerpsychische hochwirksame »Fremdkörper« handelt, zu denen der Analysand per definitionem keine reflexive Distanz gewinnen kann, *müssen* die Introjekte in die gemeinsame Aufführung mit einbezogen, in ihr zum Leben erweckt werden, damit man sie betrachten kann, und das heißt in der – ganz konkreten – Anschauung, überhaupt eine erste Distanz zu ihnen gewinnen kann. Erst in einem späteren Schritt lassen sich dann die eigenen von den fremden, introjizierten Affekten überhaupt trennen. Wie aber »sprechen« Introjekte? Wie finden sie sich auf der psychoanalytischen Bühne ein, wenn der Analysand nichts über sie sagen kann?

McDougall beschreibt es so:

> »Mir wurde recht früh deutlich, daß viele dieser Patienten [...], obwohl sie jede Wahrnehmung ihrer eigenen affektiven Zustände unterdrückten, häufig genug starke emotionale Reaktionen bei Menschen ihrer Umwelt hervorriefen, darunter auch bei ihren Analytikern. Ich habe diese Art interpersonaler Reaktion als *primitive Kommunikation* beschrieben – eine Form der Kommunikation, bei der Worte eher wie Schreie oder Gebärden verwendet werden, d.h. als Handlungen, die ein anderes menschliches Wesen *affizieren* sollen, statt etwas mitzuteilen« (McDougall 1982, S. 186).

Es geht also nicht um eine bloße Mitteilung, wie sollte es auch, sondern darum, die Analytikerin zu »affizieren«, sie zu berühren, sie mit in die Aufführung einzubeziehen.

Es ist genau dieser Vorgang, den Hans Holderegger in seinem Begriff der »traumatisierenden« Übertragung so wunderbar und treffend beschrieben hat: Das beschreibt eine Übertragungsform, in welcher

> »der Analytiker von seinen Patienten häufig in die Lage des traumatisierten Kindes hineinmanövriert wird und dabei hautnah erlebt, von welchen inneren unbewußten Szenarien, Introjekten und Affekten sich diese bedroht fühlen (Holderegger 1993, S. 19). Es scheint also, als würde die ›Aufgabe‹, die Gefühle des traumatisierten Kindes zu empfinden und zu äußern, dem Analytiker zugewiesen (ebd., S. 24f.). [...] Der Patient ist während einer ›traumatisierenden‹ Übertragung von seinem Introjekt ›besessen‹« (ebd., S. 25).

---

gen nur schwer existieren können. Das ist es gerade, was letztlich auch die reflexive Selbstdistanz unmöglich macht. »Im Bereich der Introjektionen ist *affektiv* [kursiv durch D.P.] – nicht kognitiv – die Unterscheidung von innen und außen mangelhaft« (Müller-Pozzi 1988, S. 78). Entsprechend werden Introjekte, die sich mit *unbewussten* Fantasien verbinden, so erlebt, als seien sie tatsächlich anwesend, hätten das Subjekt »leiblich im Griff« und damit ist die frühere Annexion des Kindes durch sein frühes Objekt weiter wirksam.

Nur auf diese Weise können die Introjekte des Analysanden eine *Form* gewinnen, durch die sie dann erkennbar und wahrnehmbar werden. Solange die Introjekte die *Form* des Analysanden bestimmen, sein Ich- und Weltbild konstituieren, kann er sich zu ihnen nicht ins Verhältnis setzen, sind sie für ihn nicht wahrnehmbar. Erst, indem sie mithilfe der Analytikerin zur Aufführung gebracht werden, werden sie sichtbar. Es gilt dann auch eine doppelte Zeugenschaft: Indem die Analytikerin *am eigenen Leibe* zu spüren bekommt, was für Kräfte auf den Analysanden gewirkt haben und wirken, wird *sie* Zeugin seines Leids. Dabei fungiert sie als Zeugin im doppelten Sinne: Der Philosoph Giorgio Agamben macht uns darauf aufmerksam, dass das Lateinische über zwei Wörter verfügt, um den Zeugen zu bezeichnen: Das erste, *testis*, lasse sich etymologisch auf die Bedeutung zurückführen, dass sich jemand als Dritter (*terstis*) zwischen zwei Parteien stellt. In der zweiten Bedeutung des Wortes, *superstes*, bezeichne es denjenigen, der etwas erlebt habe, der ein Ereignis durchgemacht habe und deswegen davon Zeugnis ablegen könne (Agamben 1998, S. 14f.). Insofern vereinigt die Zeugenschaft der Analytikerin deren doppelte Funktion: Als Dritte steht sie zwischen dem Patienten und seinen Introjekten, ermöglicht – auf Sicht – den Abstand, die Distanznahme, auch wenn das zwischenzeitlich immer wieder scheitern mag, die (notwendigen) Identifikationen eine Distanznahme vorübergehend unmöglich machen. Aber sie ist eben nicht nur »objektive Dritte«, sondern, indem sie in die Aufführung mit einbezogen ist, auch diejenige, die *miterlebt*. Natürlich erlebt sie nicht die Vergangenheit des Patienten oder einen Abdruck davon mit, aber die *Affekte*, die sich im Hier und Jetzt der analytischen Situation einstellen und die so wirklich sind wie die Analytikerin selbst.

Es ist genau diese Beobachtung der unbewussten Kommunikation über leiblich-sinnliche Präsenz, die Hübner unter Verwendung des Konzeptes der *Atmosphären* beschrieben hat:

> »Die Art und Weise, wie Patienten auf uns einwirken, kann man dann so beschreiben: Sie erzeugen, indem sie sich so benehmen wie sie es tun – und das heißt wesentlich: indem sie Sprache (Wort- und Körpersprache) so gebrauchen, wie sie es tun –, sie erzeugen unbewußt eine oder verschieden gefärbte Atmosphären, sie lassen uns ›ihre spezifische Weise‹ spüren, wie es war mit jemanden zu sein« (Hübner 2006, S. 336).

In der vom Analysanden erzeugten Atmosphäre sind frühe Interaktionserfahrungen und Selbstzustände »aufgehoben«, von denen er nicht weiß und die er deshalb nicht anders mitteilen kann. Man könnte sagen, der »anästhesierte« Analysand hat zwar keinen Kontakt zu seiner affektiven Welt, er kann nicht oder kaum über seine Gefühle sprechen, aber kann doch wenigstens Atmosphären erzeugen, um sich mitzuteilen. Das Besondere daran ist, wie Hübner ebenfalls aufgezeigt hat, dass Atmosphären dazu einladen, sich von ihnen anregen zu lassen, sie zu teilen, wenn man sich auf sie einlässt. Auf diese Weise kann der Analysand dann seine Analytikerin *verwenden*, indem er ihr zumutet, frühere Selbstzustände mit ihm zu teilen, um auf diese Weise dem Analysanden zu helfen, den Kontakt zu diesen aufzunehmen.

Sprache: Berührung und Befreiung

Wenn es der Analytikerin gelungen ist, Kontakt zu den Introjekten des Analysanden aufzunehmen, wenn sie sich hat verwandeln lassen und wenn sie etwas von der Aufführung verstanden hat, dann ist es ihre Aufgabe, Worte dafür zu finden. Das ist kein leichtes Unterfangen, da sie eine Sprache finden muss, die den Analysanden erreicht, die ihn berührt *und* die ihm etwas erklärt, die ihm Mittel an die Hand gibt, sich von der Besetzung durch seine Introjekte zu befreien, indem er eine (sprachliche) reflexive Distanz zu ihnen gewinnen kann. So wie das nicht sprechende Kind, der *infans*, darauf angewiesen ist, dass seine Eltern Worte finden, welche seinen emotionalen Erlebnissen, seinen affektiven Zuständen eine Form geben, so ist auch der anästhesierte Analysand darauf angewiesen, dass seine Analytikerin für die Szenen der Aufführung und seine Gefühle Worte findet. Holderegger beschreibt das so:

> »Die Aufgabe des Analytikers ist es, den Inhalt und die affektive Struktur der in der Übertragung dargestellten Szenen zu verstehen und in Worten auszudrücken« (Holderegger 1993, S. 21). »[…] Die konsequente Auseinandersetzung des Analytikers mit dem Introjekt des Patienten ist nur möglich, wenn er gleichzeitig ›das Kind [im Patienten] in den Armen hält‹« (ebd., S. 37).

Das ist wirklich kein leichtes Unterfangen, denn die »erklärenden Worte«, die »Übersetzungen«, wenn man so will, richten sich natürlich an den Erwachsenen. Aber: Das misstrauische, verängstigte Kind hört die ganze Zeit mit zu! Und während der Phase einer »traumatisierenden« Übertragung befindet sich der Analysand natürlich in einem hoch regressiven Zustand, in welchem, wie wir von Balint gelernt haben, Worte ihre »konventionelle« und »erwachsene Bedeutung« verlieren. So wie der Analysand seine Worte gebrauchte, um zu *affizieren*, um seine Analytikerin zu *behandeln*, so fühlt sich das traumatisierte Kind in einem solchen Moment durch die Worte der Analytikerin behandelt. Darum spielt in einer solchen Situation die Melodie der Sprache, die Stimme, die Prosodie eine so gewichtige Rolle. Wir werden im Kapitel über die Stimme noch einmal darauf zurückkommen. Die Stimme ist allerdings nicht einfach technisch »einsetzbar«, sondern sie ist Zeichen unserer gesamten leiblichen emotionalen Präsenz. So wie auch das Kind nicht nur eine »Übersetzung«, eine angebotene Form für seine Affekte braucht, sondern gleichzeitig auf eine Aufnahme seines Gefühls durch die Eltern zwingend angewiesen ist, so ist auch der Analysand davon abhängig, dass seine Affekte aufgenommen werden. Und das heißt nichts anderes, als dass seine Analytikerin sich als berührbar erweisen muss und diese Berührung erträgt. Eine »Erwachsenendeutung« in einem solchen Moment wirkt auf das traumatisierte Kind so, als sollten die Affekte, von denen es ja die seinen noch nicht erkennen kann, gewaltsam in es hineingezwungen werden.

Sich als berührbar zu erweisen, heißt wohl nichts anderes, als sämtliche Affekte, welche im Rahmen dieser Aufführung entstehen, in sich zulassen zu können, und betrifft also zunächst einmal die Selbstbeziehung der Analytikerin. Wie die Psychoanalytikerin Danielle Quinodoz so treffend bemerkt:

> »Wenn der Sprechende in sich selber mehr oder weniger wasserdichte Absperrungen zwischen seinem Denken, seiner Affektivität und seinem Körper vornimmt, hat dies Auswirkungen auf seine Rede« (Quinodoz 2002, S. 50).

Dies bedeutet, dass die Analytikerin zu einem ästhetischen Erleben in seiner ganzen Fülle und Bandbreite in der Lage sein muss. Und dazu gehören eben nicht nur die »schönen« Affekte, sondern alle, die sich in einer menschlichen Seele finden lassen. Und eine solche Fähigkeit kann dann, in der Behandlung von Menschen, die einen Großteil ihres Lebens in Angst und in Schrecken verbracht haben, der nun wieder zur Aufführung gebracht wird, durchaus auch eine Zumutung bedeuten. Aber der anästhesierte Analysand ist darauf angewiesen. Solche »Absperrungen« zwischen Denken und Affektivität sind vermutlich das, was zu einer »toten« Sprache führt, einer Sprache mit der zwar Deutungen richtigen Inhalts transportiert werden können, welche aber die Verbindung zur Analytikerin verloren zu haben scheint. Es ist dann mehr eine Sprache, welche lediglich unpersönlich Theorien wiedergibt, ohne dass der Analysand *sich* gemeint fühlen kann. So formuliert Thomas Ogden:

> »Die Sprache der Analytiker in diesen Deutungen spiegelt die Tatsache, dass sie mit einer geliehenen Stimme sprechen und selbst stumm sind« (Ogden 1997, S. 152f.).

Und das bedeutet, dass der Analysand dann kein Gegenüber hat und allein bleibt. Ich vermute, dass sich in einer solch »toten Sprache« auch das ausdrückt, was Ferenczi als *Hypokrisie des Analytikers* bezeichnet hat. Unsere notwendige analytische Haltung von wohlwollender Neutralität, Geduld und Abstinenz konstituiert den analytischen Raum, den analytischen Prozess und ermöglicht überhaupt erst jenen Freiraum, in welchem sich das Selbst des Analysanden finden und entwickeln kann. Diese Haltung gehört – mit Recht – vermutlich zu unseren elementarsten analytischen Idealen; der mögliche Vorwurf (auch seitens des Analysanden), diesen nicht zu entsprechen, trifft uns im Kern unserer Analytiker-Identität (weshalb vermutlich auch das Sprechen, der Austausch darüber einen so überaus empfindlichen Prozess darstellt) und hat die Tendenz uns stark zu verunsichern und zu beschämen. Es ist vermutlich eben diese Angst, dem kollektiven Ideal (der analytischen Gesellschaft) und dem eigenen Ideal – wenn auch nur kurzfristig – nicht zu entsprechen, die der von Ferenczi so benannten Haltung der *Hypokrisie* Vorschub leistet, unter der er das Leugnen eben jener scheinbar nicht dem Ideal entsprechenden Gefühle versteht, z. B. das Leugnen negativer Affekte gegenüber dem Patienten, aber auch das Leugnen der eigenen Verletzung. An dieser Stelle droht, dass jenes, was zur Freiheit verhelfen soll, für beide, Analytikerin und Analysand zu einem inneren Gefängnis wird, denn, so Ferenczi: »Die *guten Kinder* sind selber Hypokriten geworden« (Ferenczi 1932, S. 206). Diesem Gefängnis gilt es zu entkommen.

Das führt uns zu der nächsten, vorhin aufgeworfenen Frage: Wie kann der Analysand lernen, noch einmal zu vertrauen?

Vertrauen: Verantwortung übernehmen – Überleben

Ferenczi beklagte als erster die *Hypokrisie* des Psychoanalytikers selbstkritisch und legte damit den Finger in die Wunde, indem er auf ein psychoanalytisches Ideal aufmerksam machte:

> »Ein großer Teil der verdrängten Kritik unserer Patienten betrifft das, was die *Hypokrisie der Berufstätigkeit* genannt werden könnte. [...] Wir fühlen uns vielleicht durch die Arbeitsstunde in einer für uns beruflichen oder einer persönlichen, inneren Angelegenheit unliebsam gestört. Aber da sehe ich keinen anderen Ausweg, als den, die Ursache der Störung in uns selber zu erraten und sie vor dem Patienten zur Sprache zu bringen, sie vielleicht nicht nur als Möglichkeit, sondern auch Tatsache zu bekennen« (Ferenczi 1933, S. 305).

Ohne hier diskutieren zu wollen, wann und in welcher Form eine Analytikerin über sich Auskünfte geben sollte, ist doch zunächst ein Punkt besonders bedeutsam: das Plädoyer Ferenczis, dass die Analytikerin die Verantwortung dafür übernehmen sollte, wenn sie bemerkt, dass sie, zumindest für den Moment und für diesen Analysanden »nicht gut genug« ist (verbunden mit dem Paradoxon dieser Forderung, dass gerade das Bekenntnis dazu, gelegentlich nicht »gut genug« zu sein, eben wieder »gut genug« macht). Sie sollte die Verantwortung dafür übernehmen, indem sie ihrem Analysanden ihr Verständnis dessen mitteilt, dass sie im Moment nicht so ist, wie er sie braucht und die Gründe dafür in sich verortet, ohne ihn sofort – z.B. über eine Deutung – seinerseits dafür verantwortlich zu machen. Dieses Plädoyer begründet sich aus meiner Sicht besonders in der Behandlung traumatisierter Patienten in mehrfacher Hinsicht:

Wir hatten bei der Untersuchung des frühen Traumas gesehen, dass eine traumatisierende Erfahrung (auch eine spätere) intrapsychisch immer auch die Bedeutung hat, »vor den Augen des Primärobjektes« verletzt zu werden, von ihm verlassen und dem Schrecken überlassen zu sein. Ist die Gewalt von den Primärobjekten selbst ausgegangen, verstärkt sich dieses »Wissen«, es mit einem fühllosen Objekt zu tun zu haben, welches mit neutralem Blick dem Grauen, welches über das Kind hereinbricht, zusieht. Diese Konstellation wird sich auch in der Übertragung einstellen; diese Patienten können, vor allem zu Beginn der Therapie, *nicht zwischen Neutralität und Gleichgültigkeit unterscheiden*. Neutralität, verstanden als wohlwollende, unaufdringliche Begleitung, erleben sie unter Umständen als ein Sich-selber-überlassen-Sein, ohne Hoffnung auf Hilfe und Unterstützung.

Der zweite Grund, der dieses Plädoyer stützt, liegt ebenfalls in der aus dem traumatischen Erleben entstehenden Psychodynamik: Um sich die primären Objekte als »gute Objekte« zu erhalten, um die Beziehung zu ihnen zu schützen, hat das Kind die Verantwortung des Tuns der Erwachsenen sich zugeschrieben. Und so kann es kaum anders sein, dass sich eben dieser Mechanismus der Identifikation mit dem Aggressor oder der Introjektion des Schuldgefühls, wie Ferenczi sagt, auch in der Übertragung wiederholt: Der Analysand wird in derselben Weise versuchen, die Beziehung zu seiner Analytikerin zu schützen und sich jeglicher Kritik enthalten, obwohl er sie haben mag.

> »Anstatt dem Analytiker zu widersprechen, ihn gewisser Verfehlungen oder Mißgriffe zu zeihen, *identifizieren sie sich mit ihm*; nur in gewissen Ausnahmemomenten [...] raffen sie sich zu Protesten auf, für gewöhnlich

erlauben sie sich keine Kritik an uns, ja solche Kritik fällt ihnen nicht einmal ein, es sei denn, wir geben ihnen eine spezielle Erlaubnis dazu, ja muntern sie zu solcher Kritik direkt auf« (Ferenczi 1933, S. 304f.).

Der dritte Grund, der für Ferenczis Plädoyer spricht, ist jener, dass es nachgerade nicht menschlich ist, »fehlerfrei« zu sein, dass es zwar ein Bemühen darum geben kann, möglichst wenige Fehler zu begehen, welches jedoch mit der Einsicht verbunden sein sollte, dass wir in unseren Kräften und Fähigkeiten begrenzt sind. Nun ist uns das theoretisch vollkommen klar, aber wie schwer diese Einsicht manchmal zu haben ist, zeigt sich in der Praxis. Dort galt es lange als »Fehler«, zu »spontan« zu sein oder gar etwas von seinen Gefühlen nach außen dringen zu lassen, womit man das Bild eines »löchrigen Containers« heraufbeschwor, der Schaden anrichten könne. Und in der Tat kann Spontaneität zu Fehlern führen (wie überall im Leben, nicht nur in der psychoanalytischen Situation) und kann auch das Erkennbarwerden von Gefühlen der Analytikerin für den Analysanden *zuviel* werden, aber der Fehler liegt nicht in der Spontaneität selber, sondern darin, welche Folgen sie unter Umständen haben mag, so, wie der Fehler nicht grundsätzlich schon im Erkennbarwerden von Gefühlen liegt, sondern sich auch hier durch die Folgen für den Analysanden begründet. Aber der »Hauptfehler« in einer solchen Therapie besteht wohl tatsächlich darin, einen Fehler, wenn er sich denn als solcher herausstellt, nicht einzuräumen und die negativen Folgen für den Analysanden nicht anzuerkennen.[51]

Es kommt ein weiteres Phänomen in der Behandlung traumatisierter und regredierter Patienten hinzu, auf welches Ferenczi und später auch Balint hingewiesen haben:

> »Allmählich kam ich zu der Überzeugung, daß die Patienten ein überaus verfeinertes Gefühl für die Wünsche, Tendenzen, Launen, Sym- und Antipathien des Analytikers haben, mag dieses Gefühl auch dem Analytiker ganz unbewußt sein« (Ferenczi 1933, S. 304).

Bei Balint heißt es vergleichbar:

> »Ferner scheint der Patient, was sehr unangenehm sein kann, den Analytiker irgendwie ›durchschauen zu können‹. Er fängt an, viel zuviel von ihm zu wissen« (Balint 1968, S. 29).

---

51 In jüngster Zeit hat Hübner die Bedeutung sogenannter »spontaner Reaktionen« innerhalb der analytischen Situation herausgearbeitet. (vgl. Hübner 2007). Ich werde darauf zurückkommen.

Diese Patienten scheinen ausgesprochen feine Antennen für jegliche »atmosphärische Störung« zu haben. Und es gehört dazu, dass sie eine »Störung« grundsätzlich eher erwarten und diese sozusagen aufgrund der ausgeprägten »Feineinstellung« eher wahrnehmen, als eine gute Atmosphäre[52]. Und natürlich handelt es sich hier um die Ausläufer einer Überlebensstrategie, die mit dem zu tun hat, was ich »das Erwartbarmachen des Unerwartbaren« genannt habe. Wenn die äußeren Objekte schon so unkalkulierbar und unkontrollierbar sind und wenn man diesen so ausgeliefert ist, sie nicht von ihren Vorhaben abbringen kann, wenn also »nichts zu machen« ist, dann möchte man das Unheil wenigstens kommen sehen. Oder man sieht, wenn man das Unheil kommen sieht, doch noch den Hauch einer Chance, sich selber noch so zu »machen«, dass die Objekte wieder »gut« werden und von ihrem geplanten Tun ablassen. Das Ehepaar Kempe gibt eine erschütternde Beschreibung dieses Zustandbildes bei Kindern, welches auch als *frozen watchfulness* bezeichnet wird:

> »Ihr ängstliches Bestreben, zu verstehen, was die Eltern wollen, könnte der Ursprung der extremen Aufmerksamkeit so vieler mißhandelter junger Kinder sein [...]. Diese Kinder machen unentwegt große Augen und zeigen (später, wenn sie das Gefühl haben, offener reden zu können) ein bemerkenswertes Gedächtnis für physische Umgebungsdetails und Vorkommnisse. Es ist, als könnten sie nichts für selbstverständlich halten, sondern müßten ständig auf der Hut sein, um Ärger zu vermeiden oder um ja zu gefallen. Rastlos suchen ihre Augen die Umgebung nach Gefahren ab, während ihre Miene unbeweglich bleibt; es gibt bei ihnen kein spontanes Lächeln und fast keinen Blickkontakt. Es ist, als glaubten sie dadurch, daß sie keinem in die Augen sehen, sich selber unsichtbar zu machen und damit vor Angriffen sicher zu sein« (Kempe/Kempe 1978, S. 47).

Hier ist die ständige Bereitschaft, sich mit den Objekten zu beschäftigen und sich diesen zu unterwerfen, ebenso beschrieben wie die ungeheure Scham, überhaupt da zu sein. Diese Kinder sind mit einer sensiblen Antenne für das Befinden anderer ausgestattet und doch gleichzeitig anästhesiert in Bezug auf die eigenen Gefühle. Und eben dieses Kind ist in der Behandlung früh traumatisierter Menschen immer auch mit anwesend, genauso wie das Kind,

---

52 Ich habe es mehrfach in der Arbeit mit traumatisierten Menschen erlebt, dass sie sozusagen noch »unter der Tür« eine Stimmung aufgenommen haben und es war jedes Mal ein ungeheurer Fortschritt, wenn sie das überhaupt zur Sprache bringen konnten.

dessen immenser Protest gegen die Behandlung, die es von den Bezugspersonen erfahren hat, tief in ihm vergraben liegt. So entsteht unter Umständen eine Situation, welche die Patienten geradezu »verrückt« machen kann. Wenn sie etwas tatsächlich Vorhandenes spüren, z. B. Ungeduld der Analytikerin (die sie dann vielleicht falsch interpretieren, etwa auf sich beziehen, obwohl die Analytikerin aus ganz anderen Gründen ungeduldig ist), dies ausdrücken, aber als Antwort eine Deutung erhalten, welche das Tatsächliche scheinbar leugnet, dann haben sie ein Wahrnehmungsproblem: Sollen sie dem, was sie zu spüren glauben, trauen oder sollen sie sich der Deutung unterwerfen? (Denn solange sie die Deutung nicht *glauben* können, vielleicht weil sie nur die Hälfte des Geschehens deckt, ist es eine Unterwerfung und damit auch eine Wiederholung.) Die klassische Deutungsform: »Wir tun jetzt mal so, *als ob* ich tatsächlich ungeduldig bin; was fällt Ihnen dazu ein?« (natürlich anders formuliert) kann für diese Patienten zu bedrohlich sein, da ihnen der *Als-Ob-Modus* eben noch nicht zur Verfügung steht und für sie *jetzt* ein ungeduldiges Objekt im Raum ist, das seine Ungeduld verbergen will. *Dann bildet die Hypokrisie der Analytikerin das Pendant zur Anästhesie des Analysanden* und scheint nachgerade zu bestätigen, dass es nicht erlaubt ist, Gefühlszustände zu haben, weil diese zu gefährlich sind, es folglich richtig ist, sie zu unterdrücken und dergleichen mehr. Es kann eben nötig sein, um diesen double-bind aufzulösen, die Annahme der Patienten in einer angemessenen Form zu bestätigen, gegebenenfalls zu bestätigen und die Interpretation des Patienten in Frage zu stellen oder aber der Annahme zu widersprechen.

Und so fasst Ferenczi zusammen:

> »Solange wie die Probe nicht bestehen, kommt es immer nur zur Wiederholung der infantilen Verdrängung: scheinbarer Gehorsam, innerer Trotz. Da es menschlich unmöglich ist, sich nicht zu ärgern und da Patienten auch die stumme Manifestation des Ärgers fühlen, bleibt nichts anderes übrig, als den Ärger zu bekennen, zugleich die Ungerechtigkeit zuzugeben, und den Patienten, auch wenn er sich unangenehm gebärdet, freundlich und liebevoll zu behandeln. Ungefähr dasselbe verlangt das Kind: die Eltern sollen sich nicht als freundliche Beschützer gebärden, wenn sie innerlich vor Wut beinahe bersten; das Kind reagiert nicht nur auf die freundlichen Worte, sondern auf das Benehmen, d. h. Stimme, Geste, Härte der Berührungen etc. Der Analytiker muß zum ersten Mal eine Autorität sein, die ihre Fehler bekennt, besonders die Hypokrisie« (Ferenczi 1932, S. 173).

»Die Probe« besteht vermutlich darin, ob es sich bei der Analytikerin um ein wirkliches, ernst zu nehmendes Alternativobjekt handelt, d. h. um ein fühlendes Wesen, einen Menschen, der das Wohl des Analysanden im Auge behält, diesen als getrenntes autonomes Individuum anerkennen kann, *ohne* gleichgültig zu sein, um einen Menschen mit Qualitäten und Vorzügen, die der Analysand für sich nutzen, *verwenden* kann, und um einen Menschen mit Schwächen und Begrenzungen, die er *nicht* dem Analysanden anlastet. Es läuft darauf hinaus, die Analytikerin ihrerseits auch als ein »verwundbares« Wesen sehen zu können, ein Prozess, der gemeinhin mit »Entidealisierung« beschrieben wird, den ich hier aber in einem tieferen Sinne verstanden wissen möchte. Ich werde darauf zurückkommen. Und so stellt Ferenczi fast verwundert fest:

> »Merkwürdig ist nun, daß solcher Verzicht auf die bisher unvermeidlich geglaubte ›berufliche Hypokrisie‹, anstatt den Patienten zu verletzen, merkliche Erleichterung zur Folge hat. [...] Das Einbekennen des Irrtums des Analytikers brachte ihm das Vertrauen des Patienten ein«[53] (Ferenczi 1933, S. 306).

Ferenczi findet die sich einstellende Erleichterung (auf beiden Seiten) »merkwürdig« und wundert sich. In seiner Verwunderung ist noch die Sorge, was ein solches Eingeständnis eines Fehlers womöglich anzurichten vermag, enthalten.

Aber gar so merkwürdig, wie es zunächst scheinen mag, ist die Tatsache, dass das Vertrauen dadurch eher wächst, vielleicht doch nicht, denn es handelt sich bei solchen Eingeständnissen um Akte der Anerkennung, und zwar, wie Hübner schreibt, um das »Anerkennen der Wirklichkeit« (Hübner 2007). In seiner Arbeit *Verwandlungserfahrungen und Anerkennen der Wirklichkeit* wendet sich Hübner dem Phänomen sogenannter »spontaner Reaktionen« innerhalb des analytischen Prozesses zu: »Spontane Reaktionen belegen [...] unsere pragmatische Selbständigkeit. [...] In diesem Sinne sind spontane Reaktionen solche, die aus dem Kontext, in dem sie vorkommen, gewissermaßen herausfallen und durch ihn nicht bestimmbar sind. [...] Spontane Reaktionen [sind] nichts, was wir produzieren, sie geschehen uns« (ebd., S. 228).

»Spontan« leitet sich von dem Adverb »sponte« ab, dessen Übersetzung

---

53 Ferenczi begegnet an dieser Stelle auch gleich dem Argument, man könne Irrtümer gar technisch einsetzen, indem man gelegentlich welche begehe: »Wir begehen Irrtümer ohnedies genug, und eine höchst intelligente Patientin empörte sich darüber mit Recht, indem sie mir sagte: ›Noch besser wäre es gewesen, wenn Sie die Irrtümer überhaupt vermieden hätten. Ihre Eitelkeit, Herr Doktor, will sogar aus den Verfehlungen Nutzen ziehen‹« (Ferenczi 1933, S. 306). Eine sehr weise Bemerkung, die noch einmal deutlich macht, dass die bekennende, Irrtümer oder Fehler eingestehende Analytikerin dies zum Wohle und Nutzen des Patienten tun soll, und nicht um sich narzisstische Gratifikation oder Erleichterung zu schaffen. Das genau käme einer Abstinenzverletzung gleich.

»aus eigenem Willen, Antrieb, freiwillig« bedeutet. Nun ist es mit der »Freiwilligkeit« bei den »spontanen Gesten« so eine Sache, es ist eben auch so, dass »sie uns geschehen«. Das Duden-Wörterbuch ist da etwas genauer und beschreibt die Bedeutung so: »aus eigenem plötzlichen Entschluß, Impuls heraus« (Duden 1981).

Wenn wir spontan sind, dann handeln wir, ohne lange zu überlegen, wir sind gewissermaßen »unkontrollierter«, unsere Affekte sind an der »Oberfläche«, wir lassen uns von unseren gegenwärtigen Affekten leiten und sind insofern in diesem Moment, wie man so sagt, »authentisch«: Unser sichtbares Handeln, unser Benehmen entspricht unserem gegenwärtigen Gefühlszustand. Wir sind spürbar wir selber. Dennoch scheinen »spontane Reaktionen« an einer Grenze zu liegen, an eben jener Grenze zwischen Selbstbestimmung (»pragmatische Selbständigkeit«) und Fremdbestimmung (»sie geschehen uns«). Diese Grenzlage zwischen Aktivität und Passivität ist in der Beschreibung: »Wir lassen uns gehen« gut erfasst. Ja, in »spontanen Reaktionen« *lassen* wir uns gehen, analytisch gesehen (und auch sonst häufig) eigentlich ein Unding, eben weil sie, wie Hübner schreibt, »aus dem Kontext herausfallen«. Es gehört ja gerade zu unseren analytischen Aufgaben, jene Gefühle, die Patienten in uns auslösen, zu verarbeiten und sie auf Sicht auch für den Analysanden erträglich zu machen. Aber zur analytischen Wirklichkeit gehört auch, dass wir gelegentlich daran scheitern. So bezieht sich auch Hübner auf zwei veröffentlichte Beispiele »spontaner Reaktionen«, in denen gewissermaßen die Affekte mit den jeweiligen Therapeuten durchgehen. Der eine möchte seine Patientin am liebsten schütteln (und sagt es ihr) (Warsitz 2004, S. 791), die andere »schnauzt« ihren Patienten an (Coltart, zit. nach Schneider 2007, S. 663). Auffallend ist, dass beide Therapeuten den Zustand davor als einen des »Nicht-mehr-ertragen-Könnens«, des »Nicht-mehr-aushalten-Könnens« beschreiben. Streng genommen halten beide eine Übertragungsposition, die radikale Verkennung ihrer Person (z. B. ein völlig fühlloses Objekt zu sein, das mit neutralem Blick, gänzlich unbeteiligt den selbst- oder fremddestruktiven Akten des Patienten zuschaut) nicht mehr aus. Das »Maß« ist sozusagen voll und sie geben sich als »wirklich« zu erkennen, nämlich als solche, die das nicht mehr ertragen können. Die Therapeuten haben sich, in der Theatermetapher Hübners gesprochen, für diesen Moment von der Bühne begeben. Nun darf man es aber damit eben nicht bewenden lassen. Der weitere Verlauf wird davon abhängen, inwieweit die Analytikerin für das Geschehene Verantwortung übernimmt, inwieweit es gelingt, mit dem Analysanden darüber zu sprechen, gemeinsam einen Blick ins Theater zurück zu werfen.

In diesem Sinne versteht Hübner »Eingeständnisse und spontane Gegenübertragungsreaktionen, die besprochen werden«, weder als »Gegenübertragungsagieren« noch als »Deutungen im herkömmlichen Sinn«, sondern als »Akte alltagsrealer Fürsorge und Aufmerksamkeit«, die von Respekt zeugen, als »Akte der Anerkennung«, welche das Wirklichkeitsgefühl der Patienten anerkennen und welche durch die Verkörperung der eigenen Lebendigkeit den anderen »mit-lebendig« machen können (Hübner 2007, S. 233).

Als solche sind es auch Akte der Befreiung, nämlich aus den oben beschriebenen »unerträglichen«, oder »nicht mehr aushaltbaren« Situationen, Akte der »Selbstbefreiung«, in denen – so scheint es - die Analytikerin dem Analysanden manchmal vorangehen muss.

Denn die »Probe« besteht auch darin, ob die Analytikerin geeignet ist, den Introjekten des Patienten etwas entgegenzusetzen, ihm bei dem Befreiungsprozess zur Seite zu stehen.

Ich sprach vorhin von einer doppelten Zeugenschaft: Zum einen ist die Analytikerin, wie oben beschrieben, in zweifacher Weise »Zeugin«, aber auch der Analysand ist Zeuge: Das traumatisierte Kind schaut genau hin, wie sich die Analytikerin mit den Introjekten auseinandersetzt, wie sie sich ihrer zu erwehren vermag, oder ob sie gar deren Angriffen genauso schutzlos ausgesetzt ist, wie einst der Analysand. Das Kind schaut zu, mit einer existenziellen Frage: Darf man sich gegen die Introjekte wehren? Was geschieht, wenn man es tut? Und es wird seinerseits Zeuge dieser Auseinandersetzung, welche die Analytikerin nun (zunächst) an seiner Statt führt. Holderegger setzt »traumatisierend« in Anführungszeichen, um deutlich zu machen, dass die Traumatisierung des Analytikers in der Regel nur signalartigen Charakter besitze und deshalb nicht eigentlich derjenigen des Patienten entspreche (Holderegger 1993, S. 23). Nun ist es sicher richtig, dass die Analytikerin nicht dieselbe Traumatisierung erlebt, die der Patient seinerseits erfahren hat, aber sie zeigt sich dennoch »verwundbar«, wird gar »verwundet«, indem sie erleben muss, dass der Container Risse bekommt; sie, auf dem Höhepunkt der traumatischen Aufführung, wo sie eben (vorerst) keine reflexive Distanz mehr zu dem Geschehen hat, ihrerseits erschüttert ist und, wie Jessica Benjamin treffend bemerkt, unter Umständen ihrerseits mit dissoziiert. Holderegger glaubt, dass es das Problem des Analytikers hauptsächlich sei, sich dem verführerischen Angebot entziehen zu können, die Szenen mitzuspielen, einen Part im inszenierten inneren Drama des Patienten ungewollt und unreflektiert zu übernehmen (Holderegger 1993, S. 21). Damit hält er an dem fest, was Benjamin das »Ideal des vollkommenen Containers« nennt (Benjamin

2007, S. 91). Im ersten Kapitel habe ich versucht zu begründen, warum der gemeinsamen Aufführung eine beiderseitige Inszenierung zugrunde liegt. Ich glaube, es ist eben nicht vermeidbar, auch wenn man versuchen muss, es zu vermeiden, einen Part im Drama des Patienten zu übernehmen. Dies ist die Stelle unserer Verwundung »wider Willen«, wie Bernet so ausgezeichnet herausarbeitet. Wie tief diese ist, lässt sich daran ermessen, wie lange wir an dem Ideal festhalten mussten, letztlich doch alles »containen« zu können. Benjamin bemerkt, dass dieses Ideal die Überzeugung hinterlässt, »das jemand, der nicht in der Lage ist, sich ohne fremde Hilfe selbst zu steuern, ein beschämender Versager ist« (Benjamin 2007, S. 94). Doch damit *teilt die Analytikerin exakt die Scham des Opfers, die Selbstverurteilung und Selbstverachtung angesichts des Überwältigtwerdens durch Gefühle!* Ich glaube, es ist von immenser Bedeutung, sich diesen Vorgang klar zu machen, denn wenn man darin verhaftet bliebe, dann würde sich für den Patienten in der Tat eine furchtbare und dramatische Wiederholung ergeben. Es ist vermutlich vielmehr so, dass die *Verwundbarkeit* der Analytikerin und ihre diesbezügliche Einsicht in diese Tatsache das ist, was dem Patienten helfen kann, das unermesslich schwierige Ansinnen einzugehen, Zeuge seiner eigenen Vernichtung zu werden. Ich möchte diesen Prozess, der auf einen Prozess gegenseitiger Anerkennung hinausläuft, im Folgenden, unter Verwendung der Konzepte von Bernet und Benjamin, noch etwas genauer erläutern.

Ferenczi hatte darauf hingewiesen, dass die Übernahme der Verantwortung des Analytikers für seine »Irrtümer« das notwendige Vertrauen schaffe:

> »Dieses Vertrauen ist jenes gewisse Etwas, das den Kontrast zwischen der Gegenwart und der unleidlichen, traumatogenen Vergangenheit statuiert, den Kontrast also, der unerlässlich ist, damit man die Vergangenheit nicht mehr als halluzinatorische Reproduktion, sondern als objektive Erinnerung aufleben lassen kann« (Ferenczi 1933, S. 306).

Eine, aus heutiger Sicht, doch hochmoderne Auffassung. Fischer und Riedesser bezeichnen diese Notwendigkeit als das Herstellen einer »optimalen Differenz«, die es dem Patienten ermöglichen solle, die vergangenen Objektbeziehungen von den aktuellen zu unterscheiden und beziehen sich auf die Schema-Theorie von Piaget. Mir scheint Ferenczi hat hier in seiner bewundernswert intuitiven und offenen Haltung diese Theorie mit Leben gefüllt. Der von ihm beschriebene Vorgang ist eben genau jene Stelle, an welcher die *gemeinsame Aufführung* nicht mehr nur von den Introjekten des Patienten bestimmt wird, sondern Analytikerin und Analysand in einem *eigenen krea-*

tiven Akt einen neuen Verlauf der Aufführung im Hier und Jetzt begründen. Es ist die Stelle, an welcher die Wiederholung durchbrochen wird und der Analysand eine neue Geschichte mit einem neuen Objekt schreiben kann. Da beide, Analytikerin und Analysand, immer auch Zeuge ihrer gemeinsamen Aufführung sind, ist es zugleich eine gemeinsame Geschichte, auf die sich beide mit fortschreitender Analyse immer stärker berufen können.

Jessica Benjamin nimmt in ihrer Arbeit *Unser Treffen in Theben. Anerkennung und Angst, den Patienten zu verletzen* das Plädoyer Ferenczis wieder auf, indem sie für die Notwendigkeit der Übernahme von Verantwortung durch die Analytikerin eintritt. Dies sieht sie als entscheidenden Aspekt eines »moralischen Dritten« (Benjamin 2007, S. 87), der notwendig gebraucht werde, um den beiden an einer Therapie Beteiligten das wechselseitige Überleben zu ermöglichen. Dieser »moralische Dritte« basiere auf dem Vertrauen »in den notwendigen Rhythmus von Bruch und Wiedergutmachung, in das Potential des analytischen Dialogs und in die Suche nach Wahrheit« (ebd., S. 101). Sein entscheidender Aspekt sei »die Anerkennung der Verantwortlichkeit der Analytikerin für ihren Beitrag zur Interaktionsdynamik« (ebd., S. 88).

Entscheidend ist dabei für Benjamin die Einsicht in das Paradoxon, »dass man beim Heilen Schaden zufügt« (ebd., S. 86). Der »Schaden«, den wir möglicherweise zufügen, nimmt seinen Ursprung darin, dass wir den Patienten einladen, sich an einer gemeinsamen Aufführung zu beteiligen, deren Protagonisten, überwiegend die Introjekte des Patienten, immer wieder *beide* zu überfordern drohen, denn so hatten wir gesehen, Kennzeichen des Traumatischen ist, dass man sich darauf nicht vorbereiten kann, so sehr man es auch versuchen mag, und dass damit eine ständige Gefahr der Überwältigung droht. Benjamin spricht in diesem Zusammenhang von einem »dyadischen Rückfall in die Komplementarität« (ebd., S. 88), bei der beide Seiten sich jeweils wechselseitig »behandelt« fühlen und jeder dem anderen die Schuld dafür zuschreiben möchte. Der »Schaden« entsteht möglicherweise, weil wir dem Analysanden zumuten, den Zusammenbruch zu erleben, und eben nicht sicher sagen können, dass wir dabei immer an seiner Seite sind. Aus Angst, einen solchen »Schaden« anzurichten, so Benjamin, verfügten wir gerade nicht über die nötige Freiheit, die für unser analytisches Handeln notwendig ist. Und wenn es geschehen sei, wir Schaden zugefügt hätten, der uns unerträglich sei, dann gerade bestehe durch unsere Leugnung des Geschehenen die Gefahr, die ursprüngliche Situation des Analysanden, den Entzug der Anerkennung, zu wiederholen. Denn in einem solchen Falle wäre der Analysand zur Einsicht *gezwungen*, um sich die gute Beziehung zu seiner Analytikerin zu erhalten, und das kann für den Verlauf fatale Folgen haben, so Benjamin:

> »Wenn er [der Analytiker, D.P.] eine Einsicht des Patienten (ein wechselseitiges Containing) zur Restituierung des Dritten verlangt [...] dann hält die wiedergutmachende Einsicht des ›guten Patienten‹ allzu oft den protestierenden, ›schlechten Patienten‹ aus der Behandlung heraus; er bleibt dissoziiert, verlassen und unerkannt. Der Analytiker ist tot, aber er weiß es nicht oder er weiß nicht warum. *Paradoxerweise kann gerade jene Einstellung – Verweigerung des Eingeständnisses –, die den analytischen ›Container‹ schützen soll, die analytische Funktion zerstören* und dem Patienten mit dem Gefühl zurücklassen, *nicht gehalten*, sondern allein und unerkannt zu sein« (ebd., S. 94).

Die »tote« Analytikerin ist dann eben für den Analysanden kein Alternativobjekt mehr, sondern jenes bekannte Objekt, das bekannte Schutzmaßnahmen mobilisiert und darüber hinaus, als ein weiteres Objekt im Leben des Analysanden, die persönliche Theorie, am eigenen Übel »schuld« zu sein, auf furchtbare Weise bestätigt. Denn die Analytikerin ist in der Rolle derjenigen, die »das Gute will« und doch »das Böse schafft«.

Dem Wunsch, den »Container« zu schützen, liegt zudem eine weitere Diskriminierungsschwierigkeit zugrunde, denn in dem Moment, in welchem die Analytikerin mit dissoziiert, so Benjamin, verliere sie oft die Fähigkeit, wie ihr Analysand, zwischen »Verletzung« und »Tötung« zu unterscheiden. In diesem Stadium kommt dann die Tatsache, ein *momentan* unzureichender Container zu sein, einer *Vernichtung* des Analysanden gleich. Aus dieser heillosen Situation könne nun, so Benjamin, die gemeinsame Berufung auf den *moralischen Dritten* heraushelfen, indem beide ein wechselseitiges Containment schaffen und auf den Rhythmus von »Bruch und Wiedergutmachung« zu vertrauen lernen. In diesem Vertrauen muss die Analytikerin vorangehen, denn woher soll der traumatisierte Analysand es sonst nehmen? Es bedeutet, den Analysanden zu bitten, bei der Heilung des gemeinsamen »Containers« zu helfen. Auch dies ist ein Akt der Anerkennung!

Für den Analysanden beinhaltet eine solches Erlebnis immer auch die Erfahrung, es dieses Mal mit einem erreichbaren, verwandelbaren Objekt zu tun zu haben, was die Gefühle der Hilflosigkeit und des Ausgeliefert-Seins lindert. Denn fragen wir uns, was das misshandelte Kind erlebt, jenes, das mit großen Augen »frozen« und »watchful« zusieht: Es sieht eine Erwachsene, die sich bemüht, die aber plötzlich auch überwältigt scheint und für einen Moment »außer Fassung« ist. Es sieht auch, dass dieses »Außer Fassung«-Sein *nicht* dem Kind angelastet wird, dass die Erwachsene selber dafür die Verantwortung trägt, und es sieht auch – und das ist von immenser Bedeutung – dass dieser Zustand *vorübergehend* ist, ein Ende hat und dass *darüber gesprochen werden darf und das Geschehene nicht geleugnet werden muss.*

Die auf diese Weise, ein ums andere Mal, gemeinsam überlebten Zusammenbrüche schaffen dann das sich vertiefende Vertrauen in die Beziehung und in die Bewältigungsmöglichkeiten weiterer Zusammenbrüche.

Das Heilsame der gemeinsam überlebten und bewältigten Zusammenbrüche, das Heilsame an der Übernahme der Verantwortung durch die Analytikerin und deren Bekenntnis zum »moralischen Dritten« erschöpft sich jedoch nicht darin, dass sich die Analytikerin von den Primärobjekten des Analysanden unterscheidet, sondern scheint mir darüber hinaus eine noch fundamentalere Funktion zu erfüllen, die es dem Analysanden ermöglicht, sich nach und nach einer für ihn existenziellen Aufgabe zu stellen, nämlich der Anerkennung seines Traumas. Sich selber als traumatisiert zu begreifen, so hatten wir gesehen, heißt, nachträglich Zeuge seiner eigenen Vernichtung zu werden, *ohne* dass sie sich in der Gegenwart wiederholt. Die Frage, die sich daraus ergibt, lautet: *Wie kann man die eigene Traumatisierung überleben und lebendig bleiben?* Bernet gibt darauf eine Antwort:

> »Letzten Endes widersteht nichts der Allmacht des Traumas als das Empfinden des traumatisierten Subjekts. Das traumatisierte Subjekt über-lebt, in dem es sich ›wider Willen‹ verwundbar fühlt« (Bernet 2001, S. 252).

Auch dafür braucht der traumatisierte Analysand seine Analytikerin. Die »traumatisierende« Übertragung hat ihren Sinn auch darin, dass die Analytikerin ihrem Patienten »zeigt«, wie man eine Traumatisierung überleben kann, dass man sie überhaupt überleben kann, ohne als Subjekt endgültig ausgelöscht zu sein. Das Argument, die Analytikerin sei ja nicht in gleicher Weise traumatisiert wie der Analysand, verliert hier seine Wirksamkeit, wenn man sieht, wie schwer es offensichtlich schon ist, in der Behandlung mit dieser abgeschwächteren Form zurechtzukommen. Man könnte, zugespitzt aus Sicht des traumatisierten Kindes, so formulieren: »Wenn sie das schon nicht überlebt, wie soll ich dann mit dem zurechtkommen, was mir widerfahren ist? Vielleicht geht das gar nicht?«

Der Analysand hat also allen Anspruch darauf, dass wir ihm einen Weg aus der in der gemeinsamen Aufführung eben auch gemeinsam erlebten

Überwältigung zeigen. Die Anforderungen, die an die Analytikerin gestellt werden, sind erheblich:
Sie muss sich als »verwundbar« und als ihrerseits »traumatisierbar« begreifen.
Sie muss sich durch das Trauma des Patienten »traumatisieren« lassen, allerdings, indem sie sich »dem traumatischen Anruf des Anderen ›wider Willen‹ ausliefert« (ebd., S. 251).
Und sie muss dem Patienten, die in seinen Symptomen verborgene und doch ausgedrückte Botschaft zurückgeben.
Was nun bedeutet das für den psychoanalytischen Prozess, die gemeinsame Aufführung von Analytikerin und Analysand?

Die »verwundende« und die »verwundbare Heilerin« – wider Willen

Benjamin weist in ihrem Plädoyer auf das Paradoxon der »verwundenden Heilerin« hin. Dieses Phänomen ist uns aus der Medizin durchaus geläufig. Die Tatsache, dass so mancher Arzt, um zu helfen, auch zum Teil erhebliche Wunden zufügen muss, ist uns gut vertraut. Dass die Therapeutin sich allerdings ihrerseits als »verwundbar« erweisen muss, um ihrem Patienten helfen zu können, ist in der somatischen Medizin doch eher unüblich und vielleicht eine der Zumutungen unserer Berufes schlechthin. Was ist darunter zu verstehen?

Der Container, der Risse aufweist oder löchrig, durchlässig und inkontinent ist, gilt als »schlecht«. Er erfüllt seine Funktion nicht. Das Bild verliert etwas von seinem pejorativen Charakter, wenn man sich klarmacht, dass ein löchriger Container ein verletzter, ein verwundeter Container ist. Dann ist er für den Patienten trotzdem zunächst einmal »schlecht«, aber, wenn man es an dieser Stelle einmal so personifiziert ausdrücken mag, er ist nicht »mit Absicht« löchrig; es ist ihm geschehen, weil die Wucht des zu Containenden seine Widerstandskraft für den Moment außer Kraft gesetzt hat. Benjamin verweist darauf, dass die Scham, so »verwundbar« zu sein, dazu führen kann, dass wir den Patienten dafür verantwortlich machen, ganz nach dem Prinzip: Einer muss doch schuld sein. Wenn es gelingt, die Verletzung des Containers nicht dem Patienten, sondern der Wirkung seiner Introjekte zuzuschreiben, ist man schon einen Schritt weiter. Dann geht es um die Frage, wie dieser Container sich zu seinen Verletzungen verhält und wie er geheilt werden kann.

Das heißt, sich von dem Ideal des allzeit, alles beherbergenden Containers, wenn man so will, ein unmenschliches Ideal, zu verabschieden und dennoch Verantwortung dafür zu übernehmen. »Traumatisierbar«, so hatten wir von Bernet schon gehört,

> »heißt freilich nicht, daß das Subjekt etwa ›darauf wartet‹, traumatisiert zu werden, oder auch, daß es ›voraussieht‹, auf welche Weise dies geschehen wird (was im Widerspruch zu der Natur des Traumas stünde), sondern es heißt, daß es sich zerbrechlich und abhängig fühlt und daß es in der Besessenheit von seinem eigenen Verschwinden lebt« (Bernet 2001, S. 238).

Und das gilt eben auch für die Analytikerin. Die Angst, in der psychoanalytischen Situation »zu zerbrechen«, das Ausmaß des Schreckens, der Ängste und der Zerstörung nicht halten zu können, ist allenthalben. Die Analytikerin ist von ihrer analytischen Funktion, ihrem Denken, ihrer reflexiven Distanznahme abhängig und entsprechend groß ist die Befürchtung, angesichts des Ausmaßes des im Raume sich befindenden Traumatischen selber »zu verschwinden«, als Subjekt ausgelöscht zu werden. Die Wirkung dieser Angst ist aber umso unkontrollierbarer, je mehr sie geleugnet werden muss. Die Forderung, welche sich daraus ergibt, ist eben jene, sich als »traumatisierbar«, als Mensch mit solchen Ängsten und Begrenztheiten *anzuerkennen*, ohne sich a priori dafür verurteilen zu müssen. Diese Anerkennung kann nur *im Vollzug* geschehen, also dann, wenn wir diese Ängste gerade am eigenen Leibe spüren oder gespürt haben, wenn sie aktualisiert sind. Das heißt für die analytische Situation immer, dass unser Patient Zeuge ist, entweder der ausbleibenden Selbst-Anerkennung oder aber eben der vollzogenen. Das ist nicht gleichbedeutend damit, sich das obige Zitat laut vorzulesen und zu bejahen, denn Anerkennung, das eigene Selbst und den Anderen betreffend, ist ein performativer Akt, in dem vollzogen werden muss, wovon die Rede ist!

Nun macht uns Bernet auch darauf aufmerksam, wie wichtig es ist, zu unterscheiden zwischen dem traumatischen Ereignis, das einen direkt betrifft, und jenem, welches mich sekundär, durch meine Anteilnahme betrifft.

> »In diesem Falle traumatisiert mich der Andere mit dem Trauma seines maßlosen Elends. *Dies hat zur Folge, dass ich dem Anderen die Verursachung meines Traumas nicht vorwerfen kann.* [kursiv durch D.P.] Ich kann ihn, den zuerst und am meisten Getroffenen, auch schwerlich darum bitten, mich von den Spuren des von ihm zugefügten Traumas zu befreien. Wenn es das Leiden des Anderen ist, das mich traumatisiert, dann die Antwort auf mein Trauma nur eine Antwort an den Anderen sein« (ebd., S. 249).

Dies betrifft die nun schon mehrmals erwähnte Zeugenschaft des Patienten. Indem die Analytikerin sich im Rahmen einer »traumatisierenden« Übertragung »traumatisieren« und verwenden lässt, *zeigt* sie dem zuschauenden Kind im Patienten eine mögliche Antwort, *stellt* im Hier und Jetzt *dar*, wie eine mögliche Auseinandersetzung mit den Introjekten aussehen könnte und *zeigt* gleichzeitig ihre Bereitschaft, ihr affektives Engagement, dem Patienten zur Seite zu stehen. All das wird nicht bloß formuliert, erzählt, sondern es *geschieht*, während Analytikerin und Analysand zusammen sind.

Und Bernet geht noch weiter, wenn er feststellt, dass es, ist man einmal vom Trauma des Patienten berührt, keine Möglichkeit mehr gibt, *nicht* zu antworten:

»Kein psychisches ›Durcharbeiten‹ meines Traumas enthebt mich der Verpflichtung, den traumatischen Anruf des Anderen zu beantworten. [...] eine Antwort, die darauf zielt, mich von dem mir durch den Anderen zugefügten Trauma zu befreien, ist ausgeschlossen. Ich kann auf das durch den flehenden Ruf des Anderen bei mir hervorgerufene Trauma weder dadurch antworten, daß ich mich von seiner Not abwende, noch dadurch, daß ich sie mir aneigne. Ich könnte höchstens antworten, daß das Leiden des Anderen ›seine Sache‹ sei, für die er selbst die Verantwortung zu übernehmen habe, die außerhalb meiner Zuständigkeit falle« (ebd., S. 249).

Aber eben diese Möglichkeit ist nur eine theoretische, keine wirkliche, denn sie sei sowohl unethisch als auch nicht praktikabel, denn, so Bernet:

»Sobald der vom Anderen herkommende Ruf das Subjekt *in seiner intimsten und fleischlichen Sensibilität* [kursiv durch D. P.] einmal traumatisiert hat, ist dieses völlig unfähig, die Spur des Traumas mittels Überlegungen auszulöschen, die ihm wieder zu einem guten Gewissen verhelfen würden« (ebd.).

Eine wichtige Formulierung, macht sie doch noch einmal etwas vom Wesen des Traumas deutlich: Es lässt sich, einmal erlitten, nicht einfach abschütteln; welchen Abwehrmechanismus man auch immer benutzen mag, es hinterlässt seine Spuren, welche unaufhörlich wirksam sind. Es bleibt einem nur der Weg, einen Umgang mit ihm zu finden, sei es das direkt oder sei es das durch einen Anderen indirekt erlittene Trauma. Hier zeigt sich noch einmal die besondere Verantwortlichkeit der Analytikerin. Sie hatte die »Einladung« ausgesprochen und, einmal angerufen, kann sie sich diesem Anruf nicht mehr entziehen, sondern sie muss antworten. Gleichzeitig bedeutet aber ein derartiges Beteiligtsein eine ganz fundamentale Anerkennung des Analysanden.

Indem die Analytikerin die Auswirkungen des Traumas des Patienten am eigenen Leibe erfährt, wird auch sie nachträglich zur Zeugin des damaligen katastrophalen Ereignisses; indem sie realisiert, dass mit ihr etwas geschieht, das seine Wurzeln nicht in ihrer Geschichte hat, erkennt sie dessen Herkunft vom Patienten an und das bedeutet, sie erkennt die Tatsache an, dass »ihm etwas geschehen ist«. Bernet formuliert das so:

> »Ich erkenne das Leiden des Anderen, ohne es zu kennen, ich verspüre es in einer Empfindung [...]. Es ist also gerade der traumatische Charakter meiner Empfindung, der seine Herkunft vom Anderen beglaubigt; es ist gerade meine Traumatisierung, *die meine Anerkennung des Anderen als Anderen vollzieht* [kursiv durch D. P.]« (ebd., S. 250).

Das Trauma des Patienten gräbt sich also, wenn sich die Analytikerin als »verwundbar« und »traumatisierbar« erweist, geradezu leiblich ein, als eine sinnliche Empfindung, die sich nicht einfach mehr abschütteln lässt. Um auf das Bild des Containers zurückzukommen: Es ist eine Möglichkeit, sich seiner Risse und Löcher, seiner Unzulänglichkeit zu schämen, aber es eröffnet eine neue Perspektive, wenn man sich vorstellt, dass die Risse und Löcher, die Verwundungen des Containers Zeichen der stattgehabten Traumatisierung sind, und das eben auch für den Analysanden. Sie sind, wenn man so will, Zeichen der Zerschundenheit des Containers durch dessen Gebrauch. Die Analytikerin bemüht sich darum und muss sich darum bemühen, ihn »heil« und funktionstüchtig zur Verfügung zu stellen, und kann dennoch vorübergehend scheitern. Sie erleidet ihre Verwundung »wider Willen«, und das ist der letzte Schritt in der dialektischen Verarbeitung des Traumas. Das traumatisierte Subjekt, so hatte Bernet formuliert, »über-lebt, indem es sich ›wider Willen‹ verwundbar fühlt« (ebd., S. 252) und so über-lebt auch die Analytikerin und geht dabei ihrem Analysanden voraus. »Wider Willen« beschreibt die paradoxe Situation der Analytikerin; das Wesen des Subjektes »wider Willen«

> »besteht in der doppelten Unmöglichkeit, sich widerstandslos dem Trauma zu ergeben und sich vor dem Trauma zu bewahren« (ebd., S. 251).

Die Analytikerin stellt sich als »traumatisierbar« zur Verfügung und kann nicht anders und soll auch gar nicht anders können, als sich dem Trauma widersetzen zu wollen. Es ist eben diese fundamentale Selbstbehauptung, die verhindert, dass sie lediglich zu einem Spielball der Introjekte des Patienten wird; sie stellt im Rahmen eines performativen Aktes die Erlaubnis sich zu wehren dar und kann gegebenenfalls eben auch unterliegen.

»Der Widerstand des Selbst macht, anstatt einen Verzicht auf die Antwort mit sich zu bringen, vielmehr erst ihren Wert aus« (ebd., S. 251).

Der Wert dieser Antwort bemisst sich unter anderem darin, dass der Analysand Zeuge einer Niederlage wird, einer Niederlage in einem Kampf, den die Analytikerin auch an seiner Statt kämpft und sich so auf fundamentale Weise zur Verfügung stellt.

Der Analysand kann, indem auch er diese Form der »Verwundung« zu sehen bekommt, seinerseits erkennen, dass gewaltige und auch zerstörerische Kräfte wirksam sind, auch er könnte an dieser Stelle zu der Anerkennung dessen gelangen, dass »etwas geschehen ist«, das beide nicht verhindern konnten.

Er wird Zeuge einer Niederlage, die natürlich auch seine eigene war und damals mit seiner Vernichtung, der Auslöschung seiner Subjektivität endete.

Aber er wird auch Zeuge des *Überlebens* dieser Niederlage, indem die Analytikerin sich dazu bekennt.

»Was ist die Gabe, die es dem Subjekt erlaubt, sich traumatisieren, aber nicht vernichten zu lassen, sich zu geben, ohne sich aufzuheben, sich nach Momenten völliger Selbstvergessenheit wieder zu sammeln? Was kann diese Gabe anderes sein als das niedrige Empfinden, als das leibliche Bewußtsein der erlittenen Prüfung? Diese dem Empfundenen mit leichter Verspätung nachfolgende Empfindung, dieser minimale Spalt in der eigenen leiblichen Sensibilität ist das einzige, worauf sich das Über-leben des Subjektes stützen kann. Ohne dieses Empfinden gebe es weder Narzißmus noch Hingabe seiner selbst, weder überwundenes Trauma noch aus Liebe zum Anderen bejahtes Trauma, weder Ruf noch Antwort« (ebd., S. 252).

Dieser »minimale Spalt in der eigenen leiblichen Sensibilität« ist eben das, was dem anästhesierten Analysanden nicht zur Verfügung steht. Dieses leibliche Bewusstsein der erlittenen Prüfung beinhaltet die Stellungnahme des Subjektes: »Ja, es ist geschehen! Gegen meinen Willen, aber es ist dennoch geschehen. Und ich bin trotzdem noch da und ich werde bleiben, auch auf die Gefahr hin, dass es wieder geschieht, denn ich kann es nicht verhindern, aber ich werde es dann wieder zu überstehen versuchen. Die Alternative, nicht zu bleiben, nicht zu fühlen, hieße auch, nicht zu lieben und ist für mich keine Alternative«.

So könnte man sich eine solche Stellungnahme vorstellen und vielleicht geht es nicht anders, als dass ein traumatisierter Mensch sie vorgeführt bekommen muss.

Zusammenbrüche erleben und gemeinsam überleben – Ein Beispiel

Tatsächlich kann es sein, dass Analysanden so manches Mal auf die Spontaneität ihrer Analytikerin und das Erkennen von deren Gefühlen angewiesen sind, als Zeichen dafür, nicht einen leblosen Deutungsautomaten hinter sich zu haben, sondern ein fühlendes Wesen. Der traumatisierte Analysand ist darauf angewiesen, seine Analytikerin als »verwundbar« zu erleben, auch wenn das für ihn zunächst durchaus überwältigend sein kann. Thomas Ogden gibt in seinem Buch *Gespräche im Zwischenreich des Träumens* ein wunderbares Beispiel, welches zugleich einen Eindruck davon vermittelt, unter welchem Über-Ich- oder Ich-Ideal-Druck solche »spontanen Gesten« stehen und was sie für den Analysanden bedeuten können.

Er berichtet aus der Behandlung eines Mannes, Herrn S., der im vierten Jahr seiner Analyse begonnen hatte, seinem Analytiker zu erzählen, dass er als drei- bis vierjähriger Junge über einen Zeitraum von zwei bis drei Jahren von einem Nachbarn, einem »Freund der Familie«, sexuell misshandelt worden war. Herr S. hatte als Kind und auch später nie mit jemandem über diese Erlebnisse gesprochen, die Eltern schienen sich ihm dafür, aus mehreren Gründen, nicht angeboten zu haben, er hatte sie psychisch nicht finden können. Erst zwanzig Jahre danach war es zu einem kurzen Austausch mit dem Bruder darüber gekommen, aus dem hervorging, dass der Bruder ebenfalls Opfer dieses Mannes geworden war. In der Stunde, von der Ogden berichtet, hatte Herr S. zunächst das Gefühl, seinen Analytiker »nicht finden« zu können und tatsächlich, so Ogden, habe er sich zu Beginn der Stunde »sehr schläfrig gefühlt und gegen den Schlaf angekämpft« (Ogden 2001, S. 137). Ogden verwendet seine Schläfrigkeit zunächst als Indiz für eine spezifische Objektbeziehung des Patienten und deutet, dass dessen Bemühen, seine Mutter am Leben zu erhalten, für *ihn* sehr erschöpfend gewesen sein müsse. Er vermerkt dann, er habe dem Patienten nicht gesagt, dass er sich *wirklich* ausgelaugt gefühlt hätte, weil dadurch der psychische Zustand des Analytikers zum zentralen Ereignis der Analysestunde geworden wäre und es sich damit um ein Äquivalent der früheren Beziehung zur Mutter gehandelt hätte. Stattdessen sagte Ogden Herrn S., dass er sich wohl einen Ort zum Ausruhen während der Sitzung gesucht hätte, etwas, das sich Herr S. als Kind nicht habe leisten können. Damit, so denke ich, hat sich Herr S. in seiner Vermutung allein zu sein, bestätigt gesehen und sich möglicherweise gleichzeitig für die Erschöpfung seines Analytikers verantwortlich gefühlt. Im weiteren Verlauf der Stunde sagt Ogden dann zu Herrn S., dass »er sich als Missbrauchsopfer geradezu angeboten« habe (Ogden 2001, S. 138), möglicherweise, weil der Nachbar gespürt habe, dass Herr S. »*das Gefühl hatte,* [kursiv durch D. P.] kein Erwachsener innerhalb oder außerhalb der Familie werde ihn schützen. [...] Er hatte seine Eltern praktisch nirgendwo finden können, so wie es ihm zu Beginn unserer laufenden Sitzung mit mir ergangen war« (ebd.). Nach dieser Intervention hatte Ogden das Gefühl, sie sei »etwas an den Haaren herbeigezogen«, auch wenn »an dem Gedanken etwas Wahres dran sein mochte« (ebd.).

Dies ist eine sehr interessante Stelle, da sie zeigt, wie katastrophal es für den Patienten sein kann, wenn nur »etwas Wahres dran« ist. Vermutlich konnte Herr S. die Äußerung, er habe sich als Missbrauchsopfer »geradezu angeboten«, gar nicht anders als eine Schuldzuweisung verstehen. Diese Situation wurde dann durch den zweiten Teil der Deutung noch zugespitzt. Er habe sich angeboten, weil der Nachbar gespürt habe, dass Herr S. das Gefühl hatte, es werde ihm niemand helfen. Hätte er dieses Gefühl nicht gehabt, so lässt sich denken, dann wäre er nicht missbraucht worden. Er habe seine Eltern nicht finden können, so wie er heute seinen Analytiker nicht habe finden können. Diese Sätze sind alle im Sinne einer Aktivität des Patienten ausgedrückt: Er hatte ein Gefühl, hat sich angeboten und er kann nicht finden. Sie beinhalten nicht, dass sein Gefühl offensichtlich richtig war und seine Eltern ihn nicht geschützt haben, dass er, im wahrsten Sinne des Wortes *genommen* wurde, der Analytiker wirklich nicht zu finden *war* (er war schläfrig), was vom Analytiker eben nicht bestätigt worden ist und daher aus Sicht von Herrn S. wiederum ein Versäumnis seinerseits bedeuten kann; *er* kann eben nicht finden, nicht etwa, der andere *lässt* sich nicht finden. Alles in allem, muss es Herrn S. so vorkommen, als trage er an allem, was ihm widerfahren ist und in der Analyse widerfährt, die volle Verantwortung. In die Folgestunden kommt Herr S. zunächst wütend, er verzweifelt dann aber zunehmend, da er sich den Erinnerungen an den sexuellen Missbrauch völlig machtlos gegenüber sieht und große Angst bekommt. Inzwischen hatte Ogden erkannt, dass er an dieser Verzweiflung seinen Anteil hatte, weil der Patient sich von ihm, zu Recht, allein gelassen fühlte, und sagt ihm, er könne sich vorstellen, dass Herr S. auf ihn wütend sei, weil er, Ogden, ihn in die Haltung der Vergangenheit zurückversetzt hätte, in jenes Gefühl der Macht- und Einflusslosigkeit und des Allein-gelassen-Seins (ebd., S. 140).

Meiner Vermutung nach ist dieses ein Moment, in welchem Herr S. etwas von der Verwundbarkeit seines Analytikers gespürt hat, davon, dass Ogden sich der Massivität der Affekte zunächst nicht aussetzen mochte. Sein diesbezügliches Bekenntnis fällt zwar zurückhaltend aus (es wäre auch denkbar gewesen, dem Patienten das zu sagen, z. B. in der Form, dass sein Analytiker *deswegen*, weil *er* sich schützen wollte, einen Rückzugsort innerhalb der Stunde aufgesucht hat), aber dennoch übernimmt er in dieser Situation die Verantwortung.

Daraufhin gerät Herr S. in eine tiefe Krise, dissoziiert, setzt sich auf die Couch und sagt, er habe Angst, verrückt zu werden und sich von diesem Gefühl nie mehr zu erholen. Daraufhin erwidert Ogden »spontan«: »Das werde ich nicht zulassen« (ebd.). Herr S. beruhigt sich etwas, legt sich wieder hin und hört seinem Analytiker zu, der, um ihn weiter zu beruhigen, mit ihm spricht. Er sagt ihm, *dass das, was er erlebt habe, mehr sei, als ein Junge oder Mann verkraften oder womit jemand leben könne.* Herr S. erholt sich und sagt etwas später, er fühle sich »lebendig«: »Ich spüre, einfach, dass mein Körper da ist. Sonst habe ich fast nie das Gefühl gehabt, einen Körper zu haben« (ebd., S. 141).

Ogden sagt in seiner Analyse des Geschehen:

> »Erst als ich selbst besser in der Lage war, auf diese sensorisch-emotionale Weise präsent zu sein, konnte ich auf das Entsetzen des Patienten angesichts seiner Befürchtung, er werde nie mehr völlig gesund werden, adäquat reagieren« (ebd., S. 143).

In dem Moment, in dem der Analytiker sich seinem ästhetischen Erleben wieder öffnen kann (Ogden war dies gelungen, indem er sich Szenen mit seinem kleinen Sohn in Erinnerung rief und diese ihm sinnlich nahe kamen), zeigt er sich erreich- und verwandelbar. Jetzt ist er für den Patienten jemand, der seine Gefühle von sich nicht fernhalten, in sich nicht niederringen muss, sondern diese zulassen und nutzen kann, um sich zu wehren (»Das werde ich nicht zulassen!«). Dadurch verhilft er Herrn S. zu einem für diesen kaum fassbaren Erlebnis, zum Aufheben der Anästhesie. Herr S. spürt wieder, dass er einen Körper hat, aus dem er vermutlich seit der Zeit der furchtbaren Manipulationen »ausgezogen« war, der, von ihm abgespalten, ein Eigenleben führte. Indem Ogden das ganze Ausmaß der Katastrophe in sich zulassen konnte, fand er zu der für Herrn S. lebensnotwendigen Anerkennung des Traumas und befreite ihn von der

Last der Verantwortung, die Herr S. sich aufgebürdet und in der er sich von Ogden zunächst bestätigt gesehen hatte. Ogden selber glaubt, seine Äußerung »Das werde ich nicht zulassen!« sei in diesem Zusammenhang die wichtigste gewesen, muss sich aber gleichzeitig rechtfertigen, indem er schreibt:

> »Eine derartige spontane (»unbedachte«) Äußerung hatte ich Herrn S. gegenüber zuvor nie verlauten lassen« (ebd., S. 144).

Der Makel des »Unerlaubten«, »Unbotmäßigen«, gar »Unanalytischen« ist unverkennbar. Dabei hat Ogden das getan, was Herr S. so dringend brauchte, er hat Verantwortung übernommen. Ogden hat nicht einfach nur eine Äußerung getan, sondern er lässt uns auch wissen, dass er »bereit und in der Lage war«, sich »mit dem Patienten nach Bedarf zu treffen (sowohl im metaphorischen als auch im wörtlichen Sinne)« (ebd.). Ogden selber kommentiert die Situation später so:

> »Vielmehr empfand ich jene spontane Aussage so, als sei sie nicht nur der Rolle eines Elternteils (im Sinne der Übertragung-Gegenübertragung) entsprungen, sondern auch der des Analytikers, der die Verantwortung für das Denken und die klinischen Urteile übernimmt, auf denen die Arbeit mit einem Patienten basiert, der mit Ängsten von psychotischer Stärke und mit dem Gefühl des unmittelbaren Bevorstehens einer Desintegration kämpft. Meine Bereitschaft, diese Verantwortung zu übernehmen, erleichterte es dem Patienten offenbar, seine Gefühle in voller Intensität zu erleben« (ebd.).

Der Analytiker war entschlossen, bei seinem Patienten zu *bleiben* und sich finden zu *lassen,* und hält, wie Holderegger so schön formuliert hat, das Kind in seinen Armen. Hier zeigt sich die Verschränkung der gegenseitigen Zumutungen: Herrn S. wird zugemutet, den Zusammenbruch, den er als Kind erfahren hatte, aber nicht erleben konnte (um seines psychischen Überlebens willen), *jetzt* zu erleben, allerdings nicht wie damals, allein, ohne Schutz und Unterstützung, sondern *in Gegenwart seines emotional vollständig präsenten Analytikers.* Das unterscheidet die damalige Situation von der aktuellen und dieser Unterschied ist für Herrn S., nach Aufhebung der Anästhesie, *fühlbar.* Dem Analytiker wird zugemutet, die eigenen Begrenztheiten zu erleben, sich überwältigen zu lassen oder, so wie hier, sich zu schützen und sehen zu müssen, dass man den Patienten allein gelassen hat. Und ihm wird zugemutet, all die Gefühle des Schreckens, der Scham, der Wut und der Angst in sich zuzulassen und den Patienten dabei zu halten.

Im Zentrum der traumatischen Erfahrung steht der Entzug der Anerkennung und die desaströse Folge ist eine nicht aushaltbare Scham angesichts der eigenen Existenz. Traumatisierte Menschen erleben beim Herannahen intensiver Gefühle eine unerträgliche Scham, da sie zum einen fürchten, erneut von ihren eigenen Affekten überflutet und damit hilf- und wehrlos zu werden, zum anderen, weil das Auftreten von Gefühlen zwangsläufig auf das eigene Selbst, die eigene Existenz hinweist, die, da sie nicht anerkannt ist, ihrerseits die Scham zuspitzt.»Wenn ich mich als fühlendes Wesen erlebe, dann *bin* ich auch und darf doch eigentlich nicht sein, da mir das Recht auf ein eigenes Sein entzogen wurde«, so scheinen sie unbewusst zu denken. Und Anerkennung, im wahrsten Sinne des Wortes, lässt sich nur in einem performativen Akt zurückgewinnen, wobei »zurückgewinnen« hier bedeutet, *sich anerkannt zu fühlen*. Und dies lässt sich nicht lediglich über das Aussprechen des Satzes: »Ich erkenne dich an« gewinnen, sondern nur im tatsächlichen *Vollzug*. Indem die Analytikerin sich als »wider Willen« verwundbar und gleichzeitig als eine die Verwundung Überlebende *zeigt*, erkennt sie den Analysanden an. Sie *zeigt* im Rahmen der psychoanalytischen Aufführung, dass man von Gefühlen überwältigt werden kann, dass es so etwas wie ein *Zuviel* tatsächlich gibt, und sie *zeigt*, dass man die Scham angesichts des *Sich-überwältigt-Fühlens* überleben kann. Und jetzt heißt *überleben* nicht nur, »sich nicht zu rächen«, sondern auch die eigenen Selbstgrenzen zurückzugewinnen und sich emotional nicht – auf Dauer – anästhesieren zu lassen, sondern den Kontakt zur Welt der lebenden Objekte wieder aufzunehmen.

Kapitel III

Die Stimme(n) in der analytischen Stunde

In der psychoanalytischen Begegnung geht, wie wir inzwischen gesehen haben, bedeutend mehr vor sich als ein »Austausch von Worten«. Selbst da wo »nur« gesprochen wird, werden nicht nur Worte, sondern »Stimmen« ausgetauscht. Es ist überaus bemerkenswert, dass in der psychoanalytischen Literatur diesem unserem Hauptverständigungsmittel während unserer Arbeit bisher so wenig Beachtung geschenkt wurde. Dabei ist doch das psychoanalytische Setting, seine Anordnung, in der Tat auffällig: Der Analysand liegt, mehr oder weniger entspannt auf der Couch, in Grenzen sichtbar für seine Analytikerin und nimmt diese während dieser Zeit fast überwiegend auf der akustischen Ebene wahr. Neben allen möglichen Nebengeräuschen, die sie von sich geben mag (Rascheln, Blättern, Husten, Atmen usf.), hört er ihre Stimme, welche die Deutungen, die ihn erreichen sollen, transportiert. Unter Umständen ist er sehr aufmerksam, geübt darin, auf die feinsten Nuancierungen zu hören, vergleicht, ob die gesprochenen Worte und ihre stimmliche Einkleidung zueinander passen; vielleicht hört er auch gar nicht auf die Worte, sondern lässt sich vom Klang der Stimmmelodie tragen und beruhigen. Vielleicht aber verstört ihn diese Stimme hinter ihm auch, die einfach in ihn einzudringen scheint, gegen deren quälenden Nachhall er sich nicht wehren kann, die ihm in die Seele schneidet.

Aber: Die Stimme ist auch in der psychoanalytischen Literatur nicht ganz verschwunden; wie sollte sie auch? Sie taucht auf, leise nur, in ein paar Passagen, mehr wie nebenbei erwähnt, fast verschämt, so, als seien die Autoren der Sätze (und der Stimmen) selber erstaunt über deren Wirkung, als würden sie sich fragen, ob man der Stimme dieses Recht zu wirken wirklich zubilligen dürfe. Hören wir also einmal auf einige dieser Stimmen:
1. »Beginn der analytischen Behandlung ohne besondere Sympathie meinerseits, wie selbstverständlich bringe ich als Arzt dem Patienten

Interesse entgegen, das ich für ehrlich halte. Viel später einmal sagte mir die Patientin, daß meine Stimme im Laufe dieses ersten Gespräches, und nur bei diesem, viel weicher und einschmeichelnder war als seither überhaupt. Ich erfuhr bei der Gelegenheit, daß diese Stimme es war, die ihr sozusagen tiefes persönliches Interesse und damit Liebe und Glückseligkeit versprach« (Ferenczi 1932, S. 146).

2. »Reden ist Imitieren. Geste und Rede (Stimme) imitieren Gegenstände der Umwelt. ›*Ma-ma*‹ ist Imitationszauber« (ebd., S. 164).

3. »Die Eltern sollen sich nicht als freundliche Beschützer gebärden, wenn sie innerlich vor Wut beinahe bersten; das Kind reagiert nicht auf die freundlichen Worte, sondern auf das Benehmen, d.h. Stimme, Geste, Härte der Berührungen etc. [...] Das Kind verträgt eher unsanfte, aber aufrichtige Behandlung als die sog. pädagogische Objektivität und Kühle, die aber Ungeduld und Haß verbirgt« (ebd., S. 173).

4. »Zu diesem Zeitpunkt in der Analyse hatte ich den Eindruck, dass meine Worte nur geringe Bedeutung hatten. Rami war kaum dazu in der Lage, dem, was ich sagte, zu folgen, reagierte jedoch auf den Klang meiner Stimme, auf meine Gesten und meinen Gesichtsausdruck. Ich nutzte dies, um ihm mitzuteilen, daß seine Worte und sein Verhalten mich berührten. Diese Reaktionen halfen ihm dabei, in unserem *potential space* ein Selbstgefühl zu entfalten, das er während der Sitzungen zu erleben begann« (Noa Haas 2004 [Cohen], S. 122).

5. »Vor allem mußte ich lernen, daß es ihm darum ging, meine Stimme zu hören, und ich begriff allmählich, daß ich damit sein Bedürfnis nach einem guten Klang stillte. Meine Deutungen schätzte er also weniger wegen ihres Inhaltes, sondern weil sie für ihn die Funktion strukturierender Erfahrungen hatten. Den Inhalt einer Deutung behielt er nur selten im Gedächtnis. Was er daran schätzte war das Gefühl von Erleichterung, das ihm meine Stimme verschaffte« (Bollas 1987, S. 33).

6. »›Sprecht doch leiser, ich höre nichts‹, wiederholte Frédéric, ein psychotisches Kind von 10 Jahren in den Gängen der Klinik für Kinder, in der er war« (Samson 1995, S. 65).

Und zu guter Letzt ein in Analytikerkreisen sehr bekanntes Beispiel:

7. »Die Aufklärung über die Herkunft der kindlichen Angst verdanke ich einem dreijährigen Knaben, den ich einmal aus einem dunklen Zimmer bitten hörte: ›Tante, sprich mit mir; ich fürchte mich, weil es so dunkel ist.‹ Die Tante rief ihn an: ›Was hast du denn davon? Du siehst mich ja

nicht.‹ ›Das macht nichts‹, antwortete das Kind, ›wenn jemand spricht, wird es hell.‹ – Er fürchtete sich also nicht vor der Dunkelheit, sondern weil er eine geliebte Person vermißte, und konnte versprechen, sich zu beruhigen, sobald er einen Beweis von deren Anwesenheit empfangen hatte« (Freud 1905, S. 126).

Aus diesen Beispielen werden sehr unterschiedliche Eigenschaften und Funktionen der menschlichen Stimme ersichtlich, die Vielfalt ihrer Wirkungen, die sich auch aus der je unterschiedlichen Wahrnehmung der Hörenden ergibt, die Vielfalt ihrer »Erscheinungen«, welche im Weiteren näher untersucht werden soll:

Die Stimme teilt auch dem Sprecher Unbewusstes mit (1), imitiert Gegenstände, Objekte der Umwelt (2), ist »Benehmen«, eine Form, sich zu verhalten (3), sie kann einen »potential space« schaffen, einen Übergangs- oder Spielraum erzeugen (4), sie vermag Erleichterung und Befriedigung zu verschaffen, sie kann stillen und trösten (5), aber sie kann auch unerträglich zudringlich werden (6) oder aber für eine Sicherheit gebende Anwesenheit stehen (7).

Im Folgenden soll es darum gehen, das Phänomen *Stimme* in der psychoanalytischen Behandlung in den Blick zu nehmen, und zwar insbesondere die Stimme der Analytikerin und deren Wirkung auf den Analysanden.

Wie gelingt es der Stimme, der Stimme ein- und derselben Person, so unterschiedliche *Wirkungen* zu erzielen?

Die Stimme ist sowohl ein *performatives Phänomen* als auch ein *ästhetisches Objekt*. Sie schafft performative Räume, in denen etwas zur Aufführung gebracht wird, das dadurch im Hier und Jetzt *erlebt* werden kann, und zwar von beiden Teilnehmern. Dieser performative Raum ermöglicht Veränderungen, denn die Stücke können jeweils neu aufgeführt und damit verändert werden. Und zugleich scheint die Stimme ein brauchbares ästhetisches Objekt zu sein, welches dem anästhesierten Analysanden auf dem Weg zur Aisthesis, zum Wiedereintritt in die Welt der Empfindungen, zu helfen vermag.

Die Stimme – Ein Schwellenphänomen

Unter performativer Perspektive betrachtet ist die Stimme ein »Schwellenphänomen«, so die Bezeichnung von Doris Kolesch und Sybille Krämer. Ein Schwellenphänomen deshalb, weil sie »sinnlich und sinnhaft« ist, weil in ihr »Soma und Semantik«, »*aisthesis* und *logos*« sich vereinigen, weil sie »diskursiv *und* ikonisch« ist, zugleich »sagt und zeigt« (Kolesch/Krämer 2006, S. 12). Eine Schwelle stellt auch eine Verbindung dar, damit scheint sich doch gerade die Stimme für die notwendige Vermittlung zwischen reiner Empfindung einerseits und der Vernunft, der kognitiven Einsicht andererseits zu eignen. Wenn man so will, steht uns mit der Stimme gerade ein Instrument zur Verfügung, in welchem sich Inhalt und Melodie, *Stoff- und Formtrieb* vereinigen können, welches uns also einen *Spielraum* – auch und besonders in der Analyse – zu schaffen vermag.

Gumbrecht hatte sich zum Ziel gesetzt, ein Verhältnis zu den Dingen der Welt zu befürworten, »das zwischen Präsenz- und Sinneseffekten oszillieren könnte« (Gumbrecht 2004, S. 12), um so die Spaltung zwischen der Weltaneignung durch Begriffe und jener durch die sinnliche Wahrnehmung aufzuheben und stattdessen beide Möglichkeiten nebeneinander bestehen zu lassen.

An der Stimme können wir dieses Oszillieren ganz konkret miterleben: Wir können unsere Hauptaufmerksamkeit auf ihren wörtlichen Inhalt richten und versuchen, den Klang, die Melodie nicht oder nur sehr wenig zu berücksichtigen, so wie man auch ein Musikstück streng auf seinen Aufbau, seine musikalische Architektonik hin untersuchen kann und sich weniger von den sinnlich wahrnehmbaren Klängen berühren lässt.

Wir können aber auch umgekehrt den Klängen der Stimme lauschen und ihren semantischen Gehalt, die Wörter, welche uns durch sie zugesprochen werden, vernachlässigen. Alle beginnen wir unser Leben damit, dass wir auf den Klang, die stimmlichen Melodien, die Prosodie der Sprache hören, lange bevor wir das Reich der semantischen Bedeutungen betreten (Pflichthofer 2005). Und genauso benutzen wir unsere Stimme zunächst, um einen Affekt ganz sinnlich-körperlich auszudrücken, wenn wir als Säuglinge vor Angst, Kummer oder Verzweiflung geschrien und geweint haben, oder aber unserer Freude durch vergnügliches ausgelassenes Krähen und Kieksen freien Lauf ließen, bis uns die Erwachsenen, so Wittgenstein, beispielsweise ein »neues Schmerzbenehmen« lehrten, indem sie uns statt des ursprünglichen Schreis »Ausrufe und später Sätze« beibrachten (Wittgenstein PU, § 245). Dieser sinnliche Aspekt der Stimme bleibt – auch trotz des neu gelernten Benehmens, trotz des Erlernens der semantischen Bedeutungen – erhalten, wir können auf ihn zurückgreifen und unsere Patienten tun das auch. Dieser Vorgang wird von Psychoanalytikern ganz unterschiedlich empfunden und gedeutet:

So erlebt Heinz Weiß das Zurücktreten der semantischen Bedeutung als »Pervertierung« der Beziehung: Er berichtet von einer Patientin, die seine

Stimme als »Musik« erlebt und sie von dem Inhalt der Deutungen abgelöst habe. Die Patientin habe sich danach gesehnt, eines Tages auf der Couch zu sterben. Indem sie nur auf den Klang seiner Stimme gehört habe, habe sie seine Deutungen als »Liebe ohne Worte« erlebt, im anderen Falle, wenn sie sich durch den Inhalt der Deutungen angegriffen gefühlt habe, als »Worte ohne Liebe« (Weiß 2003, S. 867). Gefühl und Bedeutung hätten als »mütterliches und väterliches Objekt« nicht in ihrem Inneren zusammenkommen dürfen. Hier sind Gefühl und Bedeutung schon im Analytiker, vertreten als »mütterliches und väterliches Objekt«, getrennt. Sicher greift die Patientin auch zu dieser Maßnahme, weil die durch die semantische Bedeutung der Worte eingeführte Getrenntheit (noch) nicht zugelassen werden kann. Meinem Eindruck nach wird dieses Vorgehen der Patientin hier aber primär als Angriff auf die Beziehung und als defizitär verstanden. Es entsteht ein anderes Bild, wenn man dies als (notwendiges) Stadium der Wiederbelebung einer Sachvorstellung akzeptieren und von da aus zu verstehen versuchen kann, was bei dieser Patientin beim Übergang von der Welt der »Melodien« zur Welt der »Wörter« einen solchen Bruch verursacht haben mag,[54] damit Deutungen wirksam werden können.

»Die Stimme entzieht sich der Disjunktivität begrifflicher Schemata, sie untergräbt ein Stück weit unsere binären Kategorisierungen [...]«, so Kolesch und Krämer (Kolesch/Krämer 2006, S. 12). Statt »Entweder-Oder« ließe sich vielleicht – auch auf die psychoanalytische Situation übertragen – sagen: Alles zu seiner Zeit!

Das hieße, die Stimme eben als jenes »Schwellenphänomen« zu akzeptieren, welches »*aisthesis* und *logos*« in sich vereint, und es nicht nach einer Seiten hin wertend aufzulösen. Dann kann die Stimme – wie in dem o. g. vierten Beispiel mit Rami oder in jenem von Bollas, einen Übergangsraum errichten. Um sich dem anzunähern, ist es sinnvoll, die performativen und ästhetischen Aspekte der Stimme nun einmal genauer zu untersuchen.

---

54 Es sei hier nur angemerkt, dass die ersten Worte zu dem Zeitpunkt semantische Bedeutung erlangen, da das Kind auch motorisch eine größere Autonomie erlangt und Worte als Begrenzung und Einschränkung dieser neuerworbenen Fähigkeiten erlebt werden und damit »negative Bedeutung« erlangen können. So seien »ablehnende Melodien« z.B. im ersten Halbjahr die Ausnahme, würden aber im zweiten Halbjahr als verbietendes Warnsignal eingesetzt, sobald sich der Bewegungsdrang des Kindes erhöhe (Papoušek 1994, S. 133).

Die Stimme – Ein performatives Phänomen

Im ersten Kapitel war davon die Rede gewesen, dass Psychoanalyse unter performativen Gesichtspunkten betrachtet, den *Vollzug* des Verfahrens, den *Vollzug* des psychoanalytischen Treffens – in all seinen sinnlichen Aspekten – in den Blick nehmen muss. Dazu, so hatten wir gesehen, ist es erforderlich, sich der gemeinsamen Aufführung von Analysand und Analytikerin zu widmen und sich dem *Wie* des Sprechens, hier nun dem der Analytikerin, zuzuwenden.

Kolesch und Krämer betrachten die Stimme als performatives Element »*par exellence*« und führen dafür wesentliche Kriterien an: ihre Ereignishaftigkeit, ihren Aufführungs- und Verkörperungscharakter sowie ihre Intersubjektivität (Kolesch/Krämer 2006, S. 11). Im Folgenden möchte ich diese Kriterien einmal unter psychoanalytischem Blickwinkel betrachten.

Das Ereignis

Durch das Ereignis, so Mersch, werde man »in eine einmalige und unwiederholbare Gegenwart versetzt, die im nächsten Moment wieder erloschen ist« (Mersch 2002, S. 228).

Die Stimme ist flüchtig, erklingt, verschwindet und kann nur als erinnerter Nachhall vom Hörenden bewahrt werden. Und das Ereignis, so Mersch weiter, »zwingt zu seiner Anerkenntnis, unabhängig davon, ob sich die Beteiligten dem Geschehen zu stellen oder ihm zu entfliehen trachten. Es nötigt zur Re-Aktion, noch bevor es verstanden oder begriffen worden ist. *Es ersucht Antwort*« (ebd., S. 238).

Das Ereignis geschieht einem, es »trifft« oder widerfährt uns, in seinem Kern nicht plan- und nicht steuerbar, und es spricht uns gleichzeitig an.

In die gleiche Richtung gehen auch die Gedanken des Philosophen Bernard Waldenfels:

> »Hörende sind durchaus im Spiel, aber zunächst als jemand, dem oder der etwas widerfährt, den oder die etwas trifft« (Waldenfels 2004, S. 188). »[...] Das Hören beginnt anderswo mit einem Fremdlaut, einer Fremdstimme. [...] Stimmen sind auf andere Weise erwiderungsbedürftig als Geräusche, die uns anrühren [...] aber keinen Anspruch erheben« (ebd., S. 189).

Die Deutung, die der Analysand hört, kommt – zuallererst – von *außen*. Allein das macht sie für manch einen schon schwer erträglich. Noch bevor der Analysand ihren Inhalt hat begreifen können, ist doch die Tatsache, dass sie von einer fremden Stimme gesprochen wird, bereits untrüglicher Ausdruck dessen, dass es keine *von ihm gemachte* und durch ihn kontrollierbare Stimme ist. Die fremde Stimme ist ein Zeichen dafür, dass noch jemand im Raum ist, leiblich präsent und nicht nur vorgestellt. Die stimmliche Äußerung, die gesprochene Deutung widerfährt dem Analysanden; er kann sie – letztlich – nicht verhindern, er kann sich lediglich durch verschiedene Maßnahmen vor ihr schützen, wie es auch der kleine Frédéric versucht, indem er seine Umgebung auffordert leiser zu sprechen, nicht soviel »Stimme« zu produzieren. Und dennoch ist sie – als Fremdstimme – erwiderungsbedürftig, verlangt eine Antwort. Diese kann auch im Schweigen bestehen, sowie ein Weiterreden nicht unbedingt eine Antwort sein muss. Allerdings ist das Besondere an der psychoanalytischen Situation, im Gegensatz zu Alltagssituationen, dass alles, was der Analysand nach einer Deutung tut oder nicht tut, als *Antwort* verstanden wird. An dieser Stelle wird auch das Potenzial der Stimme, *zudringlich* zu werden, deutlich; in der psychoanalytischen Situation kann man nicht *nicht antworten.*

Die Aufführung

Wie im ersten Kapitel dargestellt, konstituiert sich die Aufführung durch die leibliche Ko-Präsenz zweier Menschen, einen festgelegten Rahmen, das Oszillieren zwischen Subjekt- und Objekt-Position und durch die Interaktion zwischen »Darstellern« und »Zuschauern«. Erst durch die gegenseitige Wahrnehmung und die resultierenden Reaktionen kann eine Aufführung entstehen. Wenn in der psychoanalytischen Situation gesprochen wird, dann gibt es immer auch jemanden – außer der Analytikerin selbst – der es hört, also das Gesprochene wahrnimmt. *Wie*, auf welche Weise es wahrgenommen wird, gerade das bestimmt das je Spezifische der Aufführung.

Das Erklingen der Stimmen von Analytikerin und Analysand erzeugt eine Szene, die sich für beide sinnlich wahrnehmbar darstellt. Indem beide miteinander im Hier und Jetzt sprechen, sich also von ihren Affekten, Fantasien, Bildern und Einstellungen leiten lassen, schaffen sie einen stimmlichen Raum, einen Hör-Raum, der sich sowohl aus bewussten als auch aus unbewussten Quellen speist. Die psychoanalytische Technik sieht dabei eine überwiegende Zurückhaltung der Analytikerin zugunsten des Analysanden vor. Das Besondere der psychoanalytischen Situation ist ferner, dass die Analytikerin *verschiedene, unterschiedliche Stimmen* zur Aufführung bringt.

Sie hat mindestens *drei* Stimmen zu vertreten: Die des Analysanden, und zwar jene, die bisher nicht zu Gehör kommen konnte, jene, die Winnicott dem »wahren Selbst« zugehörig sieht, die der inneren Objekte des Analysanden, damit dieser sie, unter dem Schutz der analytischen Situation, zu hören in der Lage ist und – natürlich – soll auch ihre eigene Stimme erklingen, soll sie ein wirkliches wahrhaftiges Gegenüber sein, mit dem sich neue Erfahrungen machen lassen. Es müssen neue Klänge entstehen, um gerade nicht in endlosen Wiederholungsschleifen gefangen zu bleiben. Psychoanalytikerin und Analysand schaffen dann durch das Spiel ihrer Stimmen einen performativen, intersubjektiven Raum von hoher sinnlicher Präsenz.

Im Spiel der Kinder lässt sich dieser Prozess konkreter und unverstellter beobachten. Wenn diese sich entschließen, z. B. »Schule« zu spielen, oder »Familie«, oder »Räuber und Gendarm«, dann gibt es einerseits Raum für die spontanen Einfälle des einen, auf die der andere reagieren mag oder nicht. Andererseits ist ein gewisser Rahmen implizit festgelegt. Mitunter sind aber deutliche Proteste zu vernehmen: »Nein, du musst jetzt das und das sagen«, »du musst jetzt überrascht sein, du *weißt doch in Wirklichkeit gar nicht*, dass ich jetzt komme«. Wohlgemerkt: »In Wirklichkeit« heißt jetzt »in der Wirklichkeit des Spiels« und es ist ein Spielfehler, wenn jemand eine Information die er »draußen« hat, z. B. »gleich kommt Besuch« »innen« verwendet. Schlimmstenfalls ist er ein Spielverderber. Und das ist er auch, wenn seine Stimme nicht »passt«, also, wenn er mit gelangweilt monotoner Stimme sagt: »Oh, schön, dass ihr gekommen seid« und dabei möglichst noch finster dreinblickt. Dann »geht es nicht«, das Spiel ist erst einmal gestört. Im Kinderspiel konkurrieren die verschiedensten inneren Szenen der Beteiligten und es kommt auf Geschick, Durchsetzungsvermögen und Kreativität an, wessen innere Szene spielbestimmend sein wird, wenngleich es immer eine Ko-Produktion sein wird. In der analytischen Aufführung liegen die Verhältnisse dadurch etwas anders, dass die Analytikerin, zumindest was ihre bewussten Intentionen angeht, dem Analysanden bei seinen Inszenierungen den Vortritt lässt. Das bedeutet natürlich nicht, dass ihre unbewussten inneren Szenen nicht auch Einfluss nähmen. Dies kann z. B. dann besonders der Fall sein, wenn sie sich durch ein stimmliches Spiel des Analysanden besonders angesprochen fühlt und »einsteigt«, eben *mitspielt*.

Ein Beispiel: Der Analysand gibt sich auf der Couch betont trotzig und macht dies über allerhand Bemerkungen und stimmliche Äußerungen deutlich. Vielleicht sagt er schließlich: »Darüber haben wir schon so oft geredet, darauf habe ich jetzt keinen Bock mehr. Mir hängt das Thema echt zum Hals raus; ich sage jetzt gar nix mehr...« (Trotz ist ohnehin ein schönes Beispiel dafür, wie essenziell die stimmliche Äußerung ist, um ihn lebendig werden zu lassen. Ein »Nein, das mache ich nicht!« kann, z.b. sehr betroffen oder aber ängstlich ausgesprochen ganz und gar anders und gar nicht trotzig wirken.) Natürlich kann die Analytikerin darauf »antworten«, indem sie sagt: »Sie wollen nicht mit mir darüber reden.« Das wäre vermutlich analytisch korrekt. Vielleicht wäre es auch eine verpasste Gelegenheit. Die Analytikerin, die ihren Analysanden gut kennt, erkennt womöglich, dass diese Äußerung für ihn eher neu und selten ist und freut sich möglicherweise über den aufkeimenden Selbstbehauptungswillen. Sie kann sich auch fragen, was an diesem Protest dran ist, warum er gerade jetzt so heftig geäußert wurde und dergleichen mehr. Gleichzeitig aber sieht sie vielleicht auch die Notwendigkeit diesem »Trotz« etwas entgegenzusetzen (wofür soll er auch sonst gut sein?) und spürt auch etwas von der in seiner Stimme liegenden Provokation – allem Verständnis »zum Trotz« am eigenen Leibe und sagt: »Das könnte Ihnen so passen!«

Und auch hier wird es sehr darauf ankommen, *wie* die Analytikerin das sagt (und natürlich auch darauf, auf welche gemeinsamen Beziehungserfahrungen das analytische Paar bereits zurückgreifen kann). Wenn es der Analytikerin gelingt, in ihrer Stimme genau die oben beschriebene innere Haltung »unterzubringen«, jene, welche den sich äußernden Selbstbehauptungswillen begrüßt und welche auch versteht, dass dieser nicht ins »Leere« laufen darf, sondern auf ein stimmliches Gegenüber treffen muss, dann haben beide stimmlich eine Szene zur Aufführung gebracht, vielleicht eben jene zwischen einer Mutter und einem dreijährigen Kind, die aber – und das ist das Entscheidende – hier einen anderen Ausgang nehmen kann, als es im bisherigen Leben des Analysanden möglich war.

Die Verkörperung

Es gibt keine Stimme ohne einen Körper. Sie vermag sich zwar von der Sprache, dem *logos*, zu lösen, aber *nicht* vom menschlichen Körper, der sie hervorbringen muss, damit sie tatsächlich zum »Laut eines beseelten Wesens« (De anima, 420b) werden kann. So ist jede stimmliche Äußerung ein Verweis auf den sie hervorbringenden Leib und eben diese leibhaftige Verwurzelung begründet auch die Verführbarkeit, die von einer menschlichen Stimme ausgehen kann. Es ist eben diese Verwurzelung im Leib- oder Triebhaften, die Roland Barthes mit seinem Ausdruck der »Rauheit« (Barthes 1990) zu fassen sucht. Nimmt man etwas von dieser »Rauheit« wahr, so wird etwas von der erotischen Beziehung des Hörenden zum Körper dessen, der sie hervorbringt, offenbar. Und es ist eben diese untrennbare Beziehung der Stimme zum Körper, in welcher die Wurzeln für die metaphorische Redeweise liegen, jemanden mit Worten zu *berühren*. Darin liegt die ästhetische Kraft der Stimme, ihr ästhetisches Vermögen. Ihre leibliche Herkunft verschafft ihr auch das Potenzial einer leiblichen Wirkung.[55]

Dieter Mersch beschreibt dieses ästhetische Potenzial der Stimme und ihre leibliche Wirkung wie folgt:

> »[D]er Hörer *versteht* nicht nur ein Gesprochenes im Sinne der Hermeneutik; vielmehr tritt er durch die Aufnahme und Entgegennahme der Stimme – anders als durch die Schrift – in Berührung. Der Stimme haftet etwas Taktiles an: Sie stiftet einen direkten Kontakt mit dem Sprechenden. Der Kontakt hat, qua Berührung, einen leiblichen Impuls. Es ist mitunter dieser leibliche Impuls, der entscheidet, ob ich das Gesagte aufnehme, mich innerlich abwende oder gar den Anderen abweise« (Mersch 2006, S. 212).

Die Annäherung an das hermeneutische Verstehen beginnt auf leiblichem Wege; der Klang der Stimme, ihre Melodie bereitet uns gewissermaßen auf unser semantisches Verstehen vor, schafft den Hintergrund, vor dem wir die Äußerungen unseres Gegenübers dann auf uns wirken lassen und sie als ganze verstehen.

Der Satz: »Du bist blöd!« kann je nach Stimmklang, Kontext und Beziehungserfahrungen sehr unterschiedlich wirken: Mit der entsprechenden stimmlichen Äußerungsform ist er eben jene Beleidigung und Kränkung, welche der semantische Inhalt ausdrückt. In einer anderen Sprachmelodie kann er aber auch ein Sich-Zwar-Ertappt, aber dabei auch ein Sich-Verstanden-Fühlen bedeuten und große Nähe ausdrücken.

Wir alle tragen die »Reste«, »Überlebsel« aus jener Zeit in uns, in welcher der Stimmklang unserer Mütter, ihre Melodie, uns, lange bevor wir den semantischen Inhalt verstehen konnten, leiblich erreichte. Die »Lauthülle«, welche uns umgab, ihre Rhythmik und Konstanz, hatte eine direkte Wirkung auf

---

55 Es seien an dieser Stelle die neueren Untersuchungen zu den sog. »Spiegelneuronen« erwähnt: Eine ganz neue Untersuchung zeigt, dass Hirnareale, in denen motorische Hand- und Fußbewegungen repräsentiert sind, ebenfalls aktiv werden, wenn man gesprochene Sätze *hört*, in denen von eben diesen hand- oder fußbezogenen Aktionen die Rede ist. (Buccino et al. 2005). Hier zeigt sich ganz konkret die *leibliche* Wirkung der Stimme eines anderen auf den Hörenden!

unser leibliches Befinden und ist Bestandteil unseres prozeduralen Wissens. Die Stimmen unserer Mütter gehören zur Erscheinung dessen, was Bollas das »Verwandlungsobjekt« nennt, ein Objekt, das unser Selbsterleben als Kind verändert – *verwandelt* – hat, indem wir beruhigt, besänftigt, getröstet oder eben beunruhigt, aufgeschreckt oder irritiert wurden. Und in den Stimmen unserer Mütter steckten auch jene »unbewussten Botschaften«, welche Laplanche als »Urverführung« ansieht. Auch in ihren Stimmen transportieren die Mütter (und Väter), ebenso wie in ihren körperlichen Gesten, *ihnen selber* unbewusste Botschaften.

So begegnet der Analysand, der dem Klang der Stimme seiner Analytikerin lauscht, auf der unbewussten Ebene auch dem Körper, dem Leib seiner Mutter wieder. »Wenn unsere lebenslange Aufgabe darin besteht, uns vom Körper unserer Mutter zu trennen, und wenn dieser Körper auch (!) in der Stimme der Mutter aufgehoben ist, dann ist jeder Analysand erneut mit dieser Aufgabe konfrontiert, indem ihm der vergessen geglaubte Körper der Mutter in Gestalt einer Stimme wiederbegegnet, die – wie einst – dieselben Sehnsüchte und Ängste auszulösen vermag« (Pflichthofer 2005, S. 348)[56].

Wie diese Begegnung ausfällt, das hängt selbstverständlich von der je spezifischen Geschichte des Einzelnen mit diesem Leib ab.

In diesem Sinne schreibt Roland Barthes:

> »Es gibt keine menschliche Stimme auf der Welt, die nicht Objekt des Begehrens wäre – oder des Abscheus: Es gibt keine neutrale Stimme – und falls mitunter diese Neutralität, dieses Weiß in der Stimme auftritt, so ist dies für uns ein großes Entsetzen, als entdeckten wir mit Schrecken eine erstarrte Welt, in der das Begehren tot wäre« (Barthes 1990, S. 280).

Denn es funktioniert auch umgekehrt: So wie die Stimme Zeichen von Anwesenheit eines Menschen ist, so erwarten wir auch, wenn wir einen Menschen sehen, dessen Stimme zu hören. Selbst wenn wir sie vorher noch nie gehört

---

56 An dieser Stelle sollte auch gesagt werden, dass die Begegnung auch mit einer männlichen Analytikerstimme stattfindet: Zwar gibt es geschlechtsspezifische Unterschiede in den Stimmen und vermutlich auch unterschiedliche Wirkungen, aber sowohl Mutter als auch Vater bedienen sich in der Kommunikation mit ihrem *infans* ähnlicher Sprachmelodien. Zudem haben in der heutigen Zeit viel häufiger als früher auch die Väter einen frühen intensiven leiblichen Kontakt zu ihren Säuglingen. Es ist allerdings denkbar, dass Vorlieben der Patienten bei der Analytikerwahl sich unter anderem auch aus eben diesen frühen (Stimm-) Erfahrungen begründen. Ich selber habe mehrfach die Erfahrung gemacht, dass Patienten mir im Verlauf der Analyse mitgeteilt haben, dass meine Stimme und deren Wirkung auf sie ausschlaggebend gewesen seien.

haben, haben wir doch einigermaßen feste Vorstellungen davon, wie eine solche Stimme zu klingen hat, ja, wir schließen sogar ganz schnell von dem sich uns präsentierenden Körper auf die Stimme, sodass wir irritiert sind, wenn die dann hörbare Stimme »nicht passt«, also beispielsweise ein kräftiger Männerkörper mit hoher Stimme »spricht« oder eine zierliche Frau mit einer tiefen, rauen Stimme. Noch größer ist die Irritation oder das Erschrecken, wenn jemand nicht mehr über eine eigene, sondern aufgrund von Krankheit nur noch über eine künstliche Stimme verfügt. An dieser Stelle fällt spürbar auseinander, was doch eigentlich zusammengehört: Es sind dann zwar noch *seine* Wörter, aber es ist nicht mehr fühlbar *seine* Stimme.

Zum Verkörperungscharakter der Stimme gehört ihre Verkörperung der *Anwesenheit*, der Präsenz von jemandem. Eine jetzt erklingende Stimme ist untrügliches Zeichen der Tatsache, dass jemand *da* ist, so erfahren wir auch aus dem Beispiel Freuds: »Wenn jemand spricht, wird es hell!« Die hörbare Stimme, Zeichen der Anwesenheit der vertrauten Person, ist in der Lage, die Angst vor der Dunkelheit zu nehmen, gleichsam als hätte jemand *wirklich* Licht angemacht. Stimme verkörpert also Präsenz und gerade dieser Punkt ist für die psychoanalytische Situation bedeutsam, ist doch die Stimme der Analytikerin über weite Strecken einziger *konkreter* Anhalt für ihre Anwesenheit.[57] In den Momenten, in denen sie schweigt und der Analysand, sie nicht sehend, auf der Couch liegt, muss er sich ihre Anwesenheit *vorstellen*, in den Momenten, in denen sie spricht und der Analysand ihre Stimme hört, *erlebt* er sie, nimmt er sie ganz konkret-leiblich wahr.

Gernot Böhme spricht in diesem Zusammenhang von *Ekstasen*, und meint mit diesem Begriff etwas, wodurch »Dinge in ihrer Anwesenheit spürbar werden« (Böhme 2001, S. 131), sich »in ihrer Anwesenheit bemerkbar machen« (ebd.). Sich auf den griechischen Ausdruck beziehend, sieht Böhme im *Aussich-Heraustreten* hier das Entscheidende. Dabei handelt es sich »um die Art und Weise, in der ein Ding in den Raum seiner Anwesenheit, seiner *sphaera activitatis* hinaustritt und so dort als anwesend spürbar wird« (ebd.). Bedeutsam ist hier ferner der Unterschied zu den *Eigenschaften*, die ein »Ding«

---

57 So stellt auch Waldenfels fest: »[...] man hört anders, unsicherer, hilfloser, aber auch abgeschirmter, wenn man dem Sprechenden nicht in die Augen schauen und Bestätigungen einholen kann« (Waldenfels 2004, S. 200). Und dies scheint mir auch ein wichtiger Punkt zu sein: Indem der Analysand seine Analytikerin nicht sehen kann, hat er einerseits weniger Kontrollmöglichkeiten, aber andererseits kann er – auf diesen akustischen Kanal konzentriert – etwas *mehr* hören und dieses »etwas mehr« ist vielleicht auch etwas, das der Analytikerin bisher entgangen ist.

haben kann: Während Eigenschaften eines Dinges etwas seien, das diesen auch zukäme, wenn sie bloß *gedacht* würden, handelt es sich bei *Ekstasen* gerade um die »*Artikulationen ihrer Anwesenheit*« (ebd., S. 132), sodass man von *Ekstasen* überhaupt nur reden könne, wenn man sich »der Erfahrung der Anwesenheit der Dinge« (ebd.) aussetze, sie »in der Wahrnehmung gegeben sind und *nicht bloß gedacht werden* [kursiv, D. P.]« (ebd., S. 133).

Für Böhme ist die Stimme ein unstrittiges Beispiel für eine *Ekstase*.

Sie ist eine sehr *charakteristische* Weise, in welcher die Analytikerin (natürlich auch ihr Analysand) ihre Anwesenheit markiert und wodurch eine bestimmte Wirklichkeit geschaffen wird, indem sie dem Analysanden jetzt und hier *erscheint*. Indem sie stimmlich *aus sich heraustritt*, macht sie sich nicht nur im Raum präsent, sondern schafft geradezu einen *Hörraum* (Pflichthofer 2005), welchen sie ihrem Analysanden zur Verfügung stellt und dessen Realisierung von beiden geteilt wird. Auch diese *Präsenz* hat zwei Seiten, kann tröstend sein und »es hell machen«, ist doch aber auch Hinweis auf ein *außen*, ein für den Analysanden Unverfügbares jenseits seiner Kontrolle.

Eine weitere Facette der Stimme ergibt sich aus der Tatsache ihres *Erscheinens*, welche es möglich macht, mit eben diesen vielfältigen Erscheinungen zu spielen.

Der Ästhetik des *Erscheinens* ist es in einem solchen Moment weniger darum zu tun, was eine Erscheinung noch alles *bedeuten* kann, sondern schlicht darum, was die wahrgenommene Erscheinung mit dem wahrnehmenden Subjekt »macht«, also welche Gedanken, Empfindungen, Fantasien usf. in ihm ausgelöst werden.

Das sinnlich Wahrnehmbare, so hatten wir schon im ersten Kapitel gesehen, ist eine wichtige Stufe auf dem Weg zu Erkenntnis und, so können wir inzwischen sagen, auf dem Weg zur Selbstwerdung! Wenn ich etwas sinnlich wahrnehme und es dann als *von außen kommend* identifizieren kann, dann gehören die Empfindungen, die ich dazu habe, zu *mir*.

Die stimmliche *Erscheinung* der Analytikerin kann vom Patienten auf höchst individuelle Weise wahrgenommen werden. Er *hört* sie einladend, kritisch, verurteilend, tröstend, enttäuscht, erfreut, traurig, schwach, gekränkt und vieles mehr. Er »spielt« mit ihrer Stimme, indem er sich auf ihre Klänge einlässt und diese auf sich wirken lässt. Dann ist es so, *als ob* die Analytikerin einladend, kritisch, verurteilend usf. *sei*, und der Analysand hat dazu die entsprechenden Gefühle. Und es wird oft so sein, dass diese vermeintlichen Gefühlseinstellungen der Analytikerin nicht auf die gebrauchten *Worte* zurückzuführen sind, sondern eben nur auf den vom Patienten wahrgenommenen Klang.

Wenn der Analysand dann sagt: »Sie klingen ärgerlich!« dann kann sich die Analytikerin einerseits fragen, ob da »etwas dran ist«, ob sie sich ihren eigenen momentanen Ärger selber nicht zugestehen wollte. Andererseits kann es sein, dass der Analysand nun diese ärgerlich klingende Stimme braucht, für eine neue Objekterfahrung, für eine neue Szene, für ein neues Erlebnis. Es kann – wohlgemerkt – beides zutreffen: Es kann sein, der Analysand hat tatsächlich etwas der Analytikerin bisher Unbewusstes gehört; es kann auch sein, er kreiert eine neue – für ihn notwendige – Aufführung.

Wie wir bereits im zweiten Kapitel gesehen hatten, ist der Kontrollverlust die Klippe für jeden traumatisierten Menschen und er beginnt immer dort, wo dieser feststellt, dass es ein *Außen*, eine Welt außerhalb seiner selbst, wirklich gibt. Die Stimme ist ein erster Hinweis darauf. Häufig wird darüber diskutiert, ob man Patienten mit schweren Traumatisierungen überhaupt psychoanalytisch behandeln könne, ob sie nicht etwas »Konkreteres« bräuchten, eine Körpertherapie beispielsweise, die ein *wirkliches* Anfassen beinhaltet. Die Antwort ist möglicherweise die, dass diese Patienten wirklich etwas »Konkreteres« bräuchten, dieses aber sofort wieder ein »Zuviel«, eine sinnliche Überflutung darstellen würde und abgespalten werden müsste. Nach dem bisher Erarbeiteten ist es denkbar, dass eine Psychoanalyse, die von solchen konkreten Berührungen überwiegend absieht, ein gerade erträgliches Maß an Unkontrollierbarkeit und Berührung darstellt. Der Patient hat es mit der *Stimme* zu tun, mit ihrer sinnlichen Kraft – auch wenn er möglicherweise während einer Phase der analytischen Behandlung seiner Analytikerin gegenüber sitzt – und das mag schon »genug« sein[58]. Die Berührung durch die Stimme ist möglicherweise das, was gerade noch aushaltbar – und damit *erlebbar* – ist, sodass diese Berührung nicht so schnell wie eine körperliche Berührung vom Erleben abgespalten werden muss.

Solange die Patienten aus Angst vor dem Überwältigtwerden von eben solchen sinnlichen Ein-drücken, sich im Zustand der An-Aisthesie befinden, werden die Betroffenen zwar körperlich berührt, müssten aber die sinnliche Dimension weiterhin abspalten. Diese Patienten haben um ihres Überlebens willen »gelernt«, überwältigenden physischen Berührungen ausgesetzt zu sein und diese psychisch nicht mehr zu spüren, sich *fühllos* zu machen. Ein anästhesiertes

---

58 Hier ist vielleicht der Hinweis angebracht, dass das *Liegen* auf der Couch ein deutliches Mehr an taktiler Erfahrung, an konkret körperlich spürbarer physischer Berührung darstellt, als das Sitzen. Der Analysand kommt in einem höheren Ausmaß mit einem Gegenstand seiner Analytikerin in Berührung; der Körper wird ganzflächig von der Couch getragen – ganz konkret.

Hautareal wird nicht durch bestimmte, sich wiederholende Berührungen, durch »Training« wieder empfindlich, sondern nur durch das Nachlassen der inneren Blockade, welche zur Anästhesie geführt hat. Im Gegenteil: Fortdauerndes Streicheln einer betäubten Hand, das von Betroffenen gesehen werden kann, macht ihm u. U. schmerzlich deutlich, dass er es nicht fühlen kann. Ist diese Blockade bei einem traumatisierten Menschen erst einmal aufgehoben, dann wiederum ist vermutlich eine körperliche Berührung (in der Analyse) gar nicht mehr notwendig, da er nun auf verschiedensten Sinneskanälen wieder berührbar ist, eben auch durch Worte und er kann u. U. körperliche Berührungen in anderen Zusammenhängen überhaupt erstmals *psychisch* spüren.

Die Intersubjektivität

Bereits oben war davon die Rede gewesen, dass Stimmen einen Anspruch erheben, in anderer Weise »erwiderungsbedürftig« sind als Geräusche der Umwelt, die wir vernehmen.

»Als eindringlicher oder aufdringlicher Anruf an den Anderen kann die Stimme vergemeinschaften oder entzweien« (Kolesch/Krämer 2006, S. 11). Man kann einer menschlichen Stimme, die einen anspricht, letztlich nicht ausweichen.

> »In jeder Stimme wird so der Bogen zwischen der Leiblichkeit des Sprechenden und der Beziehung zum Anderen gespannt. [...] Dabei trägt sich die Stimme als Körper aus, gibt sich preis, wie sie gleichermaßen sich an den Anderen wendet und ihn um Antwort ersucht. Als Preisgabe ist sie ›Gabe‹ und damit Geste an den Anderen. Sie setzt sich ihm aus, gefährdet sich bis zum Preis ihrer Vergeblichkeit. Deswegen ist Stimme stets beides: [...] körperliche Präsenz *und* Hinwendung an eine Alterität. Beides ist nicht voneinander zu trennen« (Mersch 2006, S. 213).

In der Stimme liegt eine »Preisgabe« und dies umso mehr, als sie auch immer Inhalte transportiert, die der Sprecherin *unbewusst* sind. Wie bereits erwähnt, ist uns diese Tatsache, wenn wir den Stimmen unserer Patienten lauschen, nur zu bewusst; aber auch die sich stimmlich äußernde Analytikerin gibt sich preis: Auch sie nimmt »Vergeblichkeit«, also Abweisung und damit auch Beschämung in Kauf und sie nimmt in Kauf, dass ihr Analysand etwas hört, das ihr entgangen ist oder das sie gar »für sich behalten« wollte.

Eben diese Erfahrung machte Ferenczi in dem eingangs erwähnten Beispiel:

Er entdeckte hierbei, dass er mit seiner Stimme offensichtlich etwas transportiert hatte, das ihm selber (zunächst) entgangen war. Aber gerade dieses, ihm selber Unbewusste war es, das die Patientin »jenseits der Worte« berührte, das ihr ein Versprechen zu geben schien, ihr Hoffnung machte. Sie hatte ihn nur in diesem ersten Gespräch so »weich« und »einschmeichelnd«, also verführerisch *gehört*, eine Erscheinungsform der Stimme Ferenczis, die für sie bedeutsam war. (Ferenczi findet später im Laufe seiner Selbstanalyse heraus, dass die »übertriebene Freundlichkeit«, die »emotionelle Mehrleistung« *seiner* Mutterübertragung geschuldet war, seiner »speziellen Ängstlichkeit vor kraftvollen Weibspersonen ihres Schlages« (Ferenczi 1932, S. 148f.). Die Patientin hatte also unbewusst die Bereitschaft zur »emotionellen Mehrleistung« gespürt, welche ihrer Forderung, Ferenczi möge der vollkommene Liebhaber sein, entgegenkam (und diese Forderung entsprach eben jenen Forderungen an ihn, die Ferenczi seitens seiner Mutter gespürt hatte).

Die Stimme ist ein soziales Phänomen, »*und zwar vom ersten Augenblick ihrer Erscheinung an*. Ihre Sozialität besteht darin, dass sie als Laut, als ›Anruf‹ oder Appellation die Szene des Dialogs betritt«, so Mersch, »die Stimme appelliert nicht nur daran, mir womöglich Glauben zu schenken [...], sondern sie appelliert daran, *mich* anzunehmen und anzuerkennen« (Mersch 2006, S. 234).

Hier kommt nun ein wesentlicher Aspekt der intersubjektiven Funktion der Stimme zum Tragen: ihre Suche um Anerkennung, neben ihrer gleichzeitigen Darstellung von Selbstbehauptung!

Indem es seine Stimme erhebt, macht sich das Selbst präsent, weist auf seine Existenz, seinen Wunsch, hier und jetzt Raum einzunehmen, hin, und – so hatten wir eben gesehen – gibt sich darin auch preis, setzt sich aus. Die Stimme muss überhaupt erst einmal als *fremde* Stimme von äußeren Objekten wahrgenommen werden. Hier begegnen wir dem scheinbar Paradoxen im Anerkennungsvorgang erneut: Für den Vorgang der Anerkennung bedarf es eines Subjektes, welches anerkennen kann, welches sich als Subjekt erleben und gleichzeitig die Existenz einer Welt außerhalb seiner Existenz realisieren kann. Eben dafür ist es auf die Anerkennung durch die Welt *außerhalb*, durch ein anderes Subjekt angewiesen. Wir hatten im Kapitel zuvor gesehen, dass im Zentrum der traumatischen Erfahrung der Verlust der Anerkennung steht. Die Situation ist entsprechend prekär: Wenn der Analysand seine Stimme erhebt, *weiß* er u. U. nicht, wer dort gerade spricht. Und wir hatten bereits gesehen, dass es Aufgabe der Analytikerin ist, die verschiedenen Stimmen zu Gehör zu bringen: jene der Introjekte, jene des Analysanden und ihre eigene. Nur dann ist auch für den Analysanden letztlich eine Differenzierung und letztlich eine Trennung von den Introjekten möglich. Indem die Analytikerin dem bisher stummen »wahren Selbst« des Analysanden ihre Stimme leiht, sodass dieses endlich, auch für ihn selber, *hörbar* werden kann, erkennt sie ihn – in der tiefen Bedeutung des Wortes – an! Und wenn die Analytikerin sich schließlich durch die wiedergefundene Stimme des Analysanden *berührbar* zeigt, ist dies ebenfalls ein Akt der Anerkennung im fundamentalen Sinne.

Erst dann wird der Analysand vermutlich in der Lage sein, die Stimme seiner Analytikerin auch als *fremde* Stimme, als von außen kommend, jenseits seiner Kontrolle existierend, zu erleben und seinerseits anzuerkennen.

Dies alles geht vor sich, indem gesprochen wird, indem Stimmen und Worte ausgetauscht werden.

Die Stimme – ein ästhetisches Objekt und ein ästhetisches Erlebnis

»Die Stimme überwindet die Hindernisse, vom Gähnen bis zum Gebet, von der Prophezeiung bis hin zum Gezeter, sie spricht über sämtliche Schattierungen hinweg, das chromatische Spektrum vom obskuren Haß bis zur reinen Liebe [...].«

»Die Ästhetik hält sich an die offene Seite der Sprache, sie wohnt auf der Gartenseite.«
Michel Serres, Die fünf Sinne

Die Kraft der Stimme, »Hindernisse zu überwinden«, zu *verwandeln* oder zu verzaubern, liegt in ihrer ästhetischen Qualität, »jenseits der Worte«.

Ästhetische Objekte, so hatten wir bei Seel gehört, sind solche, die uns in einer ausgezeichneten Weise sinnlich gegeben sind, die sich von der üblichen »Alltagswahrnehmung« abheben, von denen wir in besonderer Weise sinnlich erfasst sind. Sie hören und fühlen sich in ihrem Erscheinen anders an, als in ihrer begrifflich ausgedrückten Bedeutung zum Ausdruck kommt. Die begriffliche Bedeutung können wir auch in *Abwesenheit* eines solchen Objektes erfahren; für das Erfassen seiner sinnlichen Bedeutung benötigen wir immer dessen für uns spürbare *Anwesenheit*.

Aufgrund des Settings der analytischen Situation sind zumindest günstige Voraussetzungen geschaffen, um sich aus den Alltagswahrnehmungen zu lösen, die Stimme hinter einem, die Stimme des anderen, *anders* zu hören; so gesehen, ist diese veränderte Wahrnehmungseinstellung geradewegs eine Fähigkeit, welche neue Räume zu eröffnen vermag.

Bollas stellte in dem eingangs erwähnten Beispiel fest, dass sein Patient seine Deutungen weniger wegen ihres Inhaltes schätzte, sondern weil sie ihm ein Gefühl von Erleichterung verschafften und ihn damit verwandelten. Anders als Heinz Weiß beschreibt Bollas einen Lernprozess bei sich, der es ihm erlaubte, die Notwendigkeit dieser Funktion seiner Stimme für seinen Patienten anzuerkennen. Dieser hört auf die Melodie der Sprache und verschafft sich dadurch Erleichterung; das ist eine ästhetische Erfahrung, die, so Bollas, immer mit einer Verwandlung verbunden sei (Bollas 1987, S. 45), einer Veränderung des Selbsterlebens, welche durch ein *äußeres* Objekt bewirkt wird. Solche Verwandlungen zählen zu unseren frühesten Erfahrungen:

> »Das mütterliche Idiom der Fürsorge und die Erfahrungen, die der Säugling damit macht, bilden die erste, wenn nicht die früheste ästhetische Struktur im Leben eines Menschen« (ebd., S. 44). »[...] In gewissem Sinne lernen wir die Grammatik unseres Seins, ehe wir die Regeln unserer Sprache begreifen« (ebd., S. 48).

Der Analysand, welcher der Stimme seiner Analytikerin, ihrem Klang, ihrer Melodie lauscht, ohne sich um die Bedeutung der Worte zu kümmern, ist nicht nur regrediert, sondern er befindet sich außerdem im Zustand der ästhetischen Wahrnehmung; er findet Anschluss an jene frühe »ästhetische Struktur«, welche sich ihm durch die Art und Weise des Umgangs vermittelt hat, den seine Mutter (oder sein Vater) mit ihm pflegte.

Diese »frühe Grammatik« ist in den letzten Jahren, insbesondere vom Ehepaar Papoušek, genauer untersucht worden: In der sprachlichen Kommunikation zwischen den Eltern und dem Säugling, im sogenannten »baby-talk«, spielt die Melodik die Hauptrolle und es scheint dabei sogar gewisse prosodische Gesetzmäßigkeiten zu geben: So würden sowohl Mütter als auch Väter ihre Stimmlage um durchschnittlich drei Halbtöne heben und ihren mittleren Stimmumfang von 6–7 Halbtönen im Gespräch mit Erwachsenen auf etwa zwei (!) Oktaven erweitern (Papoušek 1994, S. 129). Besonders auffallend sei jedoch die veränderte melodische Struktur in der Sprache der Eltern. Die Eltern passten ihre prototypischen »Melodien« dem kontextuellen Rahmen, in welchem sich das Eltern-Kind-Paar befindet, an: So würde eine dem Kuckucksruf ähnliche Melodie verwendet, um Blickkontakt zum Kind herzustellen, steigende Melodien, um die Aufmerksamkeit des Säugling zu erregen oder ihn zur Antwort anzuregen, und niederfequente, langsam fallende Melodien würden verwendet, um den Säugling zu beruhigen oder zu trösten; es gibt sogar sogenannte »deiktische« Melodien aus höherfrequenten Tönen, um die Aufmerksamkeit gemeinsam auf etwas zu lenken (ebd., S. 132–134). Die Eltern verwenden also »melodische Gesten«, um dem Befinden ihres Säuglings, der gemeinsamen Interaktion Ausdruck zu verleihen, ihm eine Form zu geben. Hier ist gewissermaßen die Verwandlungsfunktion der elterlichen Stimme in statu nascendi zu beobachten. Diese Sprachmelodien schaffen Atmosphären, in welche (wenn es gut geht) sowohl ein Teil des momentanen Befindens des Säuglings mit einfließt als auch – gleichzeitig – die (passende) Antwort der Mutter.

In dem Ausruf »Ooooch, was ist denn los ...«, mit fallender Stimme gesprochen, liegt ein Teil des momentanen Unbehagens des Säuglings, aber eben auch schon die tröstende Geste. Hier erfährt der Säugling die Ästhetik der Mutter »durch ihren Stil des Bei-ihm-Seins« (Bollas 1987, S. 46), ihr Stillen mit Worten. Wenn der Analysand sich von der Stimme seiner Analytikerin berühren lässt, dann befindet er sich im Zustand des *ästhetischen Erlebens*, und in diesem Zustand »erinnert« er sich, auf der Ebene des proceduralen Wissens, an frühere ästhetische Erlebenszustände (die, so hatten wir bereits gesehen, nicht immer »schön« gewesen sein müssen, aber ein starkes Eindruckspotenzial hatten).

Sebastian Leikert beruft sich in seiner Arbeit über die Stimme auf den von Tustin geprägten schönen Ausdruck des »Empfindungsobjektes« (Leikert 2007, S. 474). Wesentlich an solchen Objekten sei »nicht das Objekt selbst oder die ihm zugeordnete symbolische Bedeutung, sondern die von ihm ausgelöste sensorische Veränderung« (ebd.). Mir scheint, dass »Empfindungsobjekt« und »ästhetisches Objekt« ebenso wie Bollas' Ausdruck des »Verwandlungsobjektes« das Gleiche meinen. Es sind Objekte der sinnlichen Wahrnehmung, welche, wenn sie wahrgenommen werden, leibliche Eindrücke, leibliche Spuren hinterlassen. Sie »berühren«, unter Umständen, *ohne physischen Kontakt!* Die Stimme in der psychoanalytischen Situation ist in besonderer Weise ein solches ästhetisches Objekt. Sie vermag »Hindernisse zu überwinden«, Räume zu überbrücken, sogar Übertragungsräume. Sie vermag Eindrücke zu hinterlassen, zu verwandeln und zu verzaubern, dann, wenn sie für den Analysanden zu einem *ästhetischen Erlebnis* wird. Wir werden darauf zurückkommen, wie man sich diesen Vorgang genauer vorstellen und ihn theoretisch konzipieren kann.

Eben dies – den Klang der Stimme zu einem ästhetischen Erlebnis werden zu lassen ist – insbesondere für traumatisierte Patienten – nicht so einfach, setzt es doch schon eine gewisse Toleranz gegenüber dem Zustand des Kontrollverlustes, und damit Vertrauen, voraus.

Das Verwandlungspotenzial

Der Kern des ästhetischen Erlebens besteht für Gumbrecht, so hatten wir gesehen, eben darin, dass eine »rein physische Weltwahrnehmung bereits stattgefunden hat« aus welcher die Erfahrung durch Akte der Interpretation erst folgen wird. Es sind Momente besonderer Intensität. Zugespitzt heißt das, dass mit uns etwas geschieht, bevor wir wissen, *was* uns geschehen ist und was es für uns bedeuten wird. Wir sind verwandelt, wissen aber noch nicht, in welcher Weise. Wir *erleiden*, sind also zunächst passiv, bevor wir – wieder aktiver – interpretieren, einordnen und verstehen.

Hübner hat diesen Zustand noch etwas genauer gefasst, indem er ihn als »Objektbeziehungsproblem« und als Verlust der »reflexiven Selbstdistanz«, als Verlust der »dritten Position« beschreibt und die ästhetische Erfahrung als »Spüren des Atmosphärischen, der Anwesenheit von Etwas« (Hübner 2006, S. 332) versteht. Hübner hat uns auch darauf hingewiesen, dass man sich auf diese Form der Wahrnehmung *einlassen* muss, will man sich von ihr verwandeln lassen.[59]

Und eben dies geschieht, wenn der Analysand sich vom Klang der Stimme seiner Analytikerin berühren lässt. Dann setzt er sich der *Ekstase* ihrer Stimme, ihrer Art und Weise, sich im Raum präsent zu machen, aus. Aber dies lässt sich eben nicht denken oder vorstellen, sondern nur sinnlich-leiblich im *Hier und Jetzt* erfahren.

Sebastian Leikert, der sich als einer der wenigen psychoanalytischen Autoren intensiv mit dem Phänomen *Stimme* auseinandergesetzt hat, bezeichnet diese Erlebensform als »kinetische Semantik« (Leikert 2007) und meint damit eine »Form von Bedeutungsbildung im autistisch-berührenden Modus« (ebd., S. 478). Zur kinetischen Semantik zählt Leikert vier Momente: den

---

59 Dies wirft das Problem auf, dass man in gewisser Weise *aktiv* sein muss, um *passiv* zu sein. Man muss etwas aktiv *lassen*, um sich zu *überlassen*. In diesem Falle also Verstehensleistungen vorübergehend suspendieren, um etwas in seiner ganzen sinnlichen Fülle auf sich wirken zu lassen. Aber es ist eben tatsächlich so, dass auch ein Entspannungsvorgang einen aktiven Beginn hat, der, wenn es gut geht, in ein passives Sich-treiben-lassen übergehen kann (das ist z. B. bei den verschiedenen lernbaren Entspannungstechniken, wie der »progressiven Muskelrelaxation« der Fall, bei welcher der Übergang von Aktiv zu Passiv bereits im Begriff enthalten ist).

sinnlichen und kinetischen Charakter des Rhythmus aus Entspannung und Spannung, die Entfaltung in der Aktualität des Augenblicks, die transmodale Form der Wahrnehmung, welche alle Sinneseindrücke umfasst, und das von ihm sogenannte »Archaische« der Objektbezogenheit, bei dem »eine *Spur* der Unterschiedenheit von Subjekt und Objekt erlebt wird, aber noch kein *Zeichen* für diese Unterschiedenheit zur Verfügung steht« (ebd., S. 480).

Leikert beschreibt hier in anderen Worten eben die Phänomene, die wir bisher als die performativen und ästhetischen Aspekte der Stimme festgehalten haben: das Muster von Aktivität und Passivität, die Präsenzerfahrung, die sinnliche Wahrnehmung und den Verlust (bzw. für das Säuglingsstadium das Noch-nicht-Erreichen) der reflexiven Selbstdistanz und das Verschmelzen von Subjekt- und Objektpol. Dies alles ermöglicht eine neue Form von Selbsterfahrung – wenn man sich einlassen kann – und einer vielleicht veränderten Form der Selbststruktur, welche viel stärker ein Oszillieren zwischen erholsamer Selbstvergessenheit und aktiver, interpretativer Welt- und Selbstaneignung ermöglicht.

Wie nun kann man sich vorstellen, dass die Stimme Räume schafft und überbrückt?

Neben der rein physikalischen Erklärung – Schallwellen breiten sich räumlich aus, bringen eine Membran des Hörenden zum Schwingen; diese Schwingungen werden schließlich auf eine Flüssigkeitssäule weitergeleitet, welche dann feinste Nervenzellen aktiviert, die einen »Hörreiz« aussenden – neben dieser physikalischen Erklärung muss es noch eine andere geben, welche die »psychische Berührung« zu erklären vermag.

Was geschieht, wenn Analysand und Analytikerin miteinander sprechen, jenseits der verbalen Mitteilung und symbolischen Bedeutungen?

Leikert schreibt zunächst, wir würden als Analytiker »unseren Körper als Resonanzraum für die archaische Modalität der Bedeutung zur Verfügung stellen« (ebd., S. 487). Das ist ein ganz konkret leiblich-sinnlicher Vorgang; diesen versucht Leikert dann allerdings wieder mit dem Begriff der »projektiven Identifikation« zu fassen, indem »ein unerträglicher Spannungszustand auf den Analytiker übertragen« werde, wobei »der Stimmklang, d.h. die kinetische Semantik, neben verdeckten Metaphern eine eminente Rolle spielt« (ebd.). Hier bleibt ein wenig die Frage offen, wie dieses »Zwischenstück«, der Übergang von einem zum anderen, »gefüllt« ist; *wie* denn nun – zum Beispiel solche unerträglichen Spannungszustände – übertragen werden. Hier hatten wir mit dem Konzept der »Atmosphären« bereits den ersten Teil einer Antwort erhalten. Stimmen erzeugen *Atmosphären*, welche Analysand und Analytikerin dann auch umgeben.

Die Antwort wird noch etwas vollständiger, wenn man diesem Konzept seine Zweiseitigkeit oder Wechselseitigkeit lässt. Denn es ist natürlich nicht nur der Analysand, welcher unbewusst Atmosphären erzeugt, sondern die Analytikerin ist – asymmetrisch – ebenso daran beteiligt.

So schreibt bereits Balint im Schlusssatz seines Buches zur Regression:

> »Der Leser wird hoffentlich erkennen, daß eine jede Atmosphäre bestimmte Deutungen erleichtert, andere ausschließt; umgekehrt schaffen manche Deutungen eine bestimmte Atmosphäre, während die Vermeidung solcher Deutungen eine gänzlich andere Atmosphäre zuläßt« (Balint 1968, S. 228).

Dies führt auch zu der zweiten wichtigen Frage, wofür denn ein ästhetisches Erleben in der psychoanalytischen Situation notwendig ist und welche Funktion die Stimme dabei hat.

Mit dieser zweiten Frage wollen wir nun beginnen.

»Stimm-Erleben« als Element des *Neubeginns*

In den vorangegangenen Abschnitten hatten wir gesehen, inwieweit das Erleben der Stimme an frühere, überwiegend prosodisch getönte Erfahrungen mit Stimme anschließen kann. Aber wofür ist das notwendig? Welche Form von Notwendigkeit besteht hier?

Auch das Betrachten eines Bildes oder das Hören eines Musikstückes ist eine ästhetische Erfahrung mit Verwandlungspotenzial. Aber ist sie dem Erleben in der analytischen Situation vergleichbar?

Die Fähigkeit, sich auf ein ästhetisches Erleben einzulassen, ist immer bedeutsam, da sie »Übergangsräume« und damit notwendige Momente der schöpferischen Erholung, des Zu-sich-Kommens gestattet. Das allein macht sie schon wertvoll. Für einen traumatisierten Menschen ist – wie wir jetzt mehrfach gesehen haben – bereits dieser Schritt ein Wagnis. Aber er ist auch in einem ganz anderen Sinne existenziell bedeutungsvoll, denn er ermöglicht einen völlig neuen Zugang zur Welt – jenseits der An-ästhesien.

Die Stimme in der psychoanalytischen Behandlung ist aufgrund ihres performativen und ästhetischen Charakters sowie ihres Schwellencharakters in besonderer Weise eine ausgezeichnete Vermittlerin zwischen der Welt der *An-ästhesie* und jener der *Aisthesis*.

In der Behandlung traumatisierter Menschen geht es darum, wie weit sich beide – Analysand und Analytikerin – jenem traumatischen Kern anzunähern vermögen, wie weit die Regression in solche Bereiche vorstoßen kann und darf. Gelangt das analytische Paar aber dort hin, dann befindet es sich in jenem Bereich, welchen Balint als Ebene der »Grundstörung« bezeichnete:

> »Der Patient sagt, bei ihm sei etwas nicht in Ordnung, es fehle ihm etwas und diese Störung müsse behoben werden. Es wird als eine Störung, ein Defekt empfunden. [...] Zweitens hat der Patient das Gefühl, daß es zu dieser Störung gekommen ist, weil jemand ihn enttäuscht hat oder seinen Verpflichtungen ihm gegenüber nicht nachgekommen ist; und drittens ist dieser Bereich regelmäßig von großer Angst umgeben, die sich gewöhnlich in der verzweifelten Forderung ausdrückt, der Analytiker möge – ja, dürfe ihn nicht auch enttäuschen« (ebd., S. 32f.).

Der Patient befindet sich im Zustand tiefer Regression.

Die Regression in der psychoanalytischen Situation hat nach Balint zwei Ziele:
➢ die Erlangung von Triebbefriedigung und
➢ das Erkanntwerden durch ein Objekt.

In solchen Phasen der psychoanalytischen Behandlung (und dies gilt vermutlich umso mehr bei den sog. »frühgestörten«, also auch frühtraumatisierten Patienten, denn mit dieser Bezeichnung meinen wir eigentlich, dass der Zeitpunkt der »Störung« der Entwicklung eines Kindes überwiegend in der präverbalen Zeit liegt) ist die »Schaffung und Erhaltung einer leistungsfähigen Beziehung [...] vielleicht wichtiger als korrektes Deuten« (ebd., S. 194). Balint hat hier auch bereits sehr genau im Blick, dass jene Technik, die sich ausschließlich auf die korrekte Deutungsarbeit beruft, insbesondere jenen Patienten gilt, die sich »ohne große Schwierigkeiten in den Rahmen fügen konnten, den wir auf Grund von Freuds frühen Arbeiten zur Technik (1911–1915) für die analytische Behandlung getroffen hatten« (ebd.) Aus heutiger Sicht, mit Kenntnis der Arbeiten Winnicotts würden wir hinzufügen, dass es auch viele Patienten gibt, die sich scheinbar »ohne Schwierigkeiten in den Rahmen fügen« können, aber in ihrem »wahren Selbst« unerkannt bleiben.

Wenn sich Analysand und Analytikerin in diesem Bereich bewegen, dann gelten, wenn man so will, andere Gesetze, denn Worte haben hier ihre »erwachsene« oder »konventionelle« Wirksamkeit verloren. Was also tun?

Hier wird Balint ganz pragmatisch und konkret:
1. Um einen »Neubeginn« wagen zu können, »muß der Patient die Möglichkeit haben, auf die spezielle Form seiner Objektbeziehung zu re-

gredieren, in welcher der ursprüngliche Mangelzustand aufgetreten war, oder sogar auf eine noch darunter liegende Stufe« (Balint 1968, S. 202).

Balint nimmt die Regression ganz wörtlich: Man muss *zurück*, zu jenem Punkt, an dem es »schief« gegangen ist. Das bedeutet für den frühtraumatisierten Menschen aber auch, zu jenem Punkt zurückzugehen, an dem Worte noch nicht zur Verfügung standen: weder um sich auszudrücken und mitzuteilen noch um sich durch sie – ihren semantischen Inhalt – berühren und beruhigen zu lassen. Also bleibt ihm nur sich averbal, über die Schaffung von Atmosphären mitzuteilen, über »die Art und Weise, in der Patienten sich in ihrer Sprache leibhaftig präsent machen und etwas zu verstehen geben, was sie nicht sagen (können)« (Hübner 2006, S. 342).

2. Da Deutungen auf dieser Stufe der Regression nicht nur ihre gute Wirksamkeit verloren haben, sondern zudem auch häufig vom regredierten Patienten ganz anders empfunden werden, als sie gemeint sind, und daher eher eine Störung darstellen, muss man »nach zusätzlichen therapeutischen Mitteln Ausschau halten« (Balint 1968, S. 201). Dieses »zusätzliche therapeutische Mittel« bestehe eben darin, »dem Patienten zu helfen, eine primitive Beziehung in der analytischen Situation *einzugehen* [kursiv, D.P.] […] und sie in ungestörtem Frieden aufrechtzuerhalten, bis er die Möglichkeit neuer Formen der Objektbeziehung entdecken, erleben und mit ihnen experimentieren kann« (ebd., S. 202). Der Analytiker müsse »willens sein, den Patienten zu tragen« (ebd.).

Das ist leichter hingeschrieben und ausgesprochen als getan! Wie sieht dieses »Tragen« aus? Wie genau »halten« wir unsere Patienten, wenn Deutungen, also Worte, Verstehen und Einsicht nicht mehr tragen? Balint spricht davon, dass der Patient eine primitive Beziehung eingehen müsse. Es ist in jedem Falle eine Beziehung, in welcher das sinnliche Empfinden Vorrang hat. Und der Patient soll eine neue Objektbeziehung *erleben*, wohlgemerkt, auch in einem Stadium, in welchem erwachsenes Reden nicht verstanden wird. Was also tun? Die Analytikerin kann ja schwerlich aufstehen, zur Couch gehen, den Patienten auf den Arm nehmen und herumtragen. Das wäre konkret. Da das nicht geht, muss also das Tragen, so würden wir sagen, *symbolisch* stattfinden. Nur, das wird lediglich vom erwachsenen Patienten verstanden; das Kind in ihm bleibt dann allein.

Wir berufen uns zur Beantwortung solcher Fragen gerne auf das Setting und den Rahmen: seine Verlässlichkeit, Vorhersehbarkeit, Sicherheit; all das *trägt*. Gewiss. Aber das tut es immer; es würde vermutlich gar nicht erst zu solch starken Regressionen kommen, wenn sich der Rahmen nicht bereits als stabil und verlässlich empfohlen hätte; nur das scheint auf der Ebene der *Grundstörung* nicht mehr auszureichen, in dem für diese Patienten hochsensiblen Zustand ästhetischen Erlebens. Auf dieser Ebene geht es sinnlich-konkret zu. So erinnert Balint uns auch daran, dass das Liegen auf der Couch durchaus eine Art von »Festgehaltenwerden« bedeuten kann. Er bezeichnet dies als »symbolische Handlung«. Das ist es *auch*: symbolisch, weil der Analytiker seinen Patienten nicht selber körperlich trägt; aber es ist auch ganz konkret-sinnlich erfahrbar, denn der Patient wird ja *wirklich* von der Couch (seines Analytikers) getragen. Ein Zwischenreich also, ein Übergangsraum. Die Bedeutung der Couch ist nicht festgelegt. Sie kann als tragendes Medium empfunden werden, aber ebenso auch als bedrohlich.

Was also trägt den Patienten noch, außer der Couch?

Nach dem bisher Erörterten können wir nun auch sagen: die gemeinsam gestaltete Atmosphäre![60] Diese Atmosphäre wird *auch* von der Stimme der Analytikerin geschaffen; mit jeder ihrer stimmlichen Äußerungen (und das muss nicht immer eine Deutung im konventionellen Sinne sein) trägt sie etwas zur momentanen Atmosphäre im Behandlungszimmer bei.

Der Freiburger Soziologe und Musikliebhaber Klaus Theweleit hat vermutlich Ähnliches im Sinn, wenn er vom »dritten Körper« spricht:

> »Denn dieser Patient [...] brauchte offenbar die Wahrnehmung einer medialen Füllung des Raums zwischen Analytiker und ihm, hergestellt in einer *gemeinsamen Produktion* [kursiv durch D.P.]. [...] etwas drittes Körperhaftes, eine Art *dritter Körper*, der keine Imagination ist, kein eingebildetes Wesen, sondern etwas materiell Anwesendes, das beide spüren und zu dessen Existenz beide etwas beigetragen haben« (Theweleit 2006, S. 186f.).

Der Versuch, diesen *dritten Körper* zu beschreiben, erinnert auch an die Worte Winnicotts, mit welchen dieser das Übergangsobjekt zu beschreiben sucht: Etwas, das nicht ganz außen und nicht ganz innen ist, eben etwas, das nicht nur vorgestellt, sondern durchaus materiell anwesend, aber in dieser Anwesenheit wiederum auch nicht so leicht fassbar ist, wenngleich die beteiligten Anwesenden es spüren können. Solch ein Phänomen ist die Stimme. Und so kommt denn auch Theweleit zu dem Schluss:

---

60 So sieht Balint auch, dass verschiedene Formen der Objektbeziehung sich nicht eindeutig mit Worten beschreiben lassen, wir aber doch fühlen, dass die *Atmosphäre* »wirklich vorhanden« ist (Balint 1968, S. 195).

»Die Stimme im Raum ist also das Medium, das einen nicht zu Boden stürzen lässt; das einen bewahrt vor der Körperzerreißung [...]« (ebd., S. 198).

Hierbei vernachlässigt Theweleit aber fast ein bisschen seinen eigenen, zuvor genannten Gedanken, dass der *dritte Körper* zudem etwas ist, zu dessen Existenz *beide* etwas beigetragen haben. So gesehen führt das Konzept der *Atmosphären* hier etwas weiter, indem man vielleicht eher sagen könnte, dass die Stimmen *beider* Beteiligten Atmosphären schaffen, dass sie an der Entstehung der je spezifischen Atmosphären – einer Stunde, eines analytischen Paares – beteiligt sind. Und dieses ist ein oszillierender, sich gegenseitig beeinflussender Prozess: Indem die Analytikerin dem Analysanden zuhört und sich durch ihn, seine Rede, seine sprachlichen Gesten *verwandeln* lässt, wird ihre Stimme einen bestimmten Klang annehmen, den ihr eigenen, den der inneren Objekte des Analysanden oder den seiner eigenen bisher stumm gebliebenen Stimme. Dieser Klang schafft eine Atmosphäre, die ihrerseits wieder auf den Analysanden zurückwirkt, ein beide umgebendes Medium, das vielleicht schwer fassbar, aber dennoch sinnlich wahrnehmbar ist. In dieser Weise entsteht dann vielleicht das, was Theweleit den *dritten Körper* nennt. Hier zeigt sich wiederum eine bemerkenswerte Koinzidenz mit einem bekannteren psychoanalytischen Konzept: dem des »analytischen Dritten« von Thomas Ogden:

»[...] it is an unconscious, asymmetrical co-creation of analyst and Analysand which has a powerful structuring influence of the analytic relationship. [...] I am using the term *analytic third* to denote a normal maturational progression in which mother and infant, analyst and patient together create a third area of experiencing between reality and fanatasy. [...] While both Analysand and Analyst participate in the creation and elaboration of the analytic third, they do so asymmetrically« (Ogden 1999, S. 1)

Es ist bemerkenswert, wie sich die Vorstellungen der beiden Autoren ähneln, wie sie auf unterschiedlichen Wegen, von unterschiedlichen Orten herkommend versuchen für dasselbe Phänomen Worte zu finden, was nicht leicht ist, da Übergangsräume nicht leicht zu beschreiben sind. Es handelt sich eben um diese Welt der Atmosphären und Erscheinungen, die Welt ästhetischen Erlebens.

Aufgrund der Asymmetrie der therapeutischen Beziehung und der darin enthaltenen und gebotenen Zurückhaltung der eigenen Stimmungen der Analytikerin ergibt sich ein stimmliches Phänomen: Der Analysand *hört* zum einen die von *ihm* induzierte Atmosphäre in der Stimme seiner Analytikerin. Sie erhält dadurch eine *Form, realisiert* sich, indem sie für beide wahrnehmbar wird. So kann es – wie im vorigen Abschnitt bereits angedeutet – geschehen, dass die Analytikerin den inneren Objekten des Patienten ihre Stimme leiht; dessen Introjekte werden auf diese Weise hör- und erlebbar. Es sind dies die Momente in den Behandlungen, in denen die Analytikerin zum Beispiel selber das Gefühl hat, mit einer ihr fremden Stimme zu sprechen; sie hört sich dann in einer Weise reden, die unter Umständen gar nicht zu ihrem bewussten inneren Befinden, zu ihrer momentanen Einstellung dem Patienten gegenüber passt.

Diese Erfahrung beschreibt z. B. Ogden:

>»Die Überraschung, die für mich mit dem Hören meiner eigenen Stimme verbunden ist, wirkt auf mich häufig bestürzend. Es gab Situationen, in denen ich meine Stimme als enttäuschend hölzern empfand – oder als ekelhaft süßlich oder auf hohlklingende Weise gebieterisch oder unangenehm dünn« (Ogden 2001, S. 68–69).

Das ist vielleicht die Melodie einer sogenannten *konkordanten Gegenübertragung,* in welcher die Analytikerin für eine Weile mit den inneren Objekten ihres Patienten identifiziert ist, und das eben möglicherweise gegen ihren bewussten Willen. Wenn sie sich aber auf die vom Analysanden – unbewusst – erzeugte Atmosphäre einlässt, diese in sich aufnimmt, dann wirkt das eben auch auf ihre Stimme.[61]

Aber die Asymmetrie der Situation sieht eben auch vor, dass die Analytikerin dafür verantwortlich ist, ihrerseits wieder eine reflexive Distanz – und das heißt hier – *ihre eigene Stimme* wieder zurück zu gewinnen. Auch das wird dann für beide hör- und *fühlbar;* sowohl der Wechsel im Stimmklang, der auch darauf hinweist, dass die Analytikerin sich befreien, wieder zu sich finden kann, als auch die jetzt wieder hörbare eigene Stimme der Analytikerin. Diese wird nun auch in ihrer ganzen sinnlichen Präsenz für den Analysanden erlebbar. Wenn sie mit dem Analysanden in einem beruhigenden, tröstenden, warmen Tonfall spricht, dann *sind* Beruhigung, Trost und Wärme *real* präsent und nicht bloß vorgestellt. Wenn man so will, dann steckt der *Neubeginn* auch in der für den Analysanden hör- und fühlbaren Veränderung der Melodie, des

---

61 Wie weitreichend und unmittelbar solche stimmlichen Identifikationen sind, kennen wir auch aus nichttherapeutischen Alltagssituationen, wenn wir beispielsweise mit Kindern reden, plötzlich innehalten und denken oder sagen: »Jetzt klinge ich ja wie meine eigene Mutter; als Kind habe ich mir geschworen, so redest du nie mit deinen Kindern …«

Klanges, der Atmosphäre. Es ist der Wechsel des Klanges und es sind neue Töne, die der Analysand hört!

Die Stimme der Analytikerin kann auf diese Weise zum hörbaren Zeichen ihrer Anwesenheit *und* ihrer Verwandlung werden.

Metamorphosen: Die Stimme und ihr Mythos

Würde die Analytikerin nicht über eine eigene Stimme verfügen, dann könnte der Analysand nicht das für ihn so notwendige Gegenüber finden. Es käme zu keiner Begegnung, zu keiner Aufführung. Aber die Situation ist noch dramatischer: Über weite Strecken verfügt der traumatisierte Analysand über keine eigene Stimme mehr; die Stimme seines »wahren Selbst« ist in gewisser Weise erloschen, wenngleich seine Stimme noch als akustisch-physische Form erscheint. Dies führt zu der Frage, was denn eigentlich eine Stimme zu einer Stimme macht. Keiner käme auf die Idee, eine Computerstimme, eine technisch erzeugte Stimme als Stimme im engeren Sinne zu bezeichnen. Jeder, der sie hört, spürt sofort ihre künstliche Form, sie vermag einen nicht recht zu berühren und wenn, dann irgendwie unangenehm, weil wir, wenn man so will, das »Falsche« im »Echten« spüren. Etwas kommt so daher *wie – ist es* aber doch nicht. Wir werden vielleicht zunächst angelockt oder angezogen – bleiben aber letztlich unbefriedigt zurück.

Die Frage, was denn nun letztlich eine Stimme ausmache und welche katastrophalen Folgen ihr Verlust haben könne, hat schon die griechische Mythologie beschäftigt. Warum so weit zurückgreifen? Was können wir mit Mythen anfangen?

Die Theorien dazu sind vielfältig, so vielfältig, wie die Meinungen und Interpretationen zum Begriff des »Mythos«.

Hier sei zunächst nur die Sicht Ernst Cassirers wiedergegeben, die unserer Profession aus verschiedenen Gründen vielleicht am nächsten liegt:

> »Hier erfassen wir eines der wesentlichen Elemente des Mythus. Mythus entsteht nicht allein aus intellektuellen Prozessen; er sproßt hervor aus tiefen menschlichen Gefühlen. Dennoch gehen alle Theorien, die nur das emotionale Element betonen, an einem wesentlichen Punkt vorbei. Mythus kann nicht als bloßes Gefühl bezeichnet werden, weil er *Ausdruck* des Gefühls ist. Der Ausdruck eines Fühlens ist nicht das Fühlen selbst – er ist Gefühl in Bild verwandelt. Diese Tatsache bedingt einen radikalen Wechsel. Was bisher dunkel und undeutlich gefühlt wurde, nimmt nun eine bestimmte Gestalt an [...]« (Cassirer 1946, S. 60).

Für Cassirer gehört der Mythos ebenso wie die Kunst, Religion, Sprache und Poesie zu den »symbolischen Formen«, welche allesamt, auf unterschiedlichen Wegen, die Aufgabe der »Objektivierung« erfüllten (ebd., S. 44), zu einer »Objektivation von Gefühlen« führten (ebd., S. 45). Diese nähmen im Mythos eine neue Form an.

Im Mythos stoßen wir also auf tiefe menschliche Gefühle, die sich in Form von Szenen und Bildern präsentieren. In Ovids *Metamorphosen* geht es in der Götterwelt denn auch nur allzu menschlich zu. Es gibt wohl kein menschliches Gefühl, welches dort fehlt. Tiefe Liebe, unendliche Rachsucht, Eifersucht, Neid, zerstörender und verfolgender Hass, alles wird in Szene gesetzt. Und für diese Gefühle werden in der Regel auch Begründungen geboten: So rächt sich Hera an Echo, weil diese ihren untreuen Gatten schützte und damit Hera in den Rücken fiel. Zur »Objektivation« gehört, dass diese Gefühle gänzlich unambivalent zur Darstellung kommen: Wenn man hasst, wenn man sich rächt, dann aber richtig! Auch wenn man liebt. Es gibt in den *Metamorphosen* keine »halben Sachen«, also von inneren Skrupeln beäugte und daher zurückgenommene Vorhaben. (In diesem Sinne dürfen Strafen, die von Göttern verhängt worden sind – auch von anderen Göttern, nicht wieder zurückgenommen werden!) Wenn man so will, bekommen wir vorgeführt, wohin die uns zur Verfügung stehenden menschlichen Gefühle führen *könnten*, wenn man ihnen denn freien Lauf ließe.

Man kann sich auf der Bühne des Mythos sozusagen »umsehen«, ohne allzu sehr in Gefahr zu geraten.

Der Ägyptologe Jan Assmann geht in der Beschreibung des Mythos noch einen Schritt weiter, wenn er schreibt:

> »Mythos ist eine Geschichte, die man sich erzählt, um sich über sich selbst und die Welt zu orientieren, eine Wahrheit höherer Ordnung, die nicht einfach nur stimmt, sondern darüber hinaus auch noch normative Ansprüche stellt und formative Kraft besitzt« (Assmann 1992, S. 76).
> »Mythos [...] bestreitet in keiner Weise die Realität der Ereignisse, sondern hebt ihre die Zukunft fundierende *Verbindlichkeit* hervor, als etwas, das auf keinen Fall vergessen werden darf« (ebd., S. 77).

Diese Sicht ist insofern weitergehend, als sie die zukunftweisende Funktion des Mythos, seinen »Auftrag«, berücksichtigt. Es wird nicht nur etwas »bebildert« oder »objektiviert«, es wird etwas weitergegeben, das nicht in Vergessenheit geraten soll. Zudem hilft einem der Mythos, kann er einem helfen, um sich zu orientieren. Die Bilder scheinen dafür ein gutes Vehikel zu sein. Man kann sich also in der Begegnung mit dem Mythos fragen, was denn da vor dem Vergessen werden bewahrt werden solle.

Hat Echo eine Stimme?

Auch die Psychoanalyse bezieht sich auf »ihre« Mythen. *Ödipus* und *Narziss* gehören zu unserem täglichen Gebrauch und Erfahrungsraum, sie sind aus der psychoanalytischen Theorie nicht wegzudenken. Es gehört auch zu solchen »geflügelten Bildern«, dass manches daran Bestand hat und anderes dann doch der Vergessenheit anheim fällt. In Bezug auf die Geschichte um Narziss hat auch Echo dieses Schicksal (in der psychoanalytischen Theorie) erlitten: Sie kommt in unserem Bezugsrahmen kaum vor, wenngleich ihre Geschichte auf das engste mit der des Narziss verbunden ist. Während von *ihm* (wie es ihm gebührt ...) allenthalben die Rede ist, ist *sie* untergegangen, sozusagen in der Lautlosigkeit verschwunden.

Vielleicht ist es aber gerade eben dieses Vergessenwerden, das vor der Vergessenheit bewahrt werden soll?!

Und so mag es sich doch lohnen, Echo aus der Stille wieder hervorzuholen und ihr eine Stimme zu geben, denn ihre Geschichte wirft ein Licht auf die Frage, was denn eigentlich eine menschliche Stimme ausmacht. Echo erleidet das tragische Schicksal einer ungehört Liebenden, einer unerwiderten Liebe und sie verzehrt sich in dieser unerfüllten Liebe. Wenn man so will: der erste beschriebene Fall einer dramatisch verlaufenden Anorexia nervosa. Bei dieser geht es bekanntlich immer auch um gescheiterte Versuche der Autonomieentwicklung, um gescheiterte Selbstbehauptungs- und Befreiungsversuche.

Hat Echo ihre Stimme verloren? Wer »spricht«, wenn man sie hört?

Diese Frage ist nicht so leicht zu beantworten. Hilfe werden wir – einmal mehr – von den Kollegen der philosophischen Zunft erhalten, diesmal von Petra Gehring, die sich der etwas verschollenen Echo und deren Stimme gewidmet hat. Aber zunächst zu den Protagonisten selber, deren Schicksal uns von Ovid beschrieben (und damit auch für uns aufgehoben) wird.

Echo hatte sich den Zorn der Hera zugezogen, da sie die Eskapaden und Fremdgänge von deren Gatten Zeus deckte. Echo tat dies, indem es ihr offensichtlich gelang, Hera in ein Gespräch unter Frauen zu verwickeln, sodass diese grundsätzlich zu spät kam, um ihren Gatten *in flagranti* zu ertappen. Aus Wut darüber strafte Hera die Echo mit dem Entzug der Stimme – eine grauenhaft perfide Strafe, wie auch Petra Gehring herausarbeitet, denn Echo ist nicht etwa stumm, sondern dazu verurteilt, die jeweils letzten Worte ihres Vorredners zu wiederholen.

»Über diese Zunge, die mich zum besten hielt, soll wenig Macht dir bleiben; ganz kurz nur wirst du die Stimme gebrauchen!« (Ovid, *Metamorphosen* III, V. 365–367, i. d. Übers. S. 143).

Echo ist entmachtet, ihrer eigenen Stimme, ihrer eigenen Worte beraubt, dazu verdammt, fremden Worten ihre Stimme zu leihen. Da sie nur die letzten Worte jeder Rede wiederholen kann, ist sie zudem dazu verdammt, völlig Sinnentstelltes zu wiederholen. Eine wahrlich grauenvolle Strafe![62] Die solchermaßen geschlagene Echo sieht eines Tages Narziss auf seinen Wanderungen und entbrennt in heftiger Liebe:

»[...] um so mehr entflammt sie die Nähe des Liebsten, nicht anders, als wenn, ans Ende der Fackeln gestrichen, rasch entflammbarer Schwefel Feuer fängt, wenn es ihm nahe kommt.« (ebd., V. 372–375, bzw. S. 143/144).

Und wie alle Liebenden sehnt sich Echo nach einer Berührung, danach, ihre Liebe zu erklären und den Geliebten mit Worten zu berühren:

»O wie oft wollte sie ihn mit süßen Worten anreden und ihn durch zärtliche Bitten rühren! Ihr Wesen verwehrt es und erlaubt ihr nicht, zu beginnen« (ebd., V. 375–377 bzw. S. 145).

Sie sehnt sich danach, den von ihr Geliebten sinnlich zu berühren, ihn zu *verwandeln*. Dies wirft noch einmal ein Licht auf die Zweiseitigkeit des Liebeswunsches, bei dem es nicht nur darum geht, *verwandelt zu werden*, sondern zu erleben, dass man seinerseits die Fähigkeit besitzt, *den anderen zu verwandeln*. Es geht hier darum zu spüren, dass das eigene Selbst zu Wort kommt und diese Worte die Kraft haben, den anderen zu berühren. Für das

---

62 Überdies auch eine himmelschreiende Ungerechtigkeit und vermutlich, was Hera angeht, eine Verschiebung. Schließlich hat sie sich in ein Gespräch verwickeln *lassen*. Warum ist sie nicht einfach weitergegangen, hat Echo stehen lassen und ihren untreuen Gatten entlarvt? Nun, die Vermutung liegt nahe, dass sie diesen gar nicht *wirklich*, in der Realität sichtbar, ertappen wollte. Oder sie war schlicht neugierig auf das, was Echo ihr zu erzählen hatte. Möglicherweise nimmt sie sich diese Neugier auch übel. In jedem Falle trifft die arme Echo eine Strafe, die in ihrer Grausamkeit vielleicht eher Zeus zugedacht war.

Selbst und sein Wachsen ist es eben nicht nur von Bedeutung verwandelt zu werden, sondern seinerseits zu erleben, dass der ersehnte andere sich berühren lässt! Es ist die grausame Nichterfüllung dieses existenziellen Wunsches, welche zunächst Echo, dann aber auch Narziss ereilt:

Narziss muss wohl etwas gespürt haben von der Anwesenheit der Echo, denn er fragt, ob »jemand hier« sei. Aufgrund der bekannten Tragik bekommt er ein »Hier« zur Antwort. Zunächst ist da aber niemand zu sehen. Es folgen weitere Wortspiegelungen: Er bekommt immer nur zur Antwort, was er selbst gesagt hat. Hier zeigt sich das manchmal auch heute noch existierende katastrophale Missverständnis um das Wort »Spiegelung«. Denn hier ist sichtbar, dass eine reine »Spiegelung« letztlich gleichbedeutend ist mit einer ausbleibenden Antwort und also einer furchtbaren Leere. So wird auch Narziss die ganze Sache unheimlich und gerade, als Echo aus dem Wald heraus tritt und ihn umarmen möchte, flieht er vor ihr.

> »Laß von der Umarmung? Eher sterbe ich, als daß ich dir verfiele!« (ebd., V. 392–393, ebd.).

Echo fühlt sich zu Recht verschmäht und wird von einer selbstzerstörerischen, tödlichen Scham erfasst. Die unerfüllte Liebe zehrt sie aus. Unerfüllt, weil nicht erwidert und nicht gehört. So erfahren wir, dass unerfüllte Liebe zudem noch die Eigenschaft haben kann, ständig zu wachsen, anstatt, angesichts ihrer Aussichtslosigkeit, zu erlöschen.[63] Sie kann sich nicht realisieren und somit auch in der Realität keinerlei Begrenzung erfahren. Die Liebe zu einem Objekt wird auf diese Weise überdimensional und verschlingt das eigene Selbst:

> »Doch die Liebe läßt sie nicht los und wächst noch, schmerzt auch die Mißachtung. Sorgen rauben der Armen den Schlaf und zehren den Leib aus, vor Magerkeit schrumpft ihre Haut ein, alle Säfte des Körpers verschwinden fort in die Lüfte. Bald sind nur noch Stimme und Gebein übrig. Die Stimme bleibt. Das Gebein soll die Gestalt eines Steins angenommen haben« (ebd., V. 395–399, ebd.).

Narziss erleidet dann ein ganz ähnliches Schicksal. Einer der zahlreichen enttäuschten und verschmähten Liebenden, die den Weg des Narziss säumen,

---

63 Die Trauerarbeit »gelingt« nicht, sondern schlägt, wenn man so will, in die »Melancholie« um, eine großartige »Ich-Verarmung«. »Bei der Trauer ist die Welt arm und leer geworden, bei der Melancholie das Ich selbst« (Freud 1916–17, S. 431). Diese Entleerung des Ichs, der Selbstverlust, wird im Mythos geradezu sinnbildlich dargestellt!

ruft irgendwann die Rachegöttin an, mit der Bitte, Narziss solle doch jetzt endlich einmal am eigenen Leibe erfahren, wie es ist, an unerfüllter Liebe zu leiden.[64] Sein Rachewunsch wird erhört, und so geschieht es, dass Narziss sich in sein eigenes Spiegelbild verliebt, und wir bekommen erneut das Grausame der Einsamkeit einer reinen Spiegelung, der ausbleibenden Antwort, vor Augen geführt:

> »[...] denn während er trank, berückte ihn der Anblick seiner schönen Gestalt; er verliebt sich, doch körperlos ist der Gegenstand seiner Hoffnung; was er für ein lebendes Wesen hält, ist ja nur Wasser!« (ebd., V. 417–419 bzw. S. 147).

So erleidet Narziss denn ein ähnliches Schicksal, wie die von ihm verschmähte Echo: Er findet kein greifbares Gegenüber:

> »[...] wie oft tauchte er die Arme mitten in die Flut, um den Hals, den er sah, zu umfassen, und konnte doch sich selbst nicht greifen« (ebd., V. 428–430, ebd.). »Das da, was du siehst, ist dein Spiegelbild, ein Schatten ohne eigenes Ich« (ebd., V. 435f., ebd.).

So, wie Echo mit ihren Armen ins Leere gegriffen hat, da Narziss vor ihr floh, so greift nun auch er ins Leere, indem er von seinem eigenen Spiegelbild gefangen ist. Hier wiederholt sich das Unheilvolle seiner Begegnung mit Echo: Jene konnte ihm keine Begegnung, kein Aufeinandertreffen mit der äußeren Welt verschaffen; wenn sie sprach, dann hörte er nur sich selbst, den Reflex der Reste seiner eigenen Worte. In der Szene am Wasser wird nicht nur lediglich sein eigenes Bild, sondern auch bloß sein eigenes Begehren sich selbst gegenüber widergespiegelt; er kann nur sein Spiegelbild psychisch besetzen, die Begegnung mit dem Anderen bleibt aus; Narziss bleibt in sich selbst gefangen und erleidet das selbe Schicksal wie Echo: Die Liebe – hier allerdings die Selbstliebe – verzehrt ihn, *weil sie nicht auf ein reales Gegenüber stößt*. Die Liebe, hier die Selbstliebe, ist im wahrsten Sinne des Wortes grenzenlos. Ein Gegenüber stellt aber immer eine (notwendige) Begrenzung

---

64 Eine weitere tragische und dramatische Wiederholung, oder besser: eine Inszenierung des Introjektes: Man sollte nicht vergessen, dass Narziss Kind eines Vergewaltigungsaktes, den sein Vater Kephisos an seiner Mutter Liriope begangen hat, ist. »Kephisos hatte sie einst in einer Windung seines Stromes gefangen und ihr, die die Wellen umschlossen, dann Gewalt angetan. Schwanger von ihm, gebar die wunderschöne Nymphe einen Knaben« (Ovid, *Metamorphosen*, III, V. 342–345, i. d. Übers. S. 141f.).

dar, sei es, dass es die ihm entgegengebrachten Gefühle aufnehmen, in sich bewahren oder gar erwidern kann, oder sei es, dass es diese Gefühle ablehnt oder abweist. In jedem Fall stoßen die Gefühle des »Senders« auf »Etwas« und laufen nicht ins Leere. Narziss und Echo haben gar nicht erst die Chance, ihre idealisierten Bilder mit der Realität zu vergleichen, da beide das Objekt ihrer Begierde in der Realität gar nicht wahrzunehmen vermögen, es nicht zu einer sinnlichen Begegnung kommt: Echo kann nicht mit eigener Stimme sprechen, Narziss nicht »treffen« und er entzieht sich ihr. Narziss kann sich seinerseits nicht von der Welt der Imagination lösen, obwohl er darum weiß (er hat ja verstanden, dass er in sein Spiegelbild verliebt ist) und kann so keine anderen realen Objekte treffen.

Waldenfels fasst die Situation beider treffend zusammen, wenn er schreibt:

> »Der Mythos hat in kluger Regie zwei Figuren gewählt, die nicht zueinander kommen können. Narziß ist nur auf sich selbst bezogen und in sich selbst verliebt, er steht für einen Selbstbezug ohne Fremdbezug, während die Nymphe Echo einen Fremdbezug ohne Selbstbezug verkörpert, sie lebt nur im und vom Anderen« (Waldenfels 2000, S. 380).

Die Begegnung mit der sinnlichen äußeren Welt, mit der *Wirklichkeit* bleibt für beide aus.

Verlust der eigenen Stimme – Selbstverlust und Verlust der Anerkennung

Fast bitter-ironisch mutet denn auch das Ende des Narziss an: Während auch er vor unerfüllter Liebe vergeht, ist Echo Zeugin. Nicht nur, dass er nun dem visuellen Echo, der Reflexion des eigenen Bildes und Begehrens erliegt, noch einmal muss er auch das leere akustische Echo ertragen, welches durch Echos Wiederholungen erzeugt wird. Selbst beim Übergang in die Unterwelt bleibt ihm das Hören der Stimme eines anderen und damit Bindung und Beziehung verwehrt. Erneut hört er nur das Echo seiner eigenen Worte.

Petra Gehring hat nun einige interessante Gedanken zu diesem Mythos entwickelt, anhand derer sich auch das psychoanalytische Verständnis des performativen Elementes *Stimme* verdeutlichen lässt. Gehring weist auf das besondere Ausmaß des Sadismus der Strafe hin: Echo hat nicht nur ihre Stimme verloren, sondern ihr ist auch die Möglichkeit zu schweigen abhanden gekommen. Sie leidet, wie Gehring richtig feststellt, sowohl an einem Sprechzwang als auch an einem Wiederholungszwang! Sie *muss* wiederholen, was sie hört, und das in sinnentstellter Form und ohne eigene Stimmmelodie. An dieser Stelle wird besonders deutlich, wie sehr wir in der Kommunikation auf die ästhetischen Qualitäten der Stimme angewiesen sind, wie sehr darauf, Wörter mit unterschiedlichen Melodien zu untermalen. Wir drücken uns über diese ästhetische Funktion der Stimme aus und wir erkennen unsere Gegenüber darin.

Echo kann nicht nur nicht mehr eigene Wörter benutzen, nein, sie hat auch keine Möglichkeit, den zu wiederholenden Worten wenigstens eine eigene Melodie zu geben. Und so ist sie auch nicht mehr erkennbar.

»Der raffinierte Schlag der Strafe erstickt also nicht nur subjektiv die authentische Rede, sondern er sorgt – mittels der Form der Wiederholung – für eine *Parodie* dieser Rede, eigentlich für eine Parodie überhaupt jeglicher Sprechsituation« (Gehring 2006, S. 89).

Das nun lässt natürlich den Hörer solcher Wiederholungen nicht kalt – oder eben auf Sicht – gerade doch. Nachdem dieser erst an eine Antwort geglaubt hat, stellt er fest, dass es da keine *andere* Stimme gibt, auch wenn es zunächst so scheinen mag. Und wie jemand, der sich anschickt, sich in die Arme einer Person zu werfen, die sich dann als gänzlich unerreichbar erweist, sind die Reaktionen: tiefe Beschämung, Enttäuschung und in der Folge – Wut. Mit so jemandem möchte man nichts mehr zu tun haben.

»[...] in der schematischen Wiederholung vollführt sie die performative Widerlegung der Kommunikationsfunktion selbst. Wer mechanisch repetiert, dem unterstellt man keine Intention mehr. [...] Echo wird exkludiert [...]. Echo bleibt auch nicht etwa als geduldete Zuhörerin einbezogen in Kommunikation. Sie stört vielmehr, sie provoziert, sie nervt, und so stößt man sie aktiv und aggressiv aus« (ebd., S. 90).

Wie Gehring weiter feststellt, ist Echo auch ein Ausweichen auf die gestische Sprache, die »Körpersprache«, nicht möglich. Sie steht ihr zwar als ihre eigene Sprache noch zur Verfügung, wird aber als solche übersehen, nicht wahrgenommen.

»Die leerlaufende Stimme entwertet auch verbleibende leibliche, eventuelle als Kommunikation gemeinte Gesten« (ebd., S. 95).

Dies ist ein entscheidender Punkt von sozusagen therapeutischer Bedeutung: Die »Körpersprache«, die leiblichen Gesten *sind nicht vom Wiederholungszwang betroffen.* In ihnen hat sich die Individualität der Echo (mit den Worten Winnicotts: ihre »spontane Geste«) erhalten. *Sie will* Narziss umarmen, nur ist er nicht mehr in der Lage, dieses als ihre Geste zu erkennen. Er ist durch die leere, nicht kommunizierende Stimme bereits verschreckt und missachtet ihre sinnliche Präsenz. Und damit können wir sagen, welches Schicksal Echo erlitten hat: Ihr ist die ästhetische Dimension und Funktion ihrer Stimme abhanden gekommen, und damit ihre Verwandlungskraft!

Dieser Mythos gibt einen Hinweis darauf, was denn unsere Stimme zu einer *Stimme* macht: Es ist die Erscheinungsform des Selbst, auch des Selbst des anderen, seine sinnliche Präsenz in der Stimme. Echo kann *sich* stimmlich nicht mehr äußern, ihrem Selbst keinen akustischen Ausdruck mehr verleihen. Sie hat tatsächlich *ihre* Stimme verloren.

Die Zerstörung der eigenen Stimme führt letztlich zur Zerstörung der ganzen Echo:

> »Die angehexte Stimme zerstört gleichsam das ganze Wesen – und zwar das im Verstummtsein der Stimme verstummte kommunikationsfähige *und* das im engeren Sinne physische Wesen. [...] In der Tat zeigt der Mythos, wie sehr ›Leib‹ und ›Seele‹ nicht nur zusammenhängen, sondern gleichermaßen von der Kommunikation abhängig sind, und zwar von der tatsächlich ausgeübten, der *gelingenden* Kommunikation« (ebd., S. 100).

Mit der Forderung nach der gelingenden Kommunikation befinden wir uns wieder auf dem bekannten performativen Boden, im Austin'schen Sinne. Echo ist – so könnte man mit Austin sagen – gerade noch die lokutionäre Kraft der Rede erhalten geblieben, sie hat aber sowohl ihre illokutionäre und perlokutionäre, also ihre »weltverändernde« Kraft eingebüßt. Sie erzielt im Hörer keine Wirkung mehr, da sie als Stimme oder Rede schlichtweg nicht mehr *anerkannt* wird. Das Subjekt ist verschwunden.

Da Echo aus der Kommunikation ausgeschlossen ist, kann nichts Neues mehr in sie »hineingelangen«.

Es gibt keine Zuschauer – es gibt keine Aufführung!

So kann sie zwar ihre Liebe für Narziss empfinden, aber sie kann sie ihm nicht mitteilen und dadurch zu keinem neuen, durch den anderen angereicherten Gefühl kommen.

»Die angehexte Stimme zerstört gleichsam das ganze Wesen.« Dieser Satz beschreibt die ganze Tragik der allmählichen Zerstörung. In diesem Mythos wird der Wiederholungszwang auf die Spitze getrieben und führt deswegen ad absurdum. Echo ist besetzt von etwas Fremden und diese Besetzung höhlt sie von innen aus, bis schließlich nichts mehr von ihr übrig bleibt.

In psychoanalytischen Worten gesprochen: Wenn Echo »spricht«, dann hört man lediglich den Widerhall ihrer Introjekte! Sie selber kann das nicht vermeiden. Umgangssprachlich-anthropomorph ausgedrückt: Wann immer sie den Mund aufmacht, sprechen fremde Mächte aus ihr. Und sie kann diese nicht zum Schweigen bringen. Diese Mächte benutzen ihre Stimme und verdrängen Echo aus sich selber. Dabei sind es nicht etwa diejenigen, deren Worte sie wiederholen muss, die aus ihr sprechen, sondern aus ihr spricht die Rache der Hera. Diese hat sie »verhext« und diese hält sie letztlich besetzt. Die Besetzung ist der Kern der Gewalt, die letztlich zur Auslöschung, zur Vernichtung des Subjektes führt.

Diese Vernichtung kommt nicht zwangsläufig dem Tod gleich, sondern – so lautet auch der Titel Ovids – führt zu Verwandlungen, bösartigen unter Umständen, die das Subjekt gefangen halten. Echos Gebein soll zu Stein geworden sein; Narziss hat sich in eine Blume verwandelt. Sie sind »verzaubert« und es stellt sich die Frage, wie sie denn von ihrem Zauber zu erlösen wären.

Wie könnte Echo denn ihre Stimme wiedererlangen? Wie könnte sie wieder in die Kommunikation einbezogen werden, was ja die unabdingbare Voraussetzung für Entstehung oder Findung ihres Selbst wäre?

Nun, man müsste auf *sie* hören, sie wahrnehmen. Man müsste auf all jene Gesten hören, die Ausdruck ihres Selbst sind. Narziss war dazu (natürlich, muss man fast sagen) nicht in der Lage. Der Zwang zur Wiederholung kann nur in einem intersubjektiven Kontext, in der Begegnung mit der Außenwelt unterbrochen werden. Es müsste jemand Worte für das »wahre Selbst« der Echo finden, diesem seine Stimme leihen, sodass es für sie hörbar werden kann. Und es müsste sich jemand durch *ihre* Gesten berühren lassen, damit sie erfahren könnte, dass es sie, jenseits des zur Wiederholung gezwungenen Teils von ihr noch gibt.

Erinnern – Wiederholen – Neu erfahren

»Bei unserer *therapeutischen* Arbeit lassen wir uns immer wieder auf Patienten ein; wir machen eine Phase durch, in der wir wegen unseres Engagements verletzlich sind (wie die Mutter); wir sind mit dem Kind identifiziert, das zeitweilig in beunruhigendem Maß von uns abhängig ist; wir sehen zu, wie das Kind sein falsches Selbst oder seine falschen Selbste abstreift; wir sehen den Neubeginn eines wahren Selbst, mit einem Ich, das stark ist, weil wir fähig waren, wie die Mutter bei ihrem Säugling, Ich-Unterstützung zu geben. Wenn alles gut geht, werden wir vielleicht feststellen, daß ein Kind aufgetaucht ist, ein Kind, dessen Ich seine eigene Abwehr gegen die Ängste organisieren kann, die zum Es-Impuls und zum Erleben gehören. Aufgrund dessen, was wir tun, wird ein »neuer« Mensch geboren, ein wirklicher Mensch mit der Fähigkeit zu einem selbständigen Leben. Ich behaupte, daß wir in der Therapie versuchen, den natürlichen Vorgang nachzuahmen, der das Verhalten jeder Mutter ihrem eigenen Säugling gegenüber kennzeichnet. Wenn ich recht habe, kann uns das Mutter-Kind-Paar die Grundprinzipien lehren, auf die wir unsere therapeutische Arbeit gründen können, wenn wir Kinder behandeln, deren frühe Bemutterung ›nicht gut genug‹ oder unterbrochen war« (Winnicott 1965b, S. 33/34).

Die »mütterliche Funktion« umfasst für Winnicott drei wesentliche Elemente und es sind eben diese, welche – wenn er denn Recht hat – sich auch in der psychoanalytischen Therapie finden lassen müssen: Halten – Behandeln – Darbieten von Objekten! (ebd., S. 32). Das *Halten*, eine »Grundfunktion von Fürsorge«, beinhalte auch die Fähigkeit der Mutter, sich mit dem Kind zu identifizieren; das *Behandeln*, »der handgreifliche Umgang«, erleichtere dem Kind die Bildung einer »psychosomatischen Partnerschaft« und trage zum Gefühl des »Wirklichen« bei. Das *Darbieten* von Objekten oder das »Realisieren« verwirkliche den schöpferischen Impuls des Säuglings und initiiere damit seine Fähigkeit, mit Objekten in Beziehung zu treten (ebd.). Soweit der Kinderarzt und Psychoanalytiker Winnicott.

Die Fähigkeit, mit unseren Patienten fürsorglich zu sein, erwerben wir natürlich, wie die Mutter und der Vater eines Kindes auch, im Laufe unserer eigenen Geschichte, auch unserer analytischen Geschichte. Selbstverständlich hängt unsere Fähigkeit, uns mit unseren Analysanden zu identifizieren, unter anderem auch davon ab, wie gut wir uns während unserer eigenen analytischen Entwicklung aufgehoben und verstanden gefühlt haben. So gesehen erscheint das zu Beginn erwähnte, bis heute gültige Freud'sche Diktum, jeder Psychoanalytiker müsse zunächst selber analytisch *behandelt* worden sein, auch noch in einem anderen Licht.

Das *Behandeln* als »handgreiflicher Umgang« in einer Psychoanalyse unterscheidet sich von außen gesehen natürlich deutlich von der Säuglingspflege. Aber von innen betrachtet? Von innen betrachtet liegt der Patient auf einer Couch, hat vielleicht auch Decken und Kissen zur Verfügung und hat es angenehm warm und ruhig. Dafür sorgt niemand anderes als seine Analytikerin. Die »psychosomatische Partnerschaft« vermittelt sich über die leibliche und stimmliche Präsenz beider.

Und die Analytikerin bietet allerlei Objekte dar: sowohl die eben genannten gegenständlichen Objekte in ihrem Behandlungszimmer als auch – und insbesondere – ihre leibliche Präsenz, ihre Stimme und ihre Worte. All dies zusammen genommen hilft in dem Prozess, in welchem sich die schöpferischen Impulse des Analysanden *verwirklichen*. Dieser hat ein Gefühl, eine noch unbestimmte Regung oder Fantasie, jene gibt ihnen, kraft ihrer ästhetischen Fähigkeiten, Form und Realität. Nun ist eben diese Realität für den traumatisierten Patienten immer auch eine bis an die Grenzen des Erträglichen gehende schmerzvolle; und der analytische Prozess ist, wenn er die Anästhesien aufzulösen vermag, sowohl ein Akt der Befreiung als auch einer des Schmerzes.

> »Wenn der Patient meint, daß sich die Mühe lohnt, dann lohnt sie sich, trotz der Tatsache, daß jedes erreichte Stadium, in dem man einen Fortschritt sehen könnte, den Patienten in Berührung mit dem Schmerz bringt. Anders ausgedrückt, der Patient gibt Abwehrhaltungen auf, und der Schmerz bleibt zurück, gegen den diese Abwehr aufgebaut war. Diese Art der Behandlung könnte man als grausam bezeichnen« (Winnicott 1969, S. 224).

Ja, man könnte diese Art der Behandlung als grausam bezeichnen, wenn der Patient dabei nicht *gehalten* würde. Denn die Analytikerin hält eben keinen

Säugling in den Armen, sondern sie hält einen Analysanden, der bereits seine Erfahrungen mit der Welt gemacht hat. Er kommt – wenn man so will – nicht allein, sondern mit seinen inneren Objekten, welche zu jeder Zeit, auch in jeder Behandlungsstunde »mitreden«.

Immer wieder wird in der Literatur die Frage erörtert, ob denn traumatisierte Patienten überhaupt einer psychoanalytischen Behandlung zugänglich seien; ob ihnen dieses Verfahren nicht gar schaden würde, mit all seinen Entbehrungen und vermeintlichen Wiederholungen frustrierender Erfahrungen. Dies kann ich nach meinen Erfahrungen mit solchermaßen Betroffenen nicht bestätigen. Immer wieder zeigt sich mir zwar, welch gefahrvolle Affinität zwischen dem im Vergangenen liegenden Erleben und dem neu aufbrechenden Schmerz im Rahmen einer therapeutisch bedingten, zwingend erforderlichen – »Wiederholung« besteht.

Es wird für beide – Analysand und Analytikerin – schwer.

Sich auf einen performativen Prozess einzulassen, heißt zwar für alle Beteiligten, nicht zu wissen, was als Nächstes geschehen wird und wie es ausgeht. Aber sich auf die Welt der *Aisthesis* einzulassen, diese (neu) zu entdecken, bietet die Möglichkeit darin, neben unerträglich scheinendem Schmerz, doch auch das Glück und die Freiheit dieses Erlebens zu erfahren und das Wagnis der Liebe einzugehen, diese für sich zu entdecken. Das dafür erforderliche Vertrauen und auch der notwendige Schutz werden in dem Halt, den die Analytikerin bieten muss, gewonnen. Nur dann kann ein solches Sich-Einlassen auf die Welt der Empfindungen gelingen.

Diesem so bedingten Geschehen eine reflexive Basis zu schaffen, ist mein Anliegen, um für ein theoretisches Konzept die erforderliche Erweiterung und zugleich etwas in die Praxis und ihren Alltag Gerichtetes zu gewinnen.

Denn es gilt unbedingt zu bedenken, dass die »Wiederholung« in der analytischen Situation keine solche ist, keine *sein darf*, wie sie häufig verstanden wurde, sondern dass es der Analytikerin in ihrem speziellen wie allgemeinen Falle um die Gewinnung einer neuen Qualität geht, gehen muss, die sich erst in der komplexen Sinnfindung – zusammengesetzt aus erinnern, wiederholen und doch neu(!) erfahren – verwirklicht. Nur so kann meines Erachtens das Auftauchen aus der Vergangenheit, auch jenes aus dem Zustand der Anästhesie, ein Eintauchen in eine neue Existenz im sinnlich wieder offenen Bewussten bedeuten und werden.

Bibliografie

Agamben, Giorgio (1998): Was von Auschwitz bleibt. Das Archiv und der Zeuge. Frankfurt a. M. (Suhrkamp) 2003.
Aristoteles (1995): Metaphysik. Nach der Übersetzung von Hermann Bonitz bearbeitet von Horst Seidl. (= Bd. 5 der Philosophischen Schriften) Hamburg (Felix Meiner).
Aristoteles (1995): Über die Seele. Nach der Übersetzung von W. Theiler. Herausgegeben von Horst Seidl. Hamburg (Felix Meiner).
Assmann, Jan (1992): Das kulturelle Gedächtnis. 5. Aufl. München (Beck) 2005.
Auchter, Thomas (2002): Winnicott – oder: Die Sehnsucht, wirklich lebendig zu werden. In: Luzifer-Amor. Zeitschrift zur Geschichte der Psychoanalyse. Winnicott 30, 7–45.
Austin, John L. (1962): Zur Theorie der Sprechakte (How to do things with words). Stuttgart (Reclam) 2005.
Austin, John L. (1979): Gesammelte philosophische Aufsätze. Stuttgart (Reclam) 1986.
Balint, Michael (1959): Angstlust und Regression. 4. Aufl. Stuttgart (Klett-Cotta) 1994.
Balint, Michael (1968): Therapeutische Aspekte der Regression. Die Theorie der Grundstörung. 2. Aufl. Stuttgart (Klett-Cotta) 1997.
Barthes, Roland (1990): Die Rauheit der Stimme. In: Ders.: Der entgegenkommende und der stumpfe Sinn. Frankfurt a. M. (Suhrkamp), S. 269–278.
Barthes, Roland (1990): Die Musik, die Stimme, die Sprache. In: Ders.: Der entgegenkommende und der stumpfe Sinn. Frankfurt a. M. (Suhrkamp), S. 279–285.
Benjamin, Jessica (1988): Die Fesseln der Liebe. Frankfurt a. M. (Fischer) 1998.
Benjamin, Jessica (2007): Unser Treffen in Theben. Anerkennung und Angst, den Patienten zu verletzen. In: Müller, Martina; Wellendorf, Franz (Hg.): Zumutungen. Die unheimliche Wirklichkeit der Übertragung. Tübingen (Edition Diskord), S. 86–102.
Bernet, Rudolf (2001): Das traumatisierte Subjekt. In: Fischer, Matthias; Gondek, Hans-Dieter; Liebsch, Burkhard (Hg.): Vernunft im Zeichen des Fremden. Zur Philosophie von Bernhard Waldenfels. Frankfurt a. M. (Suhrkamp), S. 225–252.
Blumenberg, Hans (1979): Arbeit am Mythos. Sonderausgabe nach der 5. Aufl. Frankfurt a. M. (Suhrkamp), 1996. In: Barner, Wilfried; Detken, Anke; Wesche, Jörg (Hg.): Texte zur Modernen Mythentheorie. Stuttgart (Reclam) 2003, S. 191–218.
Böhme, Gernot (1995): Atmosphäre. Frankfurt a. M. (Suhrkamp).
Böhme, Gernot (2001): Aisthetik. Vorlesungen über Ästhetik als allgemeine Wahrnehmungslehre. München (Wilhelm Fink).
Bokanowski, Thierry (2005): Variationen über den Begriff »Trauma«. In: Jb. d. Psa. 50, S.11–30.

Bollas, Christopher (1987): Der Schatten des Objekts. Das ungedachte Bekannte. Zur Psychoanalyse der frühen Entwicklung. Stuttgart (Klett-Cotta) 1997.
Buccino, G.; Riggio, L.; Melli, G.; Binkofski, F.; Gallese, V.; Rizzolatti, G. (2005): Listening to action-related sentences modulates the activity of the motor system: A combined TMS and behavioral study. In: Cognitive Brain Research 24, 355–363.
Cassirer, Ernst (1946): Vom Mythus des Staates. [Nachdr. der Ausg. Zürich, Artemis Verlag, 1949] Hamburg (Meiner) 2002.
Cohen, Yecheskiel (2004): Das mißhandelte Kind. Frankfurt a. M. (Brandes & Apsel).
Danckwardt, F. Joachim (2006): Der Einriß in der Beziehung des Ichs zur Außenwelt und seine Performance als Restitutionsversuch. Eine Einführung. In: Jb. d. Psa. 53, 11–27.
Disse, Jörg (2001): Kleine Geschichte der abendländischen Metaphysik. Darmstadt (WBG) 2004.
Diderot, Denis ([1765] 1967): Unempfindlichkeit (Moralphilosophie), [Band VIII der Enzyklopädie]. Zit. nach: Diderot, Denis: Philosophische Schriften, Bd. 1, Frankfurt a. M. (EVA), S. 403–405.
Duden (1981): Das große Wörterbuch der deutschen Sprache. Bd. VI. Mannheim (Duden).
Ermann, Michael (2000): Gegenübertragung. In: Mertens, Wolfgang; Waldvogel, Bruno (Hg.): Handbuch Psychoanalytischer Grundbegriffe. Stuttgart (Kohlhammer), S. 226–232.
Ehlert-Balzer, Martin (1996): Das Trauma als Objektbeziehung. In: Forum Psa. 12, 291–314.
Ferenczi, Sandor (1931): Kinderanalysen mit Erwachsenen. In: Balint, M. (Hg.): Sandor Ferenczi. Schriften zur Psychoanalyse, Bd. II. Stuttgart (S. Fischer) 1972, S. 274–289.
Ferenczi, Sandor (1932): Ohne Sympathie keine Heilung. Das klinische Tagebuch von 1932. Hg. von Judith Dupont. Frankfurt a. M. (Fischer) 1988.
Ferenczi, Sandor (1933): Sprachverwirrung zwischen dem Erwachsenen und dem Kind. In: Balint, M. (Hg.): Sandor Ferenczi. Schriften zur Psychoanalyse, Bd. II. Stuttgart (S. Fischer) 1972, S. 303–313.
Fischer-Lichte, Erika (2004): Ästhetik des Performativen. Frankfurt a. M. (Suhrkamp).
Fischer, Gottfried; Riedesser, Peter (2003): Lehrbuch der Psychotraumatologie. 3. Aufl. München (Ernst Reinhardt).
Freud, Sigmund (1905d): Drei Abhandlungen zur Sexualtheorie. GW 5, 27, S. 33–145.
Freud, Sigmund (1912b): Zur Dynamik der Übertragung. GW 8, S. 363–374.
Freud, Sigmund (1916–17g): Trauer und Melancholie. GW 10, S. 412–426.
Freud, Sigmund (1926e): Die Frage der Laienanalyse. GW 14, S. 207–286.
Freud, Sigmund (1916–17a): Vorlesungen zur Einführung in die Psychoanalyse. GW 11.
Freud, Sigmund (1920g): Jenseits des Lustprinzips. GW 13.
Gabbard, Glen O. (1999): Gegenübertragung: Die Herausbildung einer gemeinsamen Grundlage. In: Psyche – Z Psychoanal 53, 972–990.
Gadamer, Hans-Georg (1993): Hermeneutik. Ästhetik. Praktische Philosophie. Hans-Georg Gadamer im Gespräch. 3. Aufl. Heidelberg (Universitätsverlag C. Winter) 2000.
Gebauer, Gunter (1995): Über Aufführungen der Sprache. In: Trabant, Jürgen (Hg.): Sprache denken. Positionen aktueller Sprachphilosophie. Frankfurt a. M. (Fischer) 1997, S. 224–246.
Gehring, Petra (2006): Die Wiederholungs-Stimme. Über die Strafe der Echo. In: Kolesch, Doris; Krämer, Sybille: Stimme. Frankfurt a. M. (Suhrkamp), S. 85–110.
Greenson, Ralph, R. (1954): Über Stimmungen und Introjekte. In: Ders.: Psychoanalytische Erkundungen. Stuttgart (Klett-Cotta) 1982. Greenson, Ralph, R. (1967): Technik und Praxis der Psychoanalyse. 7. Aufl. Stuttgart (Klett-Cotta) 1995.
Gugutzer, Robert (2005): Der Körper als Identitätsmedium: Eßstörungen. In: Schroer, Markus (Hg.): Soziologie des Körpers. Frankfurt a. M. (Suhrkamp), S. 323–355.
Gumbrecht, Hans Ulrich (2004): Diesseits der Hermeneutik. Die Produktion von Präsenz. Frankfurt a. M. (Suhrkamp).

Hirschberger, Johannes (1980): Geschichte der Philosophie. 12. Aufl. Freiburg (Herder).
Holderegger, Hans (1993): Der Umgang mit dem Trauma. 2. Aufl. Stuttgart (Klett-Cotta) 1998.
Holderegger, Hans (2005): Inszenierung und Verwandlung. In: Psyche – Z Psychoanal 59, 145–161.
Honneth, Axel (1992): Kampf um Anerkennung. Zur moralischen Grammatik sozialer Konflikte. 2. Aufl. Frankfurt a. M. (Suhrkamp) 1998.
Hübner, Wulf (2001): Verführung und Verführbarkeit. Überlegungen zur metapsychologischen Bedeutung der Allgemeinen Verführungstheorie von Jean Laplanche. In: Zs. Psa. Theorie u. Praxis 16, 444–465.
Hübner, Wulf (2006): »Jenseits der Worte«. Versuch über projektive Identifizierung und ästhetische Erfahrung. In: Psyche – Z Psychoanal 60, 319–348.
Hübner, Wulf (2007): Verwandlungserfahrungen und Anerkennen der Wirklichkeit. In: Forum Psa., 219–234.
Kempe, Ruth S.; Kempe, C. Henry (1978): Kindesmißhandlung. Stuttgart (Klett-Cotta) 1980.
Kolesch, Doris; Krämer, Sybille (2006): Stimmen im Konzert der Disziplinen. In: Kolesch, Doris; Krämer, Sybille: Stimme. Frankfurt a. M. (Suhrkamp), S. 7–15.
Klüwer, Rolf (2001): Szene, Handlungsdialog (Enactment) und Verstehen. In: Bohleber, Werner; Drews, Sybille (Hg.): Die Gegenwart der Psychoanalyse – die Psychoanalyse der Gegenwart. 2. Aufl., Stuttgart (Klett-Cotta), S. 347–357.
Krämer, Sybille (2001): Sprache, Sprechakt, Kommunikation. Sprachtheoretische Positionen des 20. Jahrhunderts. Frankfurt a. M. (Suhrkamp).
Krämer, Sybille (2002): Sprache – Stimme – Schrift: Sieben Gedanken über Performativität und Medialität. In: Wirth, Uwe (Hg.): Performanz. Zwischen Sprachphilosophie und Kulturwissenschaften. Frankfurt a. M. (Suhrkamp), S. 323–346.
Krämer, Sybille (2004): Was haben »Performativität« und »Medialität« miteinander zu tun? Plädoyer für eine in der »Aisthetisierung« gründende Konzeption der Performativen. In: Krämer, Sybille (Hg.): Performativität und Medialität. München (Wilhelm Fink), S. 13-32.
Krystal, Henry (2000): Psychische Widerständigkeit: Anpassung und Restitution bei Holocaust-Überlebenden. In: Psyche – Z Psychoanal 54, 2000, S. 840-859.
Krystal, Henry (2001): Trauma und Affekte. Posttraumatische Folgeerscheinungen und ihre Konsequenzen für die psychoanalytische Technik. In: Bohleber, W.; Drews, S. (Hg.): Die Gegenwart der Psychoanalyse – die Psychoanalyse der Gegenwart. 2. Aufl. Stuttgart (Klett-Cotta) 2002, S. 197–207.
Küchenhoff, Joachim (1990): Die Repräsentation früher Traumata in der Übertragung. In: Forum Psa. 1, 15–31.
Küchenhoff, Joachim (2004): Verlust des Selbst, Verlust des Anderen – die doppelte Zerstörung von Nähe und Ferne im Trauma. In: Psyche – Z Psychoanal 58, 811–835.
Küchenhoff, Joachim; Warsitz, Peter (1991): Zur Anatomie des dritten Ohres – Vom Hören in der Psychoanalyse –. In: Fragmente. Schriftenreihe zur Psychoanalyse (Hg.: Wissenschaftliches Zentrum II der Gesamthochschule Kassel), 35/36, S. 31–48.
Laplanche, Jean (1992): Von der Übertragung und ihrer Provokation durch den Analytiker. In: Ders.: Die unvollendete kopernikanische Revolution in der Psychoanalyse. Frankfurt a. M. (Fischer), 1996, S. 177–201.
Leikert, Sebastian (2007): Die Stimme, Transformation und Insistenz des archaischen Objekts – Die kinetische Semantik. In: Psyche – Z Psychoanal 61, 463–492.
Massing, Almuth; Wegehaupt, Hartmut (1987): Der verführerische und der verführte Analytiker. Bemerkungen zur sexuellen Gegenübertragung. In: Weber, Inge; Massing, Almuth (Hg.): Lust und Leid. Sexualität im Alltag und alltägliche Sexualität. Berlin. Heidelberg. New York (Springer), S. 55–78.

McDougall, Joyce (1982): Theater der Seele. 2. Aufl. Stuttgart (Internationale Psychoanalyse) 1994.
McDougall, Joyce (1989): Theater des Körpers. 2. Aufl. Stuttgart (Internationale Psychoanalyse) 1998.
McDougall, Joyce (1995): Die Couch ist kein Prokrustesbett. Stuttgart (Internationale Psychoanalyse) 1997.
Mersch, Dieter (2002): Ereignis und Aura. Untersuchungen zu einer Ästhetik des Performativen. Frankfurt a. M. (Suhrkamp).
Mersch, Dieter (2006): Präsenz und Ethizität der Stimme. In: Kolesch, Doris; Krämer, Sybille: Stimme. Frankfurt a. M. (Suhrkamp), S. 211–236.
Mertens, Wolfgang (1990): Einführung in die psychoanalytische Therapie. Bde. 1–3., 2. Aufl. Stuttgart, Berlin, Köln (Kohlhammer) 1993.
Müller-Pozzi, Heinz (1988): Die depressive Reaktion – Ein Versuch über Individuation, Introjektion und Identifizierung. In: Stork, J. (Hg.): Das menschliche Schicksaal zwischen Individuation und Identifizierung. Stuttgart, Bad Cannstatt (Frommann-Holzboog), S. 69–84.
Ogden, Thomas H. (1979): Die projektive Identifikation. In: Forum Psa. 4, 1–21.
Ogden, Thomas H. (1997): Analytische Träumerei und Deutung. Zur Kunst der Psychoanalyse. Wien, New York (Springer) 2001.
Ogden, Thomas H. (1999): The Analytic Third: An Overview. In: Psyche Matters, http://psychematters.com/papers/ogden.htm. (Stand: 20.10.2006). Und in: Fort da – Journal of the Northern California Society for Psychoanalytic Psychology 5 (1).
Ogden, Thomas H. (2001): Gespräche im Zwischenreich des Träumens. Der analytische Dritte in Träumen, Dichtung und analytischer Literatur. Gießen (Psychosozial) 2004.
Ovid: Metamorphosen. Herausgegeben und übersetzt von Gerhard Fink. Düsseldorf, Zürich (Artemis und Winkler) 2004.
Papoušek, Mechthild (1994): Vom ersten Schrei zum ersten Wort. Anfänge der Sprachentwicklung in der vorsprachlichen Kommunikation. Bern (Hans Huber), [3. Nachdr.] 2001.
Pflichthofer, Diana (2007): Sich anstecken lassen – Das Unheimliche der Leibhaftigkeit. In: Müller, Martina; Wellendorf, Franz (Hg.): Zumutungen. Die unheimliche Wirklichkeit der Übertragung. Tübingen (Edition Diskord), S. 238–260.
Pflichthofer, Diana (2005): Hörräume – Klanghüllen. Die Stimme als ästhetisches Element in der analytischen Aufführung. In: Forum Psa. 4, 333–349.
Quinodoz, Danielle (2002): Worte, die berühren. Eine Psychoanalytikerin lernt sprechen. Tübingen (Edition Diskord) 2004.
Ricoeur, Paul (2006): Wege der Anerkennung. Frankfurt a. M. (Suhrkamp).
Roth, Gerhard (2001): Fühlen, Denken, Handeln. Frankfurt a. M. (Suhrkamp).
Röttgers, Kurt (2007): In der Mitte: Das Medium. Mittel – Mitte – Mit. In: Röttgers, Kurt; Schmitz-Emans, Monika (Hg.): Philosophisch-literarische Reflexionen. Bd. 8: Mitte. Philosophische, medientheoretische und ästhetische Konzepte. Essen (Die Blaue Eule), S. 16–33.
Samson, Françoise (1995): Stimme und Deutung. In: arbeitshefte kinderpsychoanalyse 20, 61–69.
Sandler, Joseph (1976): Gegenübertragung und Bereitschaft zur Rollenübernahme. In: Psyche – Z Psychoanal 30, 297–305.
Seel, Martin (2000): Ästhetik des Erscheinens. Frankfurt a. M. (Suhrkamp) 2003.
Schiller, Friedrich (1795): Über die ästhetische Erziehung des Menschen in einer Reihe von Briefen. In: Schillers Werke. Vierter Band. Frankfurt a. M. (Insel) 1966.
Schneider, Gerhard (2007): Ein »unmöglicher‹ Beruf« (Freud) – das aporetische Prinzip in der Reflexion der psychoanalytischen Behandlungstechnik. In: Psyche – Z Psychoanal 61, 657–685.

Shengold, Leonard (1989): Soul Murder. Seelenmord – die Auswirkungen von Mißbrauch und Vernachlässigung in der Kindheit. Frankfurt a. M. (Brandes & Apsel) 1995.
Theweleit, Klaus (2006): absolute(ly) Sigmund Freud Songbook. Freiburg i. Br. (Orange Press).
Turner, Victor (1982): Vom Ritual zum Theater. Der Ernst des menschlichen Spiels. Frankfurt, New York (Campus) 1989.
Warsitz, Rolf-Peter (2004): Der Andere im Ich. Antlitz – Antwort – Verantwortung. In: Psyche – Z Psychoanal 58, 783–810.
Waldenfels, Bernhard (2000): Das leibliche Selbst. Frankfurt a. M. (Suhrkamp).
Waldenfels, Bernhard (2004): Phänomenologie der Aufmerksamkeit. Frankfurt a. M. (Suhrkamp).
Wegner, Peter (2006): Überwältigtwerden als Performance. Performance als Restitutionsversuch. In: Jb. d. Psa. 53, 29–51.
Weiß, Heinz (2003): Zeiterfahrung und depressive Position. In: Psyche – Z Psychoanal 57, 857–873.
Windaus, Eberhard (1987): Zur Psychoanalyse der Kindesmißhandlung. In: Psyche – Z Psychoanal 4, 331–355.
Winnicott, Donald Woods (1958): Von der Kinderheilkunde zur Psychoanalyse. Frankfurt a. M. (Fischer) 1997.
Winnicott, Donald Woods (1965a): Reifungsprozesse und fördernde Umwelt. Gießen (Psychosozial) 2002.
Winnicott, Donald Woods (1965b): Familie und individuelle Entwicklung. Frankfurt a. M. (Fischer) 1997.
Winnicott, Donald Woods (1969): Brief an F. Robert Rodman. In: Ders.: Die spontane Geste. Ausgewählte Briefe. Herausgegeben von F. Robert Rodman. Stuttgart (Klett-Cotta) 1995, S. 222–225.
Winnicott, Donald Woods (1971): Vom Spiel zur Kreativität. 9. Aufl. Stuttgart (Klett-Cotta) 1997.
Winnicott, Donald Woods (1974): Die Angst vor dem Zusammenbruch. In: Psyche – Z Psychoanal 12, 1991, 1116–1126.
Wittgenstein, Ludwig (1953): Philosophische Untersuchungen. Kritisch-genetische Edition. Lizenzausgabe für die Wissenschaftliche Buchgesellschaft. Frankfurt a. M. (Suhrkamp) 2001.
Wolf, Michael (2000): Szene, Szenisches Verstehen. In: Mertens, Wolfgang; Waldvogel, Bruno (Hg.): Handbuch Psychoanalytischer Grundbegriffe. Stuttgart (Kohlhammer), S. 226–232.
Wirth, Uwe (2002): Der Performanzbegriff im Spannungsfeld von Illokution, Iteration und Indexikalität. In: Wirth, Uwe (Hg.): Performanz. Zwischen Sprachphilosophie und Kulturwissenschaften. Frankfurt a. M. (Suhrkamp), S. 9–60.
Wulf, Christoph (2005): Zur Genese des Sozialen. Mimesis. Performativität. Ritual. Bielefeld (transcript).
Wulf, Christoph; Zirfas, Jörg (2005): Bild, Wahrnehmung und Phantasie. In: Wulf, Christoph; Zirfas, Jörg (Hg.): Ikonologie des Performativen. München (Wilhelm Fink), S. 7–32.

2007 · 374 Seiten · broschiert
ISBN 978-3-89806-594-8

2005 · 175 Seiten · Broschur
ISBN 978-3-89806-476-7

Der Band versammelt einige aktuelle Positionen zur Erkundung der besonderen psychischen Prozesse, die bei der Produktion und Rezeption von Kunst ablaufen. In den Beiträgen wird die spannende Tendenz der zunehmenden Hinwendung der Kunstpsychoanalyse auf den Beziehungscharakter im ästhetischen Erfahrungsprozess sichtbar.

Das Buch schlägt eine Brücke zwischen Psychoanalyse und Musik, und legt, mit Bezügen zu Lacan, eine umfassende Musiktheorie vor. Leikert zeigt, ausgehend von neu gewählten mythologischen Themen und aus linguistischen sowie genetischen Perspektiven, die Möglichkeit der detaillierten Offenlegung bewusster Sinnstrukturen musikalischer Werke.

P🖾V
Psychosozial-Verlag

Goethestr. 29 · 35390 Gießen · Tel. 06 41/ 97 16903 · Fax 77742
bestellung@psychosozial-verlag.de
www.psychosozial-verlag.de

2008 · 509 Seiten · gebunden
ISBN 978-3-89806-473-6

2003 · 351 Seiten · gebunden
ISBN 978-3-89806-090-5

Anthony W. Bateman und Peter Fonagy dokumentieren in ihrem ersten gemeinsamen Buch die aktuelle interdisziplinäre Erforschung der sogenannten Borderline-Persönlichkeitsstörung und beschreiben ein therapeutisches Verfahren, das sie in den vergangenen Jahren entwickelt haben. Das Krankheitsbild, das (mit steigender Tendenz) ca. 2% der Bevölkerung aufweist, ist durch Impulsivität, Identitätsstörungen, Suizidalität, Selbstverletzungen, Gefühle innerer Leere sowie durch Beziehungen charakterisiert, die extrem affektintensiv und gleichermaßen instabil sind. Die Autoren haben eine psychoanalytisch orientierte Behandlung entwickelt, die sie als »mentalisierungsgestützte Therapie« bezeichnen, und in randomisierten kontrollierten Studien nachgewiesen, dass diese Methode anderen therapeutischen Verfahren deutlich überlegen ist.

Peter Fonagy ist einer der wichtigsten zeitgenössischen Vertreter der Psychoanalyse in Großbritannien. Er verknüpft in seinen Arbeiten drei bedeutende Theorien der klinischen Psychologie: Bindungstheorie, Psychoanalyse und Neurowissenschaften (Neuropsychoanalyse).

Dieser Band liefert in Form übersichtlicher Artikel einen Ein-/Überblick in die Arbeiten der Gruppe um Peter Fonagy. Praxisnahes Wissen wird vor dem Hintergrund theoretischer Bezüge vermittelt, das macht das Buch für Praktiker (z. B. praktizierende Therapeuten) ebenso interessant wie für Wissenschaftler.

PV
Psychosozial-Verlag

Goethestr. 29 · 35390 Gießen · Tel. 0641/9716903 · Fax 77742
bestellung@psychosozial-verlag.de
www.psychosozial-verlag.de

2006 · 328 Seiten · Broschur
ISBN 978-3-89806-545-0

2006 · 245 Seiten · Broschur
ISBN 978-3-89806-563-4

Psychogen autistische Phänomene spielen eine immer größere Rolle in der psychoanalytischen Behandlung nicht autistischer erwachsener Patienten, insbesondere in der Dynamik pathologischer Organisationen und seelischer Rückzüge. Die Beiträge bieten einen Überblick über den Stand der internationalen Diskussion zum Thema »Autistische Phänomene in psychoanalytischen Behandlungen«. Neben einer allgemeinverständlichen Einführung und der Vorstellung aktueller kinderanalytischer Ansätze werden in zahlreichen Fallbeispielen autistische Phänomene bei unterschiedlichsten Psychopathologien untersucht, z. B. bei Borderline-Störungen, dem Als-Ob-Syndrom, Essstörungen und Hypochondrie. Erstmals erscheint hier auch die grundlegende Arbeit von Sydney Klein »Autistic phenomena in neurotic patients« in deutscher Übersetzung.

Ogdens »Frühe Formen des Erlebens« beschreibt in anschaulicher Art und Weise die primitivste psychische Organisation des sensorisch dominierten, vorsymbolischen Erlebnisbereiches. Um diese Grundlage für die Erfahrung des Selbst systematisch erfassen zu können, führt er das Konzept der autistisch-berührenden Position ein. Darunter versteht er ein Erleben, in dem Bedeutung auf der Grundlage von Sinneseindrücken, insbesondere auf der Hautoberfläche entsteht. Eine systematische und erfahrungsnahe Darstellung komplexer psychischer Prozesse.

Psychosozial-Verlag

Goethestr. 29 · 35390 Gießen · Tel. 0641/9716903 · Fax 77742
bestellung@psychosozial-verlag.de
www.psychosozial-verlag.de

www.ingramcontent.com/pod-product-compliance
Ingram Content Group UK Ltd.
Pitfield, Milton Keynes, MK11 3LW, UK
UKHW041947230426
12048UKWH00008B/182